公众获取政府信息渠道选择及策略研究

朱红灿 ◎ 著

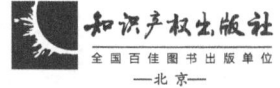

图书在版编目（CIP）数据

公众获取政府信息渠道选择及策略研究 / 朱红灿著. —北京：知识产权出版社，2021.7

ISBN 978-7-5130-7613-5

Ⅰ.①公… Ⅱ.①朱… Ⅲ.①国家行政机关—信息服务—研究—中国 Ⅳ.①D63-39

中国版本图书馆 CIP 数据核字（2021）第 137409 号

内容提要

本书以公众获取政府信息渠道选择→公众获取政府信息渠道选择与政府信息服务渠道策略的内在关系→渠道策略为逻辑主线，重点研究公众获取政府信息渠道选择、网络渠道使用意愿模型及多渠道情境下公众获取政府信息渠道选择模式，基于公众获取政府信息渠道选择模式实证分析和渠道现状调查分析结果确定政府信息服务渠道策略的基本方向，从数字政府治理视角研究政府信息服务渠道整合策略，从精细化社会治理视角研究政府信息渠道精准化服务策略等。

责任编辑：张水华　　　　　　　责任校对：谷　洋
封面设计：臧　磊　　　　　　　责任印制：孙婷婷

公众获取政府信息渠道选择及策略研究

朱红灿　著

出版发行：	知识产权出版社有限责任公司	网　　址：	http://www.ipph.cn
社　　址：	北京市海淀区气象路50号院	邮　　编：	100081
责编电话：	010-82000860 转 8389	责编邮箱：	46816202@qq.com
发行电话：	010-82000860 转 8101/8102	发行传真：	010-82000893/82005070/82000270
印　　刷：	北京建宏印刷有限公司	经　　销：	各大网上书店、新华书店及相关专业书店
开　　本：	720mm×1000mm　1/16	印　　张：	14.75
版　　次：	2021年7月第1版	印　　次：	2021年7月第1次印刷
字　　数：	270千字	定　　价：	79.00元
ISBN 978-7-5130-7613-5			

出版权专有　　侵权必究
如有印装质量问题，本社负责调换。

前言

随着《中华人民共和国政府信息公开条例》于2008年5月1日起施行，修订后的《中华人民共和国政府信息公开条例》，于2019年5月15日起施行，政府信息公开成为全社会关注的大事，公众对政府信息公开服务的需求和期望逐渐增加，《关于全面推进政务公开工作的意见》于2016年2月印发实施，进一步要求扩大政务开放参与和提升政务公开能力。政府如何在控制开支的情况下，用有限的资源，以最低代价满足公众对政府信息服务的需求和期望，为公众提供有效且高效的政府信息服务是每个政府面临的挑战。近年来，随着互联网技术和电子政务的不断发展，我国公众获取政府信息的渠道呈现多样化的态势。其中，既包括传统渠道，如政府部门接待厅、公共服务热线、报纸、电视、广播、短信等，也包括网络渠道，如政府网站、公共搜索引擎等，还包括政务新媒体渠道，如政务微博、政务微信、新闻客户端等。十八届五中全会指出，"基本公共服务的均等化"是我国"十三五"规划的政策重点，因而政府信息服务的均等化，需坚持政府信息服务普惠性、均等化方向。但是，我国目前依然存在着比较严重的信息鸿沟，既存在发达地区与不发达地区的差距导致的ICT（Information Communication Technology，信息和通信技术）接入方面的信息鸿沟，也存在收入、受教育程度、年龄等人口统计特征方面的差距导致的信息能力方面的信息鸿沟，这些鸿沟在一定程度上会影响公众获取政府信息时对渠道的选择。另外，公众获取政府信息

时选择的渠道和信息源并不局限于政府所提供的沟通渠道。❶ 因而，为实现政府信息服务均等化和扩大政务开放参与，需广泛深入地了解公众获取政府信息时如何选择渠道，以及政府如何改进信息传递服务。开展基于公众获取政府信息渠道选择行为的政府信息服务渠道策略的研究，是全面推进政府信息服务均等化的必然要求，有利于创新政府信息服务职能，提高政府信息服务效率，改善政府信息服务质量，也有利于公众方便快捷地获得自己所需要的政务信息，提高公众对政府信息服务的满意度，从而推进政府信息服务渠道建设，缩减信息鸿沟，促进政府信息公开工作的实施。

本书从下列4个方面展开研究，力图为进一步深化我国政府信息服务研究、推进我国政府信息服务渠道策略创新尽绵薄之力。

1. 提出并运用新的研究范式

在研究范式的选择上，以公众获取政府信息渠道选择→公众获取政府信息渠道选择与政府信息服务渠道策略的内在关系→渠道策略为范式，重点研究公众获取政府信息渠道选择模式→公众获取政府信息渠道选择导向的政府信息服务渠道策略的基本方向→政府信息服务渠道策略，突破只就渠道选择行为研究渠道选择行为和只就渠道策略研究策略创新的、孤立的、封闭的研究范式，将渠道选择与渠道策略结合起来，把公众获取政府信息渠道选择从技术层面上升到管理创新层面，把公众选择作为出发点、落脚点、主轴，体现公众导向的性质、目的和要求，发挥公众渠道选择对渠道策略的引导、推动功能，使策略创新的目的明确、方向正确、措施有力，实现公众获取政府信息渠道选择与政府信息服务渠道策略的良性互动。

2. 以问题研究为导向

在研究视角的选择上，以问题为导向，研究公众获取政府信息渠道选择与政府信息服务渠道策略中迫切需要研究的重大理论和实践问题，如何以创新扩散理论、资源依赖理论、制度理论、国家文化理论、信任理论、心流理论为指导，构建公众获取政府信息渠道选择模型、公众获取政府信息渠道持

---

❶ Boer Y V D, Arendsen R, Pieterson W. In search of information: Investigating source and channel choices in business-to-government service interactions [J]. Government Information Quarterly, 2016, 33 (1): 40-52.

续使用意愿模型,如何实现公众获取政府信息渠道选择模式的科学性、代表性,如何基于公众获取政府信息渠道选择模式及多渠道情境下政府信息服务渠道现状,确定政府信息服务渠道策略的基本方向等。为了深化研究,我们选择从数字政府治理视角研究政府信息服务渠道整合策略,从精细化社会治理视角研究政府信息渠道精准化服务策略的创新,等等。

3. 构建比较科学的公众获取政府信息渠道选择及网络渠道持续使用意愿模型,并进行实证分析

构建公众获取政府信息渠道选择及网络渠道使用意愿模型,其中,依据客观数据,引入多层回归分析法、最小二乘法分析技术——结构方程建模方法对模型进行验证、修改和确认。以模型为基础,对国内约20个城市和乡镇公众获取政府信息渠道选择进行实证研究,对国家级、省级、市级直属机关等各级政府的信息服务各类渠道现状、政府信息服务渠道策略进行抽样调查,为政府信息服务渠道策略创新提供客观依据。

4. 系统地研究政府信息服务渠道策略的基本途径

探索政府信息服务渠道管理的单一政府集中式配置,把握基于数字政府治理的政府信息服务渠道整合策略的逻辑结构,提出基于数字政府治理的政府信息服务渠道整合策略的内容与路径,关键在于推进政府信息服务渠道治理主体现代化,规范数据管理体系,探索精细化社会治理视野下的政府信息服务渠道管理的路径锁定,把握基于精细化社会治理的政府信息服务渠道策略的规律,提出基于精细化社会治理的政府信息服务渠道策略的基本途径。推进基于精细化社会治理的政府信息服务渠道策略,关键在于将精细化理念贯穿于政府信息服务渠道管理的全过程,将精细化的管理方法施行于政府信息服务渠道管理过程,将信息技术与治理方法深度应用于政府信息服务渠道管理过程,以精细化制度设计保障政府信息服务渠道策略创新。

本书的学术价值主要体现在下列几个方面:

(1) 新的研究范式拓展了公众获取政府信息渠道选择行为与政府信息服务渠道策略研究的新视野、新途径。

(2) 对公众获取政府信息渠道选择行为的理论基础、影响因子和选择模式作了新的系统探索。

（3）对政府信息服务渠道策略创新中面临的理论和实践问题，从公众选择的角度作了深入探讨。

本书的应用价值主要体现在下列几个方面：

（1）公众获取政府信息渠道选择行为模式对把握政府信息渠道选择公众行为特点具有较强的实际参考价值。

（2）关于政府信息服务渠道整合策略、政府信息渠道精准化服务策略的途径等，具有较强的实际参考价值。

目录 CONTENTS

■ **第一章 绪论** ……………………………………………………………… 001
 第一节 选题背景和意义 / 001
 第二节 研究述评 / 007
 第三节 研究思路与方法 / 017
 第四节 本书结构与创新点 / 020

■ **第二章 公众获取政府信息渠道选择的相关概念阐释** …………… 024
 第一节 公共服务渠道选择的相关内涵 / 024
 第二节 政府信息服务的相关内涵 / 031
 第三节 公众获取政府信息渠道选择的相关内涵 / 037

■ **第三章 公众获取政府信息渠道选择模型构建** …………………… 045
 第一节 公众获取政府信息渠道选择相关理论基础 / 046
 第二节 公众获取政府信息渠道选择概念模型的构建 / 055
 第三节 实证研究与结果分析 / 061

· i ·

第四章 公众获取政府信息网络渠道使用意愿分析 …… 073

第一节 公众获取政府信息网络渠道使用意愿相关理论基础 / 073

第二节 公众获取政府信息网络渠道使用意愿概念模型的构建 / 079

第三节 实证研究与结果分析 / 087

第五章 公众获取政府信息渠道选择模式分析 …… 098

第一节 公众选择传统渠道获取政府信息模式 / 098

第二节 公众选择网络渠道获取政府信息模式 / 104

第三节 多渠道情境下公众获取政府信息渠道选择模式 / 111

第六章 多渠道情境下政府信息服务渠道现状调查 …… 115

第一节 多渠道情境下政府信息服务渠道服务与利用情况调查 / 115

第二节 多渠道情境下政府信息服务渠道策略调查 / 132

第三节 多渠道情境下政府信息服务渠道现状调查主要结论 / 139

第七章 公众选择导向的政府信息服务渠道策略方向 …… 147

第一节 公众获取政府信息渠道选择导向的多维透视 / 147

第二节 公众获取政府信息渠道选择导向的现实依据 / 151

第三节 基于公众获取政府信息渠道选择模式的政府信息服务渠道策略的发展方向 / 154

第八章 基于数字政府治理的政府信息服务渠道整合策略 …… 162

第一节 数字政府治理理论及其在政府信息服务渠道整合策略中的适用性 / 162

第二节 数字政府治理理论视野下政府信息服务渠道整合策略的路径锁定 / 168

第三节 基于数字政府治理的政府信息服务渠道整合策略的基本
途径 / 173

第九章 政府信息渠道精准化服务策略 ………………………… 181
第一节 精细化社会治理理论及其在政府信息渠道精准化服务
策略中的适用性 / 181
第二节 精细化社会治理视野下的政府信息服务渠道管理的路
径锁定 / 185
第三节 基于精细化社会治理的政府信息渠道精准化服务策略
的基本途径 / 190

参考文献 ……………………………………………………………… 202

附录 A 多维理论视角下的公众获取政府信息渠道选择影响因素
调查问卷 ……………………………………………………… 216

附录 B 基于心流体验的公众网络渠道获取信息使用意愿研究
调查问卷 ……………………………………………………… 222

后 记 ………………………………………………………………… 226

第一章

绪　　论

第一节　选题背景和意义

一、研究背景

1. 国内外政府信息公开制度受到高度重视和大力推广

伴随着民主和法制建设的推进，公民的民主意识和权利意识不断增强，政府信息公开在具有民主传统的北欧发源。❶ 最早的政府信息公开法是瑞典的《新闻自由法案》(*Freedom of the Press Act*)，于1766年制定，是政府信息公开制度洪流的源头，打开了现代政府信息公开立法的大门。第二次世界大战以后，特别是20世纪80年代以后，全球的政府信息公开得到了普遍发展。政府信息公开制度中影响最大的是美国的《情报自由法》(*Freedom of Information Act*)，该法于1966年制定，对全球政府信息公开制度的建设具有推动作用。1976年制定的《阳光下的政府法案》(*The Government in the Sunshine Act*)、1996年制定的《电子信息自由法修正案》(*Electronic Freedom of Information Act Amendments*)、2002年制定的《电子政府法案》(*E-Government Act*)、2009年制定的《开放政府指令》(*Open Government Directive*) 等法案对《信息自由

---

❶ 石国亮. 国外政府信息公开探索与借鉴 [M]. 北京：中国言实出版社，2011：4.

法》进行了逐步的完善和补充,❶ 其中涵盖了电子政务、互联网环境下的政府信息公开。亚洲方面,韩国的《信息公开法案》于1996年12月31日颁布,日本的《政府信息公开法》于1999年5月7日经国会审议正式通过。

随着中国民主、法治的不断发展,为了"提高政府工作的透明度,促进依法行政,充分发挥信息对群众生产、生活和经济活动的服务作用",❷ 中国开始逐步推动政府信息公开的立法工作,经历了从无到有,从有到逐步发展,从逐步发展到快速发展,从快速发展到常态化、规范化的发展历程。2002年,国家信息化领导小组成立,标志着我国政府信息公开立法工作的起动。2005年3月,颁发《关于进一步推行政务公开的意见》,明确政务公开的内容和形式,以及针对性和有效性。2008年3月28日,《中华人民共和国政府信息公开条例》(以下简称《条例》)正式颁布,并于2008年5月1日起正式施行。随着《条例》的落实与执行,政府信息公开成为全社会关注的大事,公众对政府信息公开服务的需求和期望逐渐增加。2015年12月,印发《法治政府建设实施纲要(2015—2020年)》,明确提出"坚持以公开为常态、不公开为例外的原则,推进决策公开、执行公开、管理公开、服务公开、结果公开,完善政府信息公开制度,拓宽政府信息公开渠道,进一步明确政府信息公开范围和内容"。2016年2月,《关于全面推进政务公开工作的意见》印发,其进一步要求扩大政务开放参与和提升政务公开能力。2019年4月公布修订后的《条例》(于2019年5月15日起施行)其积极回应人民群众对于参与公共决策、维护自身权益的积极性增强,以及对政府信息公开的深度和广度、全面性、准确性要求增强的需求。

2. 互联网时代公众获取政府信息渠道多样化发展

政府信息是指在政府工作运作过程中所产生的,并对进行政务工作有影响的信息,其发布和传播的形式可以是文字、音频、视频、图片等。公众获取政府信息的传统渠道包括广播、电视、报纸、期刊、政府接待厅等。信息技术、移动互联网技术的发展推动电子政务向"互联网+"的方向发展,互联网渠道以其特有的交互性、高效性、大容量,受到越来越多公众的青睐,已

---

❶ 朱红灿. 基于优化粗糙集的政府信息公开公众满意度测评研究 [D]. 湘潭:湘潭大学,2011.

❷ 中华人民共和国政府信息公开条例 [EB/OL]. [2010-09-24]. http://www.gov.cn/zwgk/2007-04/24/content_592937.htm.

经成为我国公众获取政府信息的主要方式，公众的政府信息获取方式由"砖瓦"向"鼠标"转变。截至 2016 年 12 月，我国[1]网民规模达 7.13 亿，互联网普及率为 53.2%，超过全球平均水平 3.1 个百分点，超过亚洲平均水平 7.6 个百分点。[2] 同时，随着智能手机、平板电脑等移动设备的快速发展，微博、微信等社交软件的普及率也越来越高，从前单一的政府网站网络渠道拓展出很多新兴的网络渠道，例如，各地政府部门通过注册微信公众号、微博账号等方式建立独自的信息发布渠道，能够实现快速更新政府信息并为公众快速获取。政务新媒体作为一种新兴的大众传播媒介，正在成为中国公民政治参与的重要技术平台，成为公民获取政治信息、表达政治诉求和影响政治决策的重要渠道。[3] 截至 2016 年 12 月，我国包括支付宝/微信城市服务，政府微信公众号、网站、微博、手机端应用等在内的在线政务服务用户规模达到 2.39 亿，占总体网民的 32.7%，各级政府及机构正加快"两微一端"线上布局，推动互联网政务信息公开向移动、即时、透明的方向发展。[4] 我国近年来形成了以政府网站、邮箱为代表的传统网络渠道，以政务微博、政务微信等移动端为代表的政务新媒体，协同以报纸、电话、政府接待厅为代表的传统渠道，为公众获取政府信息提供更多选择。

3. 政府信息服务均等化是实现社会公平正义的必然要求

"自由和机会、收入和财富、自尊的基础——都要平等地分配，除非对其中的一种价值或所有价值的一种不平等分配合乎每一个人的利益。"[5] "公平正义是社会有序运行的基本原则，当前，我国已经把公平正义确立为社会主义和谐社会的基本特征，基本公共服务均等化即是促进公平正义的关键。"[6] 政府信息公开就是政府部门根据有关法律规定，向社会公开政府的有关信息。政府信息服务是政府部门为公众提供其在行使行政管理权力的过程中所拥有

---

[1] 本文中所引用的全国数据不含港澳台数据，特此说明。
[2] 我国网民规模达 7.31 亿 手机网民占比 95.1% [EB/OL]. [2017-01-24]. http://politics.gmw.cn/2017-01/22/content_23549009.htm.
[3] 韩广富，张弛. 新媒体视域下中国公民政治参与的有效途径探析 [J]. 理论探讨，2015 (2): 171-173.
[4] 2016 年第 39 次中国互联网络发展状况统计报告 [EB/OL]. [2017-01-24]. http://www.cac.gov.cn/2017-01/22/c_1120352022.htm.
[5] 约翰·罗尔斯. 正义论 [M]. 何怀宏，等译. 北京：中国社会科学出版社，1988：62.
[6] 陈振明，李德国. 基本公共服务的均等化与有效供给——基于福建省的思考 [J]. 中国行政管理，2011 (1): 47-52.

的政府信息的服务,只有坚持服务普惠性、均等化方向,通过高效的制度安排、多元的供给主体、灵活的供给机制的保障,推进政府信息服务的均等化,才能充分发挥政府信息对各级群众生产、生活和经济活动的服务作用,才能提高政府工作透明度,稳定社会秩序,扼制腐败。政府信息服务均等化是促进公平正义的关键,是实现社会公平正义的必然要求。

4. 公众选择导向的政府信息服务渠道策略是推进政府信息服务发展的重要途径

公共服务中的顾客满意度战略作为西方发达国家新公共管理运动的理念之一,目的是让政府建立"顾客至上"的理念,提高公众对公共服务的满意程度,以提高公共服务效率、提高公共服务水平。❶ 我国越来越多的地方政府开展了以"公民评议政府"为代表的公众满意度测评活动,其中20世纪90年代以来开展的政府绩效管理活动最为普遍。政府绩效管理以公众导向理念作为基本价值取向。陈俊星❷认为,只有坚持公众导向理念,政府绩效管理才能真正践行科学发展观,体现"以人为本"的发展理念;只有坚持公众导向理念,政府绩效管理才能真正得到公众的信任和支持,获得持续发展的动力。政府绩效管理运用绩效评估的诊断、导向和推动功能推进政府管理创新。政府信息服务方面的公众导向的管理创新严重滞后于政府绩效评估与管理创新。另外,政府信息服务渠道策略并没有实施渠道顾客满意度战略。建立"以公众为中心"的理念,以公众选择为导向,创新政府信息服务渠道策略,是改善政府信息服务供给的有效途径。因而以公众渠道选择为导向,探索基于公众获取政府信息渠道选择模式的政府信息服务渠道策略的基本方向、具体途径,来拓展政府信息服务发展的逻辑思路,将有利于公众方便快捷地获得自己所需要的政务信息,提高社会公众对政府信息服务的满意度,从而推进政府信息服务渠道建设,缩减信息鸿沟,促进政府信息公开工作的实施。

二、研究意义

1. 有利于探索和构建公众获取政府信息渠道选择理论体系

公共服务渠道及渠道选择研究是互联网社会环境下我国公共管理、信息

---

❶ 朱红灿. 政府信息公开公众满意度测评与管理创新研究 [M]. 北京:国家图书馆出版社,2015:58-59.

❷ 陈俊星. 基于公众导向理念的地方政府绩效管理 [J]. 行政论坛,2015(1):58-62.

管理研究的新课题和研究成果新的关注点，相关研究成果主要包括：一是互联网社会环境下公共服务渠道类型和模式研究；二是电子政务渠道的采纳和管理研究；三是公众获取公共部门服务途径研究；四是公众的渠道选择行为与渠道选择影响因素研究；五是公共服务渠道管理策略及电子政务渠道建设研究。公共服务渠道及渠道选择理论的研究推动了国内公共管理、信息管理的理论研究和方法创新，研究成果的逐步运用推动了公共服务的发展，对推进中国基本公共服务均等化、中国社会公平正义、中国政治治理产生了良好的作用。但目前的研究也存在很多不足：一是公共服务渠道建设和策略价值取向中公众导向不足，需进一步加强公众导向学理层面的解释；二是政府信息公开制度的持续推进、互联网环境下公众获取政府信息渠道的多样化发展，需进一步加强公众获取政府信息渠道选择理论框架的构建和学理层面的解释；三是需进一步提高研究质量和研究水平；四是需进一步优化研究方法。本书通过学习、借鉴前人的研究成果，立足我国政府信息服务及公众获取政府信息渠道选择现状，研究公众获取政府信息渠道选择行为框架、影响因素、影响机制及选择模型构建，以及基于公众获取政府信息渠道选择模式的政府信息服务渠道策略的基本方向和具体途径等内容，构建符合我国国情的公众获取政府信息渠道选择理论体系，将有利于政府信息服务理论与实践的完善，有利于提高政府信息服务效率，改善政府信息服务质量，从而促进政府信息服务工作的实施。

2. 有利于政府信息服务建立"以公众为中心"的理念

《条例》规定了"政府信息的公开方式，规定行政机关通过政府公报、政府网站、新闻发布会以及报刊、广播、电视等便于公众知晓的方式主动公开需公开的政府信息"。❶ 同时，我国目前依然存在着比较严重的信息鸿沟，既存在发达地区与不发达地区的差距导致的ICT接入方面的信息鸿沟，也存在收入、受教育程度、年龄等人口统计特征方面的差距导致的信息能力方面的信息鸿沟，这些鸿沟在一定程度上会影响公众获取政府信息时对渠道的选择。陈传夫等❷通过研究发现，公众将搜索引擎作为公共部门信息获取途径的首选项，对广播、电视等视听媒体的依赖性也很高，而公共部门的信息渠道并没

---

❶ 中华人民共和国政府信息公开条例 [EB/OL]. [2010-09-24]. http://www.gov.cn/zwgk/2007-04/24/content_592937.htm.

❷ 陈传夫，余梅. 公共部门信息获取途径研究 [J]. 情报理论与实践，2015, 38 (2)：33-38.

有成为采纳度最高的公共信息获取途径。很明显，我国政府信息服务渠道管理仍采用单一政府主导模式，忽视了公众导向战略，各级政府部门、行政机关各自为政，各公开渠道之间既没有内容上的整合，也没有渠道上的整合，无法为公众提供全面的、有梯度的、整合的政府信息服务，导致公众对政府信息服务的满意度降低。本书运用渠道选择行为的理论、方法和技术，了解和分析公众获取政府信息渠道选择行为影响因素、把握公众选择行为规律，进而寻找政府信息服务渠道管理的最佳切入点，创新政府信息服务管理，这是从公众选择导向角度改善政府信息服务供给的有效途径。

3. 有利于探索和构建可资借鉴的政府信息服务渠道管理模式

自《条例》2008年5月实施以来，政府信息服务工作得到了各级政府部门的高度重视，政府管理各领域的政府信息服务成效明显。由《中国政府透明度指数报告（2015）》可以得知，各行政机关门户网站普遍配置政府信息专栏、规范性文件栏目，集中发布规范性文件。国务院部门预决算信息公开相对细致，有53个国务院部门公开了2015年预算说明，并且表格都细致到位，实现功能分类到项级科目、经济分类到款级科目。省级环境保护信息公开水平整体较高，建设项目环境评价公开情况较好。行政审批事项目录公开情况较好，部分行政机关的行政审批事项栏目设置清晰明了，查找方便快捷。信函申请渠道普遍畅通，大多数行政机关的答复及时，多数行政机关答复的格式规范。❶ 这说明我国现行的政府信息服务管理模式是行之有效的。但是，随着Web2.0技术的快速发展，微信、微博、Facebook、Twitter、即时通讯（IM）等新媒体将受众纳入制造、传播互联网的内容和知识信息体系之中，人们对政府信息服务的需求与旧的政府信息服务渠道管理模式之间的矛盾逐渐凸显，政府本位、权力本位的旧机制阻碍了政府信息公开，政府信息服务渠道策略创新已成为我国政府管理创新的一个新课题。本书以政府信息服务渠道管理为研究对象，立足公众选择角度，把公众选择作为政府信息服务渠道策略的起点、落脚点，研究公众获取政府信息渠道选择的基本理念、理论基础、影响因素、公众选择与政府信息服务渠道策略的内在关系，以及基于公众选择模式的政府信息服务渠道策略的基本方向、具体途径。通过对公众获

---

❶ 中国社会科学院法学研究所法治指数创新工程项目组. 中国政府透明度指数报告（2015）[EB/OL]. [2017-03-08]. http://www.doc88.com/p-5465210142877.html.

取政府信息渠道选择模式的研究,体现政府信息公开服务管理"以公众为中心"的理念导向,通过研究政府信息服务渠道策略,提高政府信息服务均等化的服务质量。

第二节 研究述评

一、国内外研究综述

1. 关于政府信息资源公共获取的研究

政府的特性使政府在行政过程中产生、保存和掌握了大量的信息,这些信息是政府更好地为人民服务的基础,直接关乎公众的切身利益,所以有关政府信息资源公共获取的研究一直受到关注。

(1) 政府信息资源公共获取的特性。王协舟等[1]认为从信息特性来讲,政府信息资源具有公共性;从其管理上来讲,政府信息资源也具有公共性;政府信息资源还具有综合性、宏观性、政策性、权威性等不同于其他公共产品和其他信息资源的独有特性。政府信息资源公共获取是一种特殊的公共需求,应该基于社会学、传播学、行政学、管理学等学科视角,坚持政府信息资源公共获取的公平、规范、准确与便捷的价值取向。Reddick 等[2]通过对加拿大一项全国性调查数据进行分析发现,电子政府渠道更适合于进行信息收集;信息素养更高的公众有更多的隐私意识,更有可能使用新的数字媒体,公众对新的数字渠道比对传统渠道满意度更高;电子政府、新的数字渠道并不是简单的渠道选择,而是复杂的公众服务交付。

(2) 政府信息资源公共获取的需求分析。余梅[3]通过调查问卷的方法,调研公众获取公共部门信息时,对公共信息的质量、合法性、版权、获取时间、获取地点、获取成本和来源的关注情况。研究发现,我国公众获取公共

---

[1] 王协舟,盛志喜. 政府信息资源公共获取的基本认知及价值取向:基于政府与公众的双向视角 [J]. 图书馆学研究, 2009 (6): 57-61.
[2] Reddick C, Anthopoulos L. Interactions with e-government, new digital media and traditional channel choices: citizen-initiated factors [J]. Transforming Government People Process & Policy, 2014, 8 (3): 398-419.
[3] 余梅. 公共部门信息获取关注因素研究 [J]. 图书情报工作, 2015, 23 (5): 33-40.

部门信息时，对信息质量的关注度最高，其次是时间和成本，并且受教育程度等个人属性会对信息获取有影响。蒋冠❶认为为了满足对政府信息的各种需求，社会公众要通过一定的途径与方式获取自身所需要的政府信息，这一信息行为的实际效果，要受政府信息管理模式、政府信息传播渠道与社会公众的信息获取条件等因素的影响。冯湘君等❷站在弱势群体的角度，从个人障碍、社会障碍角度分析城市弱势群体获取政府信息的障碍，进而提出从优化城市整体信息环境、提高城市弱势群体的信息素质、向城市低收入家庭提供物质援助三个方面改善弱势群体获取政府信息状况。Boer 等❸认为，企业在运行过程中比公民更需要政府信息和服务，政府倾向于关注用一组沟通渠道提供政府信息服务，而公众和企业会大量使用超出政府范围的不同的渠道和多个信息源。

2. 关于公众获取政府信息渠道的研究

随着信息技术的进步，人们对政府信息的获取不再满足于传统的基于物理建筑的信息获取，对更加快速、便捷、灵活的获取渠道提出要求，相应地关于政府信息资源获取渠道的研究也在不断发展。

傅荣校等❹从公开渠道的受众数量、获取便利性、信息公开范围、公开及时程度、可回溯性、权威性、统计便捷性等维度对政府公报、政府网站、政府新闻发布会、广播电台、电视、报刊、国家档案馆、公共图书馆、行政机关办公场所这些渠道进行比较分析。陈传夫等❺对公共部门信息获取途径进行梳理、研究发现，公众主要还是通过网络获取公共部门信息，搜索引擎成为公众上网使用的主要工具，也成为公共部门信息获取途径的首选项，而公众对广播、电视等视听媒体的依赖程度也很高，公共部门的物理场所是采纳度最低的公共信息获取途径。沈熙❻详细介绍了如何通过政府门户网站、政府信息目录、搜索引擎查询政府信息，并对专门信息的查找如法律信息、统计数

---

❶ 蒋冠. 政府信息公共获取影响因素探析 [J]. 情报资料工作, 2010 (2): 53-57.
❷ 冯湘君, 蒋冠. 对城市弱势群体政府信息获取问题的思考 [J]. 档案学通讯, 2010 (5): 76-79.
❸ Boer Y V D, Arendsen R, Pieterson W. In search of information: Investigating source and channel choices in business-to-government service interactions [J]. Government Information Quarterly, 2016, 33 (1): 40-52.
❹ 傅荣校, 郭啸笑. 政府信息公开渠道的对比分析 [J]. 电子政务, 2013 (2): 87-93.
❺ 陈传夫, 余梅. 公共部门信息获取途径研究 [J]. 情报理论与实践, 2015, 38 (2): 33-38.
❻ 沈熙. 政府信息资源的网络获取 [J]. 新世纪图书馆, 2009 (2): 36-39.

据等提供获取网址和介绍，为政府信息资源网络获取提供途径和方法。Reddick 等❶调查了加拿大公共服务渠道选择情况，并将电子渠道与传统的电话和政府接待厅渠道进行了对比分析，研究发现，在加拿大居民中，民众通常通过政府网站来获取政府信息。即使知道电话渠道是单一信道，而公众对其的满意度最低，但仍有 51% 的公众选择通过电话渠道与政府联系。

3. 关于公众获取政府信息渠道选择影响因素的研究

从个人因素、任务因素、渠道因素、情境因素与渠道选择的联系研究公众获取政府信息渠道选择影响因素与影响机制十分有必要。Pieterson 等❷采用定性研究的方法分析了渠道选择的 6 个决定因素：习惯、渠道特点、任务特征、情境约束、经验和个人特征。研究发现，人们进行渠道选择时首先遵循的是渠道习惯，当任务的复杂性和模糊性增强时，人们开始在任务与渠道特点之间进行推理。Reddick 等❸从数字鸿沟、公众与政府交互本质、公众服务价值、公共感知服务满意度 4 个维度研究公众选择电子政府渠道和传统的电话、政府接待厅的影响机制，研究结果表明，选择电子政府渠道时存在明显的数字鸿沟，但当女性和年龄较大的人们对政府网站更满意时，数字鸿沟得到明显的弥合；积极的公众服务价值观使政府网站的满意度增加。Ebbers 等❹提出超越纯粹理性的渠道选择影响因素，将不那么理性甚至非理性的因素纳入公众渠道选择的影响因素模型。研究结果表明，理性因素和非理性因素都是渠道选择中的重要决定因素；复杂性是电话和政府接待厅渠道的预测因素；习惯性是渠道选择的一个很强的预测因素，但是紧迫性和复杂性使某些特定情况下的渠道选择受习惯的影响变弱；服务的本质通常使人们愿意花费更多的精力使用具有详尽引导的面对面的渠道，人们也可以不顾服务的本质选择可访问的互联网渠道或电话渠道。朱红灿等❺从网络渠道和传统渠道对比角

---

❶ Reddick C G, Turner M. Channel choice and public service delivery in Canada: Comparing e-government to traditional service delivery [J]. Government Information Quarterly, 2012, 29 (1): 1-11.

❷ Pieterson W, Dijk V J. Channel Choice Determinants: An exploration of the factors that determine the choice of a service channel in citizen initiated contacts [C]. 8th Annual Conference of the Digital Government Society, 2007 (2): 20-23.

❸ 同❶。

❹ Ebbers W E, Jansen M G M, Pieterson W J, etc. Facts and feelings: The role of rational and irrational factors in citizens'channel choices [J]. Government Information Quarterly, 2016, 33 (3): 506-515.

❺ 朱红灿，陈星星. 公众政府信息获取渠道的选择：基于网络渠道与传统渠道的对比分析 [J]. 情报资料工作，2015, 204 (3): 75-78.

度,以多维理论为指导,从信息鸿沟、渠道特征等维度研究了影响公众获取政府信息渠道选择的因素。李平❶认为,公众的政务服务渠道的选择行为主要受到渠道与服务的匹配性、渠道的易用性和有用性、个人的使用经历及需求的情景特殊性的影响。周思君❷从政府信息生命周期的角度分析公众获取政府信息资源的影响因素有信息技术等基础设施、社会、政府和公众。

4. 关于网络渠道采纳与使用意愿的研究

近年来,随着信息化的发展,公众可选择的政府信息获取渠道也逐渐多样化,出现了以政府网站为代表的网络渠道,由从前单一的政府网站拓展出很多新兴的渠道形式,如各地政府部门建立了微信公众号、政务微博等形式的信息发布渠道,为公众快速获取政府信息提供渠道。网络渠道或电子渠道采纳或使用意愿成为学界关注的研究重点。

(1) 基于技术接受与使用模型。Ahmad 等❸采用技术接受与使用统一理论 (Unified Theory of Acceptance and Use of Technology, UTAUT) 研究巴基斯坦电子政务服务采纳行为。实证研究结果表明,绩效期望、努力期望、方便程度和社会影响公民对电子政务服务的采纳行为,同时公众意识缺乏、用户隐私泄露、缺乏相应的支持与帮助会阻碍电子政务服务的采纳。Alomari 等❹采用创新理论 (Diffusion of Innovation theory, DOI) 和技术接受模型 (Technology Acceptance Model, TAM) 研究公民对政务网站的使用行为和意愿。实证研究结果表明,对互联网信任、相对优势、兼容性和感知易用性并不是采纳电子政务网站的重要影响因素,而对政府的信任、网站设计、信仰、复杂性和感知有用性能够显著影响公民电子政务采纳意愿。汤志伟等❺基于技术接受模型,结合信任理论、行为执行意向理论和现状偏好理论,构建出政府网站公众初始采纳行为研究模型。研究发现,信任、感知有用性正向影响初始

---

❶ 李平. 公众的政府服务渠道选择行为:基于网络渠道与传统渠道的对比分析 [J]. 统计与信息论坛, 2016, 31 (5):35-40.

❷ 周思君. 基于信息生命周期的政府信息资源公共获取影响因素研究 [D]. 湘潭:湘潭大学, 2012.

❸ Ahmad M O, Markkula J, Oivo M. Factors affecting e-government adoption in Pakistan: a citizen's perspective [J]. Transforming Government: People Process & Policy, 2013, 7 (2):225-239.

❹ Alomari M, Woods P, Sandhu K. Predictors for e-government adoption in Jordan: Deployment of an empirical evaluation based on a citizen-centric approach [J]. Information Technology & People, 2012, 2 (2):207-234.

❺ 汤志伟,龚泽鹏,涂文琴,等. 政府网站的公众初始采纳:从意向形成到行为产生 [J]. 情报杂志, 2017, 36 (3):148-154.

采纳意向，初始采纳意向正向影响初始采纳行为；初始采纳执行意向在初始采纳意向与初始采纳行为之间发挥中介效用，现状偏好对初始采纳行为的负向影响及对初始采纳意向与初始采纳行为之间的调节效应显著。李勇等❶依托UTAUT模型的原型，结合政务微博的实际特点，研究影响大众接受且使用政务微博的关键因素。邵坤焕等❷综合技术接受模型、修正的技术接受模型等理论，构建用户接受移动政务服务的模型，对兼容性、社会影响、工作相关性、产出质量等外部变量，技术信任、政府信任、有用认知、易用认知内部变量进行分析，并对我国移动政务的建设提出建议。

（2）基于其他理论模型。陈然❸以计划行为理论和"权衡需求"理论为基础，采用文献分析与深度访谈相结合的方法，实证考察中国当下公众"不使用"政务微博的深层原因，研究结果发现相对优势不明显、与部分公众信息接收方式不相容、过低的外部可见性和信任感知不足是阻碍公众采纳政务微博的主要原因。Hamid 等❹研究了感知有用性和易用性对电子政务持续使用的影响，通过研究发现，感知有用性和易用性对电子政务持续使用有正向影响，感知易用性和感知有用性之间存在正向关系，人们如果感知到通过网络渠道获取政府信息容易操作，就有可能采纳或使用该渠道，从而感知该渠道的有用性。Valaei 等❺研究了公众使用政府 Facebook 页面的持续意愿，通过实证研究发现，政府 Facebook 页面信息质量是由 5 个一阶因素——可靠性、完整性、相关性、及时性、可理解性组成的二阶结构，信息质量对持续使用意愿和满意度有正向影响，其中满意度可以部分增强信息质量对持续使用意愿的影响。蒋骁等❻认为信任是影响公众使用电子政务的关键因素，信任对公众的采纳意向有显著影响，对政府机构的信任、对互联网的信任是电子政务公

---

❶ 李勇，蒋田田. 基于 UTAUT 模型的政务微博接受度影响因素研究 [J]. 电子政务，2015 (6)：39-48.

❷ 邵坤焕，杨兰蓉. 公众采纳移动政务服务的综合接受模型研究 [J]. 现代情报，2011，31 (12)：3-6.

❸ 陈然. 政务微博公众采纳的阻碍因素及对策探析 [J]. 电子政务，2016 (7)：50-56.

❹ Hamid A A, Razak F Z A, Bakar A A, etc. The effects of perceived usefulness and perceived ease of use on continuance intention to use e-government [J]. Procedia Economics and Finance, 2016 (35)：644-649.

❺ Valaei N, Baroto M B. Modelling continuance intention of citizens in government Facebook page: A complementary PLS approach [J]. Computers in Human Behavior, 2017 (73)：224-237.

❻ 蒋骁，仲秋雁，季绍波. 电子政务公众采纳的信任因素研究 [J]. 情报杂志，2010 (1)：37-41.

众信任的主要影响因素。谢丽娜[1]通过对当前环境下国内外电子政务用户采纳相关研究的梳理，发现感知有用性、感知易用性、相对优势、相容性、信任、复杂性是影响公众使用社交媒体获取政府信息的因素，个人、技术、组织、环境和任务等是影响政务社交媒体中用户信息获取的主要因素。

5. 关于政府信息服务渠道管理的研究

相关研究主要集中在渠道管理模型、渠道管理策略、渠道管理创新等方面。

（1）渠道管理模型的研究。Ebbers 等[2]认为，就政府与公民之间的沟通而言，政府喜欢的渠道和公民喜欢的渠道存在差距，通过多渠道管理策略可以加强政府和公民的互动。文献中基于不同的渠道类型和政府与公众互动的多类渠道模式，既考虑政府的观点，又考虑公民的观点，提出了一种可选的多渠道管理策略。Gagnon 等[3]认为，当今各国面临的一项挑战是如何为公众提供有效的服务，政府走上电子政务的道路，通过一站式、集成、智能的服务来应对这一挑战，但是现实中个人和企业更喜欢以传统方式接受服务。文献中借助案例研究和国际基准，确定了多渠道提供公共服务有效和高效的主要变量，构建了一个多维渠道管理模型。蔡立辉[4]以深化行政体制改革、促进形成同一市场、普遍和深度应用信息技术、加快新型城市化进程、构建服务型政府、强化和创新社会治理、促进管理科学化，以信息政府治理体系和治理现代化为背景，以信息技术应用于大都市政府治理能力现代化之间的内在联系为核心，以问题为导向，以揭示问题、分析论证问题和探索具有可操作性的推进大都市治理能力现代化路径为主要研究内容，具体包括：大都市组织结构创新——结构重组与整体性政府建设；公共服务创新——公私合作与伙伴关系构建；资源整合机制创新——从分散走向共享；应急管理体制机制创新——从被动应对转为积极防范；治理模式创新——网络化治理；行政业

---

[1] 谢丽娜. 政务社交媒体中用户信息获取影响因素研究述评［J］. 图书情报工作，2015，59（19）：113-121.

[2] Ebbers W E, Pieterson W J, Noordman H N. Electronic government: Rethinking channel management strategies［J］. Journal of Government Information, 2008, 25（2）: 181-201.

[3] Gagnon Y C, Posada E, Bourgault M, etc. Multichannel delivery of public services: A new and complex management challenge［J］. International Journal of Public Administration, 2010, 33（5）: 213-222.

[4] 蔡立辉. 信息化时代的大都市政府及其治理能力现代化研究［M］. 北京：人民出版社，2014：1-4.

务流程再造——大都市治理能力现代化的技术支撑。李平等❶❷立足政府视角，从电子政务渠道管理入手，分析公共服务渠道管理的内容框架，文献中对渠道是公众与政府进行信息沟通的接触点予以关注，并针对网络、电话和现场三类主要的公共服务渠道，通过采用构建的服务渠道、服务与用户三要素测评指标和提出的匹配度测算方法，给出了三要素的整合模型。

（2）国外经验对我国公共服务领域渠道建设的借鉴和启示。陈云❸通过对澳大利亚的电子政务多渠道案例进行分析，总结出值得我国公共服务领域的电子政务渠道建设借鉴的经验。戴昌桥❹认为，美国拥有一个成功的电子政务建设模式，通过选取美国电子政务建设进行分析，以期对我国电子政务建设有所启示。马玉海等❺分析了新加坡电子政务管理模式的发展历程、电子政务管理模式的特点、电子政务管理模式的效用，认为新加坡电子政务的良好经验，如公共服务意识、政府统筹规划、信息资源整合、一站式门户网站及不断完善的法律法规等，对我国电子政务的建设和发展具有重要的学习和借鉴意义。庞宇❻分析了英国电子政务发展的主要阶段、电子政务建设的主要做法，认为英国政府电子政务建设以公众需求为中心，加强基础设施，创新技术应用，统一标准规范，实现了社会公共服务在线服务的成功转型。英国电子政务建设的启示包括：以客户需要为核心理念，优化数字服务系统；以专业机构运作为支撑，实现跨部门统一协调；以通用绩效指标为标准，评估数字服务质量；以单一门户网站为平台，集中输出权威服务。

（3）渠道管理策略。Deloitte❼认为，英国政府部门正面临着逐渐增大的压力，就是如何为民众提供有效且高质量的公共服务，但他们发现提供公共

---

❶ 李平. 基于 SE 与 CSM 的电子政务公共服务渠道管理研究［J］. 东岳论丛，2010，31（6）：1-3.

❷ 李平，白庆华. 基于匹配度的政府服务渠道、用户与服务整合［J］. 同济大学学报（自然科学版），2013，41（11）：1761-1766.

❸ 陈云. 电子政务多渠道递送公共服务：对澳大利亚 Centrelink 的案例研究［J］. 云南行政学院学报，2011（1）：132-135.

❹ 戴昌桥. 美国电子政务建设模式探析［J］. 中国行政管理，2010（6）：100-102.

❺ 马玉海，张月. 新加坡电子政务管理模式的发展及其影响［J］. 阜阳师范学院学报（社会科学版），2016（3）：115-118.

❻ 庞宇. 英国电子政务的发展转型及经验启示［J］. 电子政务，2018（2）：62-70.

❼ Deloitte. Choosing channels optimizing the channel mix in the UK public sector［DB/OL］. http://www.deloitte.com/view/en_GB/uk/industries/government-public-sector/4d295c038b2fb110VgnVCM100000ba42f00aRCRD.htm, 2012, 8.

服务所使用的混合渠道极其昂贵。基于此，文献中提出了一个优化英国混合渠道和获取混合渠道优势的渠道管理策略。Boer 等❶认为，政府应该关注政府信息服务的首选渠道，用以满足信息搜索者的需求或指导他们选择合适的渠道；还应当实施多维信息资源、多维渠道整合管理策略，指导信息搜索者使用多源渠道组合。Teerling 等❷认为，沟通是政府面向公民的一种有效的传递方式，如大众传媒或信件。文献中探讨了政府正专注于如何引导偏好传统渠道的公众转向选择网络电子渠道，案例研究表明，不引人注目的渠道营销可以有效地用于增加电子政务服务的使用次数，而不会负面影响公众对当前服务渠道的满意程度。Boer 等❸认为，随着通信渠道越来越多和其他信息源的作用越来越大，一维的渠道和信息资源不再适应于当前的网络环境，政府必须重新考虑信息服务战略。文献探讨了信息资源和渠道的相似性、差异性和依赖性，通过实证研究发现，资源和关系特征对渠道选择有影响，一般性资源和渠道之间，以及多种类型的渠道选择和多种类型的资源选择之间存在差异性。司文峰等❹基于政务网站及"两微一端"等多渠道实证测评了地级以上城市和省级政府的电子政务渠道服务能力。研究发现，行政级别与经济水平均与渠道政务服务能力显著正相关；渠道能力因行政与经济属性、城市和省级政府层面不同而存在差异，但基本不受级别、水平、区域限制。刘银喜等❺提出"流动公共服务"概念和主要观点，从理论与实践层面探讨其存在的现实基础和逻辑起点，结合现实和相关理论，概括"流动公共服务"在公共服务供给方式和理念层面的创新及其创新价值。张锐昕等❻探讨了国内电子公共

---

❶ Boer Y V D, Arendsen R, Pieterson W. In search of information：Investigating source and channel choices in business‐to‐government service interactions [J]. Government Information Quarterly, 2016, 33（1）：40-52.

❷ Teerling M L, Pieterson W. Multichannel marketing：An experiment on guiding citizens to the electronic channels [J]. Government Information Quarterly, 2010, 27（1）：98-107.

❸ Boer Y V D, Pieterson W, Arendsen R, etc. Towards a model of source and channel choices in business‐to‐government service interactions：A structural equation modeling approach [J]. Government Information Quarterly, 2017, 34（3）：434-456.

❹ 司文峰, 胡广伟. 基于多渠道视角的我国内地电子政务服务能力分异规律 [J]. 现代情报, 2018, 38（6）：46-52.

❺ 刘银喜, 任梅. 流动公共服务：公共服务供给方式创新——概念提出、逻辑起点及创新价值 [J]. 中国行政管理, 2015（8）：83-87.

❻ 张锐昕, 李健. 政府电子公共服务供给的愿景筹划和策略安排 [J]. 中国行政管理, 2018（4）：79-83.

服务渠道供给愿景筹划和策略安排，从服务对象和手段的包容性、服务功能和内容的彻底性、服务过程及其成果的可及性、服务产出及其形式的有效性四个维度筹划政府电子公共服务供给的愿景，并以公正为基准、以服务对象为中心、以流程为主线、以问题为导向提出相应的策略安排，目的是为我国政府进入"互联网+政务服务"阶段进行前瞻式管理做战略与战术准备。

6. 关于公众渠道选择与政府信息服务渠道策略创新的研究

奥斯本和盖布勒[1]认为，顾客驱使的制度促进更多的革新，受顾客作出裁决的影响，提供者不得不参与竞争，寻求提高质量和降低成本的方法，如此也就有了革新方面投资的更大动机。拉塞尔·M. 林登[2]认为，从官僚机构转化成无缝隙组织的运动要求一种新的思维方式和一套不同的组织原则。这些组织原则被称为商业流程再造，它们是组织转变的强有力工具；它们把工作人员的注意力集中到顾客身上，而不是组织的内部活动上；它们围绕过程而不是职能展开工作；它们计算出冗长、单调的过程所支付的成本；它们促进了生产率大幅度提高，因为工作人员从全局出发进行整合，直接与最终用户接触，完成整个工作任务。珍妮特·V. 登哈特和罗伯特·B. 登哈特[3]认为，随着服务意识和社区意识的增强，行政官员已逐渐认识到他们有许多东西要通过"倾听"公众的声音而不是向公众"发号施令"，并且要通过"服务"而不是"掌舵"才能获得。这种新的态度和新的参与方式表明，公共行政领域正在出现一场运动，即"新公共服务"。新公共服务是服务，而不是掌舵。政府的角色就是为促进个人选择和提高效率而释放市场力量。新公共服务通过广泛的对话和公民参与来追求共同价值观和共同的利益，公共服务本身被视为公民权的扩展部分，它是由为他人服务和实现公共目标的愿望所促动的。陈潭等[4]认为，顾客需求是形成政策网络的基础与前提，政策网络是满足和达成顾客需求的工具与手段，二者的无缝契合会持续提高公共服务质量。在复合性治理语境中，政策网络是以公民为中心而建立的协作关系，是受公民偏

---

[1] 戴维·奥斯本，特德·盖布勒. 改革政府：企业家精神如何改革着公共部门 [M]. 周敦仁，等译. 上海：上海译文出版社，2006：130-132.

[2] 拉塞尔·M. 林登. 无缝隙政府：公共部门再造指南 [M]. 吴群芳，等译. 北京：中国人民大学出版社，2015：50-54.

[3] 珍妮特·V. 登哈特，罗伯特·B. 登哈特. 新公共服务：服务，而不是掌舵 [M]. 第3版. 丁煌，译. 北京：中国人民大学出版社，2016：204-206.

[4] 陈潭，胡项连. 顾客导向、政策网络与公共服务 [J]. 中国行政管理，2015（12）：34-38.

好驱使的路径创新。作为一种需求体系和扩散网络，政策网络的存在有助于提升公共服务供给的正当性和实现公共服务效率的帕累托改进。从一定程度上来说，具备效能化、便利化、标准化和在地化的政策网络，能让公共服务充分化供给和均等化供给成为可能。同时，基于政策网络的公共服务表达机制、公共服务评估机制、社会资本生产机制和社会治理保障机制的建构与优化是提高顾客公众满意度、提升公共服务质量和水平不可或缺的路径选择。

陈俊星[1]认为，公众导向理念体现服务型政府的本质要求，是政府绩效管理的基本价值和核心理念所在。基于公众导向的地方政府绩效管理的思路是：树立和强化公众导向理念；构建整体性绩效管理框架；实现公众对地方政府绩效管理的全程、深度参与；建立健全地方政府绩效管理的领导体制和工作机制；地方先行先试，推动政府绩效管理立法进程。尤建新等[2]探讨了以公众满意为导向的城市管理模式，其主要包括：全面提高"公众参与"的层次和水平，树立公众的"城市主人"意识，强化各级城市管理部门的服务意识，制定城市管理部门的公众服务标准，开展以公众满意为导向的城市管理绩效评测。何俊辉[3]以公众导向为视角从缺口特征、缺口层面、缺口成因方面分析了电子政府服务质量缺口问题。高洁等[4]通过实证分析探究政府电子信息服务质量评价指标中包含的基本需求、拓展需求、潜在需求和无关需求，揭示出公众需求视角下的政府电子信息服务质量评价指标间系统动力关系，构建政府电子信息服务质量评价体系，提出提升政府电子信息服务质量的策略。

二、国内外研究述评

通过对上述国内外相关文献的梳理可以发现，目前关于"公众渠道选择与渠道策略"的成果散见于信息服务与公共服务供给、政府信息获取、电子政务建设等方面。国内外学者对公众渠道选择与政府信息服务渠道策略进行了可贵的探索，取得了很有价值的成果，为提出科学、可行的政府信息服务渠道管策略打下了良好的基础。总的来说，公众渠道选择与政府信息服务策

---

[1] 陈俊星. 基于公众导向理念的地方政府绩效管理 [J]. 行政论坛, 2015 (1): 58-62.
[2] 尤建新, 陈强. 以公众满意为导向的城市管理模式研究 [J]. 公共管理学报, 2004, 1 (2): 51-57, 85, 95.
[3] 何俊辉. 基于公众导向理念的地方政府绩效管理 [J]. 情报杂志, 2010, 29 (10): 184-188.
[4] 高洁, 杨欢. 基于公众需求的政府电子信息服务质量影响因素实证研究 [J]. 情报理论与实践, 2017, 40 (8): 13-18.

略尚处于初创阶段，不少问题的研究亟待加强。

第一，尚未构建公众获取政府信息渠道选择模式。以往公众获取政府渠道选择模型特别重视基于 TAM、UTAUT 等理论技术模型的政府门户网站及政务新媒体等新型渠道的使用意愿与采纳，而结合传统渠道的多维渠道模式下的公众获取政府信息渠道选择模式没有得到应有的重视，对为了提供特定的服务，对不同背景下与出于不同目的的公众的政府信息获取多维渠道选择模式尚未进行系统深入的研究。

第二，尚未将公众获取政府信息渠道选择与政府信息服务渠道策略结合起来。公众获取政府信息渠道选择大多停留在模型构建、影响因素分析层面，对公众选择模式结果的运用没有予以应有的重视，没有将公众获取政府信息渠道选择模型的研究从技术层面上升到管理创新层面。

第三，尚未立足公众获取政府信息渠道选择模式来系统研究政府信息服务渠道策略。单纯从公共服务管理创新的思路和途径来研究政府信息服务渠道策略，没有把公众选择作为政府信息服务渠道策略的起点、落脚点。

我国自《条例》施行以来，政府信息公开工作已开展十余年，政府信息公开理念逐步深入人心，政府信息公开工作逐步走向规范，政府信息公开制度也在逐步完善，但政府信息服务渠道管理研究并未受到学者们的广泛关注。因此，立足公众导向，探讨公众获取政府信息渠道选择与政府信息服务渠道建设的辩证关系，创新适合中国国情的政府信息服务渠道策略，是目前我国公共管理方面的新课题。运用渠道选择行为的理论、方法和技术，了解和分析公众获取政府信息渠道选择行为影响因素，把握公众选择行为规律，进而寻找政府信息服务渠道策略的最佳切入点，创新政府信息服务渠道管理，是改善政府信息服务供给的有效途径。因此，结合我国实际，以公众渠道选择为导向，系统地研究政府信息服务渠道策略的基本方向和具体途径是非常必要的。

第三节 研究思路与方法

一、研究思路

在研究范式的选择上，以公众获取政府信息渠道选择→公众获取政府信息渠道选择与政府信息服务渠道策略的内在关系→渠道策略为范式，重点研究公众获取政府信息渠道选择模式→公众渠道选择导向的政府信息服务渠道策略的基本方向→政府信息服务渠道策略，突破只就渠道选择行为研究渠道选择行为和只就渠道策略研究渠道策略创新的、孤立的、封闭的研究范式，将渠道选择与渠道策略结合起来，把公众获取政府信息渠道选择从技术层面上升到管理创新层面，将公众选择作为出发点、落脚点、主轴，体现公众导向的性质、目的和要求，发挥公众渠道选择对渠道策略的引导、推动功能，使渠道策略的目的明确、方向正确、措施有力，实现公众获取政府信息渠道选择与政府信息服务渠道策略的良性互动。通过这种良性互动，不断提高公众获取政府信息渠道选择模式分析与政府信息服务渠道策略的质量和水平，体现理论与实践、定性与定量分析、规范研究与实证研究、公众渠道选择与渠道策略相结合。

在研究视角的选择上，以问题为导向，研究公众获取政府信息渠道选择与政府信息服务渠道策略中迫切需要研究的重大理论和实践问题，如何以创新扩散理论、资源依赖理论、制度理论、国家文化理论、信任理论、心流理论为指导，构建公众获取政府信息渠道选择模型、公众获取政府信息网络渠道持续使用意愿模型，如何实现公众获取政府信息渠道选择模式的科学性、代表性，如何基于公众获取政府信息渠道选择模式实证分析结果确定政府信息服务渠道策略的基本方向等。为了深化研究，我们选择从数字政府治理视角研究政府信息服务渠道整合策略，从精细化社会治理视角研究政府信息渠道精准化服务策略，等等。

在研究的技术路线上，综述相关研究文献，提出深化研究应关注的重点和应注意的问题，研究公众获取政府信息渠道选择的基础理论问题、模型构建及实证分析，研究公众获取政府信息渠道选择与政府信息服务渠道策略的关系，并根据实证分析结论提出政府信息服务渠道策略，从整合策略、精准化服务策略层面研究政府信息服务渠道策略。研究技术路线如图1-1所示。

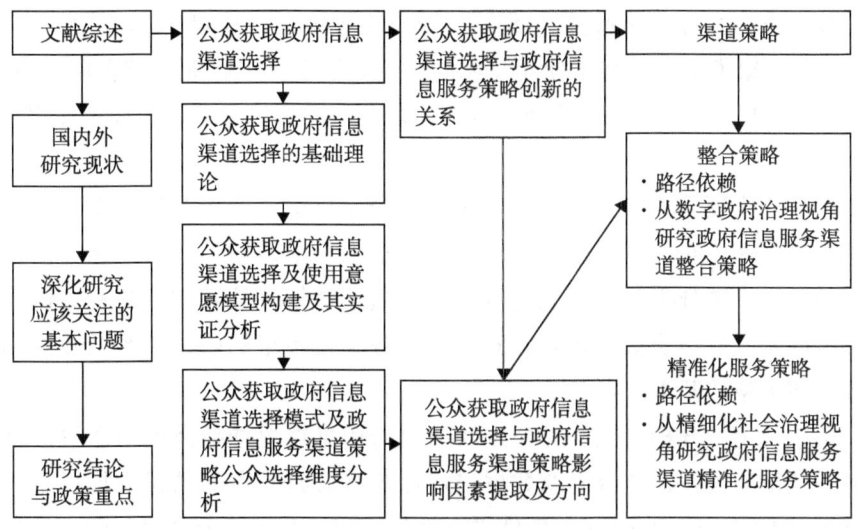

图 1-1 研究技术路线

二、研究方法

本书基于政府信息服务的现状，在理论和实践相结合的基础上，将公共管理学的理论与方法同信息管理的理论与方法相融合，实现基础研究和应用研究中两者在理论、方法与技术上的整合和互补。主要采用的研究方法有以下几种：

第一，调查研究。为奠定课题研究的理论基础，通过广泛的文献调研和网络调研，全面收集有关政府信息服务渠道管理及公众政府信息获取选择的相关论述与研究成果；为开展公众获取政府信息渠道选择及使用意愿的实证测评，本书设计了两套公众选择及使用意愿调查问卷，采用当面调查法和问卷平台网络调查，对湖南省长沙市、湘潭市，河北省石家庄市、邯郸市，江苏省南京市、苏州市、常州市、南通市等，浙江省杭州市、绍兴市、宁波市，甘肃省兰州市，陕西省西安市、商洛市等，北京市、上海市，广东省广州市、佛山市、东莞市，贵州省贵阳市等城市和乡镇的不同行业的公众进行抽样调查，获取公众获取政府信息渠道选择的第一手材料，作为实证研究所需的相关数据。对山东省菏泽市、河北省邯郸市、湖北省汉川市、湖南省长沙市、安徽省蚌埠市、海南省的政府信息服务渠道及策略的现状进行调查，为多渠道情境下政府信息服务渠道策略的提出奠定现实基础。

第二，模型构建。以新公共管理理论、公共服务理论、顾客满意度指数理论、技术采纳理论、心流理论、创新扩散理论等为理论基础，针对当前公众获取政府信息渠道选择和渠道使用意愿的影响因子及影响机制，结合回归模型、结构方程模型等模型方法，构建有效的公众获取政府信息渠道选择及使用意愿模型。

第三，实证分析研究。以公众获取政府信息渠道选择及使用意愿模型为理论基础，基于收集的国内多个地（区）公众获取政府信息渠道选择及使用意愿的数据，来分析公众获取政府信息渠道选择模式的共同特征和关键要素及影响因素，梳理公众选择与政府信息服务渠道策略的内在关系及政府信息服务渠道策略的基本方向。

第四，定量分析研究。对公众获取政府信息渠道选择及使用意愿模型中的各种变量的关系、公众满意数据描述性统计分析等方面的研究均可采用定量分析的方法，运用SPSS等软件进行量化处理；在构建公众获取政府信息渠道选择及使用意愿模型中，也可采用多层回归分析法、最小二乘法分析技术—结构方程建模方法对收集到的样本数据进行检验和分析。

第五，分析比较研究。对公众获取政府信息渠道模式采用分析、比较的方法从传统、网络、多渠道三个维度进行分析。以公众获取政府信息渠道选择模式为基础，以分析和发现公众获取政府信息渠道选择及使用意愿影响因素为分析对象，尝试从整合策略、精准化服务策略层面研究政府信息服务渠道策略。

第四节 本书结构与创新点

一、本书结构

第一章 绪论。在分析背景、选题意义、述评国内外公众获取政府信息渠道选择与政府信息服务渠道策略研究成果的基础上，提出本书的研究思路、方法、框架和创新点。

第二章 公众获取政府信息渠道选择的相关概念阐释。为公众交付有效且高效的公众服务是每个政府面临的战略挑战。深入了解公众获取政府信息时如何选择渠道，有助于把握公众获取政府信息渠道选择规律，改善政府信息服务供给的有效途径，促进政府信息公开发展。本章从公共服务渠道理论基础和公共服务渠道选择理论基础出发，探讨公众获取政府信息渠道选择的理论基础，从而建立公众获取政府信息渠道选择行为体系的理论基础。

第三章　公众获取政府信息渠道选择模型构建。随着信息技术的快速发展，具有方便、快捷、大数据量存储、多终端等显著优势的网络渠道为公众获取政府信息提供了新的机会，可以认为网络渠道已经成为我国公众获取政府信息的主要方式，公众的信息获取方式由"砖瓦"向"鼠标"转变。但是有学者研究发现，我国城市低保者多利用电视、报纸、人际交流和相关部门或机构获取政府信息；加拿大民众在选择网络渠道和传统渠道时，虽然知道电话渠道是单一信道，公众对其的满意度最低，但仍有51%的公众选择电话渠道与政府联系。因而深入了解公众获取政府信息渠道选择的影响因素，把握公众获取政府信息渠道选择规律具有现实意义。

以TOE模型为总体框架，以创新扩散理论、资源依赖理论、制度理论、国家文化理论、信任理论五大理论为指导，构建公众获取政府信息渠道选择影响因素概念模型，从技术、组织、环境三个维度考虑影响公众获取政府信息渠道选择的因素，通过回归分析法对模型进行分析验证。结果表明，感知有用性、感知易用性等九个变量对公众获取政府信息渠道选择产生显著影响。

第四章　公众获取政府信息网络渠道使用意愿分析。网络渠道获取是互联网时代的一种获取政府信息的理念和模式，是借助于互联网、电脑通信技术和数字交互式媒体来实现信息获取的一种获取政府信息的方式。了解网络环境下公众获取政府信息网络渠道持续使用意愿，对留住公众在线获取政府信息和提高"政民互动""在线服务"有重要意义。以心流理论为基础构建公众获取政府信息网络渠道持续使用意愿概念模型，考察影响公众网络渠道获取政府信息心流体验的因素以及对公众获取政府信息网络渠道持续使用意图的影响，并通过实证研究检验模型的合理性。结果表明，个人技能与任务挑战相匹配、清晰的目标、即时的反馈都会显著影响公众网络渠道获取政府信息的心流体验，感知享乐价值、感知实用价值、满意度对心流体验和公众获取政府信息网络渠道持续使用意愿有着重要的中介作用。

第五章　公众获取政府信息渠道选择模式分析。结合第三、第四章的公众获取政府信息渠道选择模型与实证分析，以及相关实证数据，从传统渠道、网络渠道、多渠道情境三个维度探讨公众获取政府信息渠道选择模式。

第六章　多渠道情境下政府信息服务渠道现状调查。为了了解我国目前多渠道情境下政府信息服务渠道的现状，我们进行了此次调查，调查内容涉及政府信息服务各类渠道现状、政府信息服务渠道策略等方面，调查对象包括政务服务中心（政府信息公开网站、政务微博、政务 App 政府数据开放平台等），调查方式包括实地调查、网站调查、电话调查等。

第七章 公众选择导向的政府信息服务渠道策略方向。公众获取政府信息渠道选择导向是顾客满意度战略的有效运用，是推进政府信息服务均等化的现实需要，是推进政府信息服务渠道策略创新的内在要求。系统深入地研究政府信息服务渠道策略的公众导向，从公众选择导向的视角明确政府信息服务渠道策略的方向，是创新政府信息服务渠道管理模式的新视野，是公众获取政府渠道选择行为的新课题。

第八章 基于数字政府治理的政府信息服务渠道整合策略。政府信息服务渠道整合策略既是政府信息服务渠道策略创新的内在要求，又是逐步满足公众的政府信息服务需求的必然要求。政府信息服务渠道整合策略，有利于提升政府信息服务的服务质量。探索政府信息服务渠道管理的单一政府集中式配置，各部门、各渠道之间呈现碎片化管理现象，数据与管理协调复杂化的路径锁定，把握基于数字政府治理的政府信息服务渠道整合策略的逻辑结构，提出基于数字政府治理的政府信息服务渠道整合策略的内容与路径，关键在于推进政府信息服务渠道治理主体现代化，规范数据管理体系。

第九章 政府信息渠道精准化服务策略。精细化社会治理理论致力于打造"精准识别人的需求、精准区分不同群体的利益、提供精准管理与服务"的服务型政府。探索精细化社会治理视野下的政府信息服务渠道管理的路径锁定，把握基于精细化社会治理的政府信息服务渠道策略的规律，提出基于精细化社会治理的政府信息服务渠道策略的基本途径，推进基于精细化社会治理的政府信息服务渠道策略，关键在于将精细化理念贯穿于政府信息服务渠道管理的全过程，将精细化的管理方法施行于政府信息服务渠道管理过程，将信息技术与治理方法深度应用于政府信息服务渠道管理过程，以精细化制度设计保障政府信息服务渠道管理创新。

二、创新点

1. 提出并运用新的研究范式

在研究范式的选择上，以公众获取政府信息渠道选择→公众获取政府信息渠道选择与政府信息服务渠道策略的内在关系→渠道策略为范式，重点研究公众获取政府信息渠道选择模式→公众获取政府信息渠道选择导向的政府信息服务渠道策略的基本方向→政府信息服务渠道策略，突破只就渠道选择行为研究渠道选择行为和只就渠道策略研究管理创新的、孤立的、封闭的研究范式，将渠道选择与渠道策略创新结合起来，把公众获取政府信息渠道选择从技术层面上升到管理创新层面，把公众选择作为出发点、落脚点、主轴，体现公众导向的性质、目的和要求，发挥公众渠道选择对渠道策略创新的引导、推动功能，使策略创新的目的明确、方向正确、措施有力，实现公众获取政府信息渠道选择与政府信息服务渠道策略创新的良性互动。

2. 以问题研究为导向

在研究视角的选择上，以问题为导向，研究公众获取政府信息渠道选择与政府信息服务渠道策略中迫切需要研究的重大理论和实践问题，如何以创新扩散理论、资源依赖理论、制度理论、国家文化理论、信任理论、心流理论为指导，构建公众获取政府信息渠道选择模型、公众获取政府信息渠道持续使用意愿模型，如何实现公众获取政府信息渠道选择模式的科学性、代表性，如何基于公众获取政府信息渠道选择模式，以及多渠道情境下政府信息服务渠道现状，确定政府信息服务渠道策略创新的基本方向等。为了深化研究，我们选择从数字政府治理视角研究政府信息服务渠道整合策略，从精细化社会治理视角研究政府信息渠道精准化服务策略的创新，等等。

3. 构建比较科学的公众获取政府信息渠道选择及网络渠道持续使用意愿模型，并进行实证分析

构建公众获取政府信息渠道选择及网络渠道使用意愿模型，其中，依据客观数据，引入多层回归分析法、最小二乘法分析技术—结构方程建模方法对模型进行验证、修改和确认。以模型为基础，对国内约20个城市和乡镇公众获取政府信息渠道选择进行实证研究，对国家级、省级、市级直属机关等各级政府的信息服务各类渠道现状、政府信息服务渠道策略进行抽样调查，为政府信息服务渠道策略创新提供客观依据。

4. 系统地研究政府信息服务渠道策略的基本途径

探索政府信息服务渠道管理的单一政府集中式配置，把握基于数字政府治理的政府信息服务渠道整合策略的逻辑结构，提出基于数字政府治理的政府信息服务渠道整合策略的内容与路径，关键在于推进政府信息服务渠道治理主体现代化，规范数据管理体系。

| 第二章 |

公众获取政府信息渠道选择的相关概念阐释

如前文所述,为公众交付有效且高效的公众服务是每个政府面临的战略挑战。深入了解公众获取政府信息时如何选择渠道,有助于把握公众获取政府信息渠道选择规律,改善政府信息服务供给的有效途径,促进政府信息公开发展。本章从公共服务渠道理论基础和公共服务渠道选择理论基础出发,探讨公众获取政府信息渠道选择的理论基础,从而建立公众获取政府信息渠道选择行为体系的理论基础。

第一节 公共服务渠道选择的相关内涵

一、公共服务渠道内涵及类型

1. 公共服务渠道内涵

公共服务渠道的内涵必然涉及"公共服务""公共服务渠道"等相关概念和对它们之间关系的界定。

据唐铁汉等的考证,"最早提出公共服务概念的学者是20世纪初期的法国公法学者莱昂·狄骥,狄骥明确提出'公共服务'概念并将其作为现代公法制度的基本概念",他认为"那些事实上掌握着权力的人并不享有行使公共权力的某种主观权利;而恰恰相反,他们负有使用其手中的权力来组织公共服务,并保障和支配公共服务进行的义务。……国家再也不是一种发布命令的独立权力;而是某个由那些掌握着强制力的个人——他们必须要使用这些强制力来创设和管理公共服务——所组成的集团"。唐铁汉等从价值解释维度认为,"公共服务通常是指政府满足社会公共需要、提供公共产品的服务行为的总称"。❶ 陈振明等从价值维度和利益维度对"公共服务"的内涵进行了深化。其一,公共服务是指政府运用其权威资源,根据特定的公共价值(如权利、慈善和正义),通过公共政策回应社会需求,使大多数人得到最大的福利。公共服务不是在政府权限中寻求自身存在的理由,而是在为公民服务的需求中寻求其合法性。其二,公共服务是指政府及公共部门运用公共权力,通过对多种机制和方式的灵活运用,提供各种物质形态或非物质形态的公共物品,以不断回应社会公共需求偏好、维护公共利益的实践活动的总称。❷❸

明确"公共服务"的概念之后,再对"公共服务渠道"加以界定。在商业领域,渠道通常被定义为"参与到促使产品或服务可供消费或使用这一过程的相互依存的组织"。❹ 在公共服务领域,公共服务渠道就是"参与到促使政府提供的公共产品或公共服务可供公众获取或使用这一过程的相互依存又相互独立的组织",是公共服务在政府和公众之间的流通路线。

2. 公共服务渠道类型

政府要为公众交付有效且高效的服务,而政府怎样与公众进行交互,以及为什么要与公众进行交互,是政府和社会公众共同关注的问题。学者们认为,公众与政府部门进行交互的服务渠道方式分为四类:个人渠道,主要是指面对面的交互方式;电子渠道,主要是指网页或 e-mail 等交互方式;纸质渠道,主要是指纸质交互方式;电话渠道,主要是指通过电话进行交互的方式。❺

实践中,澳大利亚主要从事社会保障和公共服务的协调与提供的政府机构 Centrelink 的服务渠道主要包括四种类型:①面对面服务渠道;②电话服务渠道;③网络在线服务渠道;④信件服务渠道。从表现形式来看,表现为呼叫中心、客户服务中心、信件、网络、代理中心、服务接入点、自助亭、传

---

❶ 唐铁汉,李军鹏. 公共服务的理论演变与发展过程 [J]. 新视野, 2005 (6): 36-38.
❷ 陈振明,等. 公共服务导论 [M]. 北京: 北京大学出版社, 2011: 81-13.
❸ 郭瑾剑. 我国政府购买公共法律服务问题研究 [D]. 太原: 山西财经大学, 2017.
❹ 琳达·哥乔斯,爱德华·马里恩,查克·韦斯特. 渠道管理的第一本书 [M]. 徐礼德,侯金刚,译. 北京: 机械工业出版社, 2013: 4-5.
❺ 朱红灿. 国外公共服务渠道策略与进展研究综述 [J]. 中国行政管理, 2013 (11): 119-122.

真、家访等。❶

我国的公共服务渠道也可以分为四种主要类型。

(1) 政府网站渠道。随着信息技术特别是网络技术的快速发展,从20世纪90年代中期开始,政府规划部门就看到了互联网的巨大潜力及其在帮助政府实现与企业和居民的互动方面具有不可替代的优越性,对网络充满热情,为了推动新公共管理运动的"以用户为中心"的理念的落实,许多西方国家的策略是通过"信息通信技术"(ICTs)的使用缩减政府规模、降低成本、提高政府效益。例如,美国提出了"运用信息技术再造政府"(Reinvention)理念,以提高公共服务水平;英国提出了"合作政府"(Joined-up government)理念,以期再造政府流程;欧盟提出了"信息社会工程";新加坡提出了"电子公民中心",为公民提供人生的整个历程(从生到死)"一站式"的完整集成的电子化服务,可以轻松实现在线申报税务、申报公共事业(水、电、气等)账号,网络被认为是具有无限可能的渠道。我国"两网、一站、四库、十二金"系列工程于21世纪初启动,2006年5月中共中央办公厅、国务院办公厅颁发的《2006—2020年国家信息化发展战略》提出"逐步建立以公民和企业为对象、以互联网为基础、中央与地方相配合、多种技术手段相结合的电子政务公共服务体系",改善公共服务;2015年3月,"互联网+"行动计划提出,充分发挥互联网在电子政务公共服务体系中的优化和集成作用。由2016年中国政府网站绩效评估结果可知,各省、地市和区县级政府网站日常运行情况良好;多数地方政府网站围绕公众和企业需求,加大网上办事大厅建设力度,网上办事大厅开通率高,网上服务整体水平不断提升;95%的地方政府网站已经建立了多样化的互动渠道,能够通过咨询投诉、在线访谈、意见征集、网上调查等方式与公众开展互动交流活动。❷

(2) 政务服务中心渠道。各地区纷纷建立起面向市民和企业的"一门式"大厅,主要将适宜集中的部门、机构的服务窗口集中在一起,设立为有形的公共服务平台,让市民和企业可以在一个平台内办理原本需要到多个政

---

❶ 陈云. 电子政务多渠道递送公共服务:对澳大利亚 Centrelink 的案例研究 [J]. 云南行政学院学报, 2011 (1): 132-135.

❷ 第十五届中国政府网站绩效评估结果 (2016) [EB/OL]. [2017-08-08]. http://www.cstc.org.cn/wzpg2016/zbg/zbglist1.html.

府部门才能办的事情。❶《政务服务中心建设与管理研究报告》指出:"政务服务中心是深化行政审批制度改革,以整合、协作、集中的运作模式,依靠先进的服务手段,承担着代表政府部门集中办理行政审批业务和部分公共服务事项的职责。我国政务服务中心诞生于1999年,截至2011年底,我国31个省(区、市)共设立政务(行政)服务中心2912个(含各级各类开发区设立的服务中心),其中,省级中心10个,市(地)级368个,县(市)级2534个,30377个乡镇(街道)建立了便民服务中心。"❷地方政府力争把政务服务中心打造成城市客厅、办事大厅、展示大厅。

(3)公共服务热线渠道,也被称为市民服务热线、政府热线、市长电话等,是政府部门为满足广大人民群众特定服务需求建立的呼叫中心,通过设立特定的服务号码,优化政府内部业务流程,来最大限度地为民众提供便利、解决问题和塑造政府形象。1982年,全国便统一了火灾报警电话119。随后110报警服务台、120急救中心服务热线也相继出现。许多城市相继开通了城管、市政、卫生、民政、规划、工商、环保、价格、税务等服务热线。第一类是"分治"模式,市民服务热线12345和其他热线是独立合作关系;第二类是"保留与整合"模式,以服务热线12345为中心,对比较成熟的热线,以原有号码成建制加入,对不成熟的热线以整合方式加入;第三类是"完全整合"模式,如以北京市、南宁市为代表,成立了两个中心方式,一个是"紧急报警服务中心",110牵头,另一个是"非紧急救助服务中心",12345牵头。❸

(4)流动公共服务渠道,是公共服务渠道的一种创新和补充,如边疆农村牧区存在的"流动警务室""流动图书馆""流动小药箱""流动图书室"等。刘银喜等认为,"流动公共服务是基于中国边疆地区和广大农村牧区地广人稀的实际,以及上述地区公共服务需求、公共服务供给等客观情况,各地区依托不同载体(例如流动警务室、流动医院、流动图书馆),让各类公共服

---

❶ 李平. 基于SE与CSM的电子政务公共服务渠道管理研究 [J]. 东岳论丛, 2010, 31 (6): 1-3.

❷ 中国行政管理学会课题组. 政务服务中心建设与管理研究报告 [J]. 中国行政管理, 2012 (12): 7-11.

❸ 顾伟先. 大数据市民服务热线推进整体性政府建设研究——以济南市为例 [D]. 济南: 山东大学, 2016.

务流动起来，主动上门为服务对象提供各类公共服务的一种方式"。❶ 除了边远地区，流动公共服务在公共服务水平较高的城市也有出现，如北京的"流动学校"、深圳的"流动图书馆"、广州的"流动医院"等。

二、公共服务渠道模式

公众通过多种渠道与政府进行交互，交互的模式也可以有多种，既可以是政府单方面发起的，如政令、通知等，还可以是公众单方面发起的，如通过政府网站进行的信息查询等，也可以是政府和公众双方发起的，如对话等。本书用公共服务模式来描述公众和政府之间通过何种渠道如何进行交互。Ebbers 等❷基于主要的渠道类型和渠道模式，提出了一个公共服务渠道模式，如图 2-1 所示。

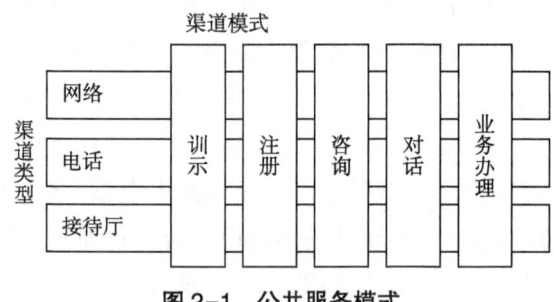

图 2-1 公共服务模式

图 2-1 中的渠道类型选取了最重要的三种渠道：一是信息技术特别是网络技术的快速发展带来的网络渠道，网络的方便、快捷、大数据量存储等显著优势使在线公共服务系统逐渐成为公众与政府进行交互的首选渠道；二是传统的电话渠道；三是政府接待厅渠道。渠道模式包括训示（Allocution）、注册（Registration）、咨询（Consultation）、对话（Conversation）、业务办理（transaction）五种。训示的信息发布方式是从政府向公众发布，例如政府通过媒介如电视、报纸发布政令、政府工作报告、重大灾情疫情预告等。注册的信息传递方式是双向的，公众按照政府的资料要求向政府传递信息，

---

❶ 刘银喜，任梅. 流动公共服务：公共服务供给方式创新——概念提出、逻辑起点及创新价值 [J]. 中国行政管理，2015（8）：83-87.

❷ Ebbers W E, Pieterson W J, Noordman H N. Electronic government：Rethinking channel management strategies [J]. Journal of Government Information, 2008, 25（2）：181-201.

如申请人通过注册登记获得从事市场经营活动资格的工商登记。这两种模式发起方是政府部门。咨询是公众从政府的某种信息源中获取自己生产或生活所需的信息，如从政府网站查询某类政府信息，这种渠道模式并没有产生实际的交互过程。对话是公众向政府寻求信息，政府给予信息答复。例如，政府信息公开中的公众向政府部门申请某一信息的公开，政府部门予以回复，或公众打电话向政府部门问询，寻求某一问题答案。这四种渠道模式具有信息的特征，公众与政府之间存在信息的传递，训示和咨询信息传递是单向的，注册和对话信息传递是双向的。业务办理具有交易的特征，公众与政府双方存在费用问题，如居民为出国旅游学习需要办理护照，护照办理过程中除了需要自身的信息特征以外，还要缴纳一定的费用。

三、公共服务渠道选择

公共服务渠道选择是一个涉及传播学、行为理论、公共服务、认知科学、心理学等学科的非常复杂的问题。为了分析公共服务渠道选择的阶段或过程，或者分析相关联的现象，学者们进行了有益的研究。Willem Pieterson 等提出了一个简单的公共服务渠道选择行为模型，如图 2-2 所示，❶ 用以描述公共服务渠道选择行为的一般过程。

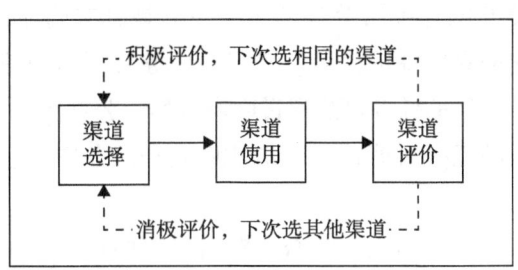

图 2-2 公共服务渠道选择行为模型

任务是信息搜寻的基本元素，是进行信息搜寻的原动力，是信息搜寻者的问题的表现方式，其驱动了信息搜寻行为；工作任务、问题/目标和信息需求构成用户的认知空间，在与信息检索交互过程中占主导地位。❷ 任务在行为

---

❶ 朱红灿. 国外公共服务渠道策略与进展研究综述 [J]. 中国行政管理, 2013 (11)：119-122.
❷ 孙丽, 曹锦丹. 任务驱动的用户网络信息搜寻行为研究综述 [J]. 情报科学, 2014, 32 (7)：145-150.

理论中是基础、是动力,在行为过程中占主导地位。Pieterson 等的研究表明任务特点对公众公共服务渠道选择产生影响,任务的特征会影响公共服务渠道选择行为特征。本书以任务及任务特征为切入点,通过任务分析将研究指向任务的完成行为、完成策略或处理过程,拓展图2-2的渠道选择行为模型,构建任务驱动的公共服务渠道选择行为模型,如图2-3所示。

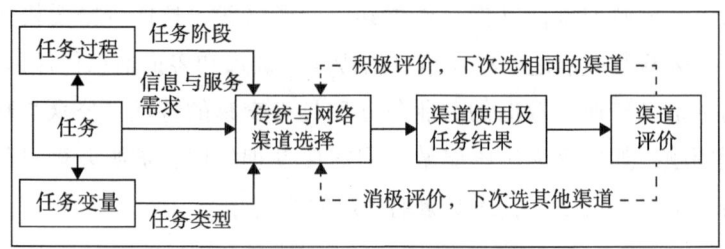

图 2-3　任务驱动的公共服务渠道选择行为模型

任务对公众公共服务渠道选择的影响包括两个层面:其一是任务作为一个过程包含不同的阶段,不同的阶段有不同的信息需求和服务需求,会选择不同的公共服务渠道,如工商登记的初始阶段,公众可能选择网络渠道获取相关信息,准备相关资料,然后可能选择当地政务中心,通过与政府工作人员交流,完成工商登记剩余步骤;其二是根据任务变量划分不同的任务类型,通常公众与政府交互的任务可分为两类,一类是具有明显信息特征的任务,另一类是具有明显交易特征的任务。不同的任务有不同的信息需求和服务需求,具有明显信息特征的任务可能通过政府网站、公共图书馆等渠道来获取,具有明显交易特征的任务可能选择当地政府政务服务中心、流动公共服务渠道来完成。

渠道使用后产生任务结果,公众会对所使用的渠道有一个主观评价:积极评价,下次选相同的渠道;消极评价,下次选其他渠道。

第二节 政府信息服务的相关内涵

一、政府信息公开制度

邵伟波等[1]认为,"政府信息公开是指为提高政府工作的透明度,保障公民、法人和其他组织的知情权,监督政府机关依法履行职责,根据有关法律规定,向社会公开有关政府信息"。马怀德[2]认为,"政府信息公开是承载着民主与法治、公平与正义等多元价值的重要法律制度,也是不断促进依法行政、推动法治政府建设的重要举措"。赖茂生等[3]认为,"政府信息公开制度是关于政府信息公开这一特定类型活动和关系的行为准则。政府是政府信息公开制度的供给者,政府信息公开的诉求来自于政府内部跨部门自发的信息共享、媒体监督的第三方推动和来自社会公众对政府部门信息资源的需求三大部分"。

1. 国内外政府信息公开制度的兴起与发展

伴随着现代民主制度和信息社会的发展,西方国家为了保护公民的知情权,纷纷推行政府信息公开制度,从法律法规上保障公民的知情权,通过法律规定公开政府信息,保障统治者不肆意妄为。[4]1766年,瑞典的《出版自由法》发布,作为最早的信息公开法,对他国建立信息公开制度具有一定的引导作用。1966年,美国的《情报自由法》(也称《信息自由法》)颁布,该法是全世界经典的政府信息公开法规之一,对政府信息公开制度的建设具有推动作用。随后,全世界有70多个国家推行政府信息公开制度,从亚洲的日本、韩国,欧洲的发达国家,到中东的以色列,美洲的秘鲁、墨西哥等。[5]

---

[1] 邵伟波,魏丹,刘磊. 基于KANO模型的政府信息公开的公众需求研究 [J]. 图书情报工作,2013,57(7):23-28.

[2] 马怀德. 政府信息公开制度的发展与完善 [J]. 中国行政管理,2018(5):11-16.

[3] 赖茂生,张丽丽. 政府信息公开制度研究初探:制度供求、制度变迁与制度创新 [J]. 情报理论与实践,2015,38(1):30-34.

[4] 朱红灿. 基于优化粗糙集的政府信息公开公众满意度测评研究 [D]. 湘潭:湘潭大学,2011.

[5] 朱红灿. 政府信息公开公众满意度测评与管理创新研究 [M]. 北京:国家图书馆出版社,2015:57-60.

我国《条例》❶于2008年5月1日正式施行,其标志着我国政府信息公开制度走向制度化、规范化和制度化。《条例》从国家制度层面全面建立了政府信息公开制度,规定了政府信息公开的概念、政府信息公开的原则、政府信息公开的范围、不予公开政府信息的范围、政府信息公开的方式、政府信息公开的程序、政府信息公开的监督与保障等。《条例》的适用对象,不仅是政府机关,还包括法律、法规授权的具有公共事务职能的组织公开政府信息的活动。教育、医疗卫生、计划生育、供水、供电、供气、供热、环保、公共交通等与人民群众利益密切相关的公共事业单位在提供社会公共服务过程中制作、获取的信息的公开,也参照该条例执行。随着《条例》的落实与执行,政府信息公开成为全社会关注的大事,公众对政府信息公开服务的需求和期望逐渐增加,2016年2月,《关于全面推进政务公开工作的意见》❷印发,其进一步要求扩大政务开放参与和提升政务公开能力,"推进决策、执行、管理、服务、结果公开(简称'五公开')。要求将'五公开'要求落实到公文办理程序,明确主动公开、依申请公开、不予公开等属性,随公文一并报批;将'五公开'要求落实到会议办理程序,建立健全利益相关方、公众代表、专家、媒体等列席政府有关会议的制度,增强决策透明度;建立健全主动公开目录,推进主动公开目录体系;对公开内容进行动态扩展和定期审查,推进基层政务公开标准化规范化"。

2. 我国政府信息公开的概念界定

《条例》❸界定了我国政府信息公开的政府信息定义、公开主体、权利主体、公开内容、公开形式等。

政府信息公开的政府信息界定——《条例》第二条规定:"本条例所称政府信息,是指行政机关在履行行政管理职能过程中制作或者获取的,以一定形式记录、保存的信息。"

政府信息公开的公开主体是政府。政府信息是由行政机关掌握的信息。此处的"行政机关"意指广义的行政机关,不仅包括各级人民政府及其组成

---

❶ 中华人民共和国政府信息公开条例 [EB/OL]. [2010-09-24]. http://www.gov.cn/zwgk/2007-04/24/content_592937.htm.

❷ 关于全面推进政务公开工作的意见 [EB/OL]. [2018-03-24]. http://www.gov.cn/zhengce/content/2016-11/15/content_5132852.htm.

❸ 《条例》中的内容以修订后的《条例》为参注。

部门，还包括法律法规授权管理公共事务的组织，例如证监会、银监会、保监会等事业单位。❶ 与政府信息关联较紧密的党务信息，如果文件涉及行政管理，则应根据文件的内容判断是否公开；如果关于党务管理，不涉及行政管理，则按党务公开的规则由党政机关组织公开。村务公开和政府信息公开的主体不同，村务公开是村民自治组织公开，但公开原则普遍适用，村务公开的法律依据是《中华人民共和国村民委员会组织法》和《中共中央办公厅、国务院办公厅关于在农村普遍实行村务公开和民主管理制度的通知》（中办发〔1998〕9号）。❷《条例》第54条规定："法律、法规授权的具有管理公共事务职能的组织公开政府信息的活动，适用本条例。"《条例》第55条规定："教育、卫生健康、供水、供电、供气、供热、环境保护、公共交通等与人民群众利益密切相关的公共企事业单位，公开在提供社会公共服务过程中制作、获取的信息，依照相关法律、法规和国务院有关主管部门或者机构的规定执行。"这说明具有管理公共事务职能的组织和教育、医疗卫生等公共企事业单位也是政府信息公开的主体。

政府信息公开的权利主体是公民、法人或者其他组织，即政府信息向谁公开。由《条例》可知，权利主体包括公民、法人和其他组织，即具有根据国家法律规定享有权利和承担义务的人、法人组织和非法人组织。

政府信息公开的内容——政府信息。由《条例》第20～21条可知，政府信息分为主动公开信息和依申请公开信息。有关"主动公开"方面，第一类，机构职责类信息。公开行政机关的机构、职责权限、分工分管信息，以便于公民、法人、其他组织了解行政机关构成与职权职责，也便于公民、法人、其他组织办事，便于监督行政机关。第二类，法律政策类信息。各个行政机关公开本部门施行行政管理的依据——法律法规和规范性文件，让人们知晓该行政机关的管理和执法依据。第三类，规划计划类信息。行政机关对其所负责管理的社会事务，在未来工作中有什么样的规划和计划，应当提前向社会公开。第四类，决策类信息。决策类信息不仅包括公开结果的信息，还应该包括过程参与的信息。第五类，民生与公共服务类信息。民生与公共服务类信息直接关系到公众的利益，关系到人们办理事项的要求和制度规定等，应当是主动公开信息的经常性和重要的内容。第六类，重大项目类信息。行

---

❶ 王敬波. 政府信息概念及其界定 [J]. 中国行政管理，2012（8）：8-10.
❷ 王敬波. 政府信息公开：国际视野与中国发展 [M]. 北京：法律出版社，2016：16-20.

政机关负责管理的重大建设项目，是行政机关管理活动的重要对象，也是监督行政机关管理活动的重要途径。重大项目的批准和实施情况信息应当主动公开，接受社会监督。第七类，政府采购类信息。政府集中采购的目录、标准及实施情况的信息，应当主动公开，接受社会监督。第八类，涉公收费类信息。包括行政事业性收费的项目、依据、标准和收费去向等信息，公共企事业单位收费、公共设施公共资源经营管理的收费信息等。第九类，行政权力运行类信息。在现代法治社会，要使行政权力的运行透明化和受到制约监督，则首先必须公开行政权力的运行信息。包括涉及行政权力的依据、行政权力运行的环节、行政权力运行的参与、行政权力运行的制约监督、行政权力运行的结果等内容。第十类，执法检查类信息。行政执法检查类信息，是行政执法监督检查中获取的相关信息，对社会和公众的生产、生活等具有信息服务的作用，与公民、法人、其他组织有切身利益关系，应当向社会公开发布。尤其是环境保护、公共卫生、安全生产、食品药品、产品质量等这些与老百姓生活密切相关的监督检查情况信息。第十一类，应急管理类信息。行政机关应当及时准确地公开突发事件的应急管理信息，以正视听，维护社会稳定。第十二类，人事人才类信息。此类信息是人们监督行政机关权力运转所需要知晓的信息，应该对外公布。第十三类，工作动态类信息。工作动态类信息的公开，既能让公众知晓行政机关如何履行职责、推动工作，也是接受社会监督评议的方法。第十四类，其他政府信息。如对外合作交流、廉政信息、党务信息等。❶

有关"依申请公开"方面，公民、法人或者其他组织采用书面形式（包括数据电文形式）向行政机关申请获取政府信息，行政机关根据下列情况分别作出答复：属于公开范围的，应当告知申请人获取该政府信息的方式和途径；属于不予公开范围的，应当告知申请人并说明理由；申请内容不明确的，应当告知申请人作出更改、补充等。❷

二、政府信息公开内容及特点

2011年，英国卡梅伦政府颁布了《开放公共服务白皮书》，将公开政府

---

❶ 杨小军. 政府信息公开实证问题研究[M]. 北京：国家行政学院出版社，2014：33-57.
❷ 国务院办公厅关于施行《中华人民共和国政府信息公开条例》若干问题的意见[EB/OL]. [2018-03-24]. http://www.gov.cn/xxgk/pub/govpublic/36tiaoli.html.

信息作为构建开放公共服务改革框架的基础措施，改革的关键就在于保证公共服务的信息、用户满意度、各部门供应商绩效等核心数据对于公众而言是公开的，并且是可获取的。只有这样，用户才能够根据相关数据所反映的结果做出正确的个人判断与决定。❶

在国内的政府信息服务研究中，早期马费成将政府信息服务定义为：为满足公众各种不同的信息需求，政府通过多种途径和方法收集、加工、整理、传播各类信息资源，实现提供公共服务。❷ 随着信息网络技术的发展，网络环境下的政府信息服务变成政府数字信息服务，即基于互联网及信息通信技术，政府部门通过政府门户网站、电子政务系统、移动客户端等电子渠道为公众提供数字化的信息服务。

1. 政府信息服务内容

电子政务服务内容包括公共信息服务、公共事务服务与公共参与服务。❸ 公共信息服务是典型的政府信息服务，公共事务服务和公共参与服务中也始终穿插着政府信息服务，政府信息服务是公共服务的基础，是政府提高公共服务质量和效率的保证。

依据湖南省政府门户网站信息公开目录，政府信息服务主要包括以下内容：规划信息、统计信息、行政许可、预算/决算、收费项目、政府采购、重大项目、重大民生信息、招考录用、政府信息公开年报等。其中，公众最感兴趣的政府信息主要包括：公共服务信息（价格与收费，就业信息、社会保障等）和公共资源配置信息（征地信息、矿业权出让，工程建设项目等）。❹

2. 政府信息服务特点

与其他社会组织提供的信息服务相比，政府信息服务具有以下几个特点：权威性，即由各级政府部门提供的政府信息服务必须准确、可靠；广泛性，即由各级政府部门提供的政府信息服务涉及人们生活的各个方面，来源多、范围广、内容丰富；公共性，即由各级政府部门提供的政府信息服务体现了

---

❶ 王楠，杨银付. 英国"开放公共服务"改革框架及启示——以卡梅伦政府《开放公共服务白皮书》为主要分析对象 [J]. 中国行政管理, 2016 (3): 142-146.

❷ 马费成, 夏义堃. 我国政府信息服务的现状与创新 [J]. 图书情报工作, 2003 (12): 19-23.

❸ 高洁, 钱蔚蔚, 米国伟. 基于公众视角的政府电子信息服务质量概念阐释 [J]. 情报资料工作, 2015 (6): 5-11.

❹ 钱丽, 王永, 黄海, 等. 基于用户兴趣聚类的"互联网+"政务信息服务研究 [J]. 电子科技大学学报（社科版）, 2016, 18 (05): 21-25.

政府行政的性质和目的，具有公共产品属性。

政务信息服务是"互联网+政务服务"中的一项基础性工作。❶ 与传统政府信息服务相比，"互联网+"政务信息服务具有以下几个特点：便捷性，即公众可以通过互联网不限时间、不限地点获取相关政府信息服务；整合性，即政府部门可以通过"互联网+"为公众提供跨部门的整合的政务信息资源服务；参与性，即公众可以通过"互联网+"方便地参与政务信息服务，促进真正满足自身需求的政府信息服务发展。

3. 政府信息服务的方式

《条例》规定：第一，行政机关应当建立健全政府信息发布机制，将主动公开的政府信息通过政府公报、政府网站或者其他互联网政务媒体、新闻发布会以及报刊、广播、电视等途径予以公开。第二，各级人民政府应当加强依托政府门户网站公开政府信息的工作，利用统一的政府信息公开平台集中发布主动公开的政府信息。政府信息公开平台应当具备信息检索、查阅、下载等功能。第三，各级人民政府应当在国家档案馆、公共图书馆、政务服务场所设置政府信息查阅场所，并配备相应的设施、设备，为公民、法人和其他组织获取政府信息提供便利。第四，行政机关可以根据需要设立公共查阅室、资料索取点、信息公告栏、电子信息屏等场所、设施，公开政府信息。

"互联网+"政务信息服务环境下，利用大数据技术和人工智能技术，可以为公众提供个性化的政府信息服务。其一，个性化分类定制服务方式。充分理解用户需求，全面细致地刻画出用户全貌、需求动态变化；依据可能的用户群对政府信息资源内容和各类服务进行分类，形成政府信息服务资源群，通过用户需求特征计算政府信息资源服务目标用户与服务资源的相似度，为公众提供精准的政府信息服务。其二，政府信息主动推送服务方式。根据用户的需求运用推送技术，通过短信、移动端等面向用户主动推送。其三，政府信息智能服务方式。基于大数据分析基础，运用数据挖掘等技术，由智能系统捕捉用户需求，按照用户需求和兴趣给公众提供政府信息服务。

---

❶ 李颖，张玲，黄伯平. "互联网+"政务信息服务新模式研究：以行政审批为例 [J]. 电子政务，2018（6）：89-98.

第三节　公众获取政府信息渠道选择的相关内涵

一、公众获取政府信息渠道类型

《条例》规定"行政机关可以根据需要设立公共查阅室、资料索取点、信息公告栏、电子信息屏等场所、设施，公开政府信息"。❶ 由此可知，《条例》规定的政府部门提供的政府信息渠道有：政府公报、政府网站、新闻发布会以及报刊、广播、电视、公共查阅室、资料索取点、信息公告栏、电子信息屏、公共图书馆、国家档案馆等。

政府部门提供的常用信息渠道有以下几类：公告栏，报纸或期刊，咨询电话，办公过程中的有偿提供等；公众需到政府部门、图书馆、档案馆等部门的建筑物内查询信息；网络时代，信息获取方式从传统的物理空间向虚拟空间转移，政府部门增加了新的信息渠道，如政府网站、政务微博、政务微信、移动客户端等。陈传夫等（2015）❷通过调查分析发现，网络是获取公共信息的主要途径，搜索引擎成为公众上网使用的主要工具，是公众获取政府信息途径的首选项；政府部门提供的信息渠道没有成为采纳度最高的公众获取政府信息途径。何兰满等❸通过实证研究发现，低保者较多利用电视、报纸、人际交流和相关部门或机构，而较少利用广播、网络、杂志和图书来获取信息。

综上所述，本书将我国公众获取政府信息的渠道总结为以下几类：

（1）传统渠道。主要包括政府政务服务中心、电话、广播、电视、报纸、期刊等。政务服务中心，将适宜集中的部门、机构的服务窗口集中在一起，面向市民和企业的"一门式"大厅，可以让一些偏向面对面的交流，认为面对面交流更加有安全感的公众群体能够更加详细地获得自己所需的信息或者能够更加直接地解决问题；现场面对面的交流方式具有传递的信息大且真实、

---

❶ 中华人民共和国政府信息公开条例 [EB/OL]．[2017-09-24]．http://www.gov.cn/zwgk/2007-04/24/content_592937.htm.

❷ 陈传夫，余梅．公共部门信息获取途径研究 [J]．情报理论与实践，2015，38（2）：33-38.

❸ 何兰满，肖永英．城市低保者日常生活信息获取行为实证分析——以广州市海珠区为例 [J]．图书馆论坛，2013，33（6）：77-84.

针对性强、减少双方的距离感等优点，不过如果工作人员在采用这种方式时态度不好可能得不到公众的认可甚至遭到投诉，且有时候办事效率低。电话，能提供一种便捷的交流方式，具有沟通清晰、效率高、费用较低等优点，缺点是可传递的信息量较单一，直接办事功能有限等。广播、电视、报纸等渠道信息大、受众广，但针对性弱，是一种单向的信息传递渠道，公众处于被动的位置。

（2）政府网站及电子邮件渠道。政府网站是政府公开信息、受理办事事项的主要渠道之一。随着互联网技术的迅猛发展，很多政府网站办得越来越好，点击率也是相当可观。公众不受时间和空间的限制登录政府网站来查询自己所需信息或者解决相关问题，而且网站有信息量大、个性化特色、公开透明等优点。其主要缺点是普及率有限、服务内容有限、对公众的自服务技能要求较高等。发电子邮件也成为一种公共服务渠道，公众可以不受空间和时间的限制给政府发邮件来反馈意见或者解决相关问题，这种方式具体、直接、方便快捷且能够详细地反馈意见，但发电子邮件不能及时解决相关问题，而且带有很大的风险性。❶

（3）政务新媒体渠道。政府通过社交媒体传达公共服务活动的信息，解释政务活动背后的原因，倾听公民的意见建议，根据公民的反馈重新调整公共服务的方式，并且鼓励公民积极参与到公共服务决策的制定过程中来，从而提供更好的公共服务。❷ 2016年2月，中共中央办公厅、国务院办公厅印发《关于全面推进政务公开工作的意见》，进一步要求扩大政务开放参与和提升政务公开能力。随着Web2.0技术的快速发展，微信、微博、Facebook、Twitter、即时通讯（IM）等新媒体将受众纳入制造、传播互联网的内容和知识信息之中，给予用户极大的参与和互动空间，具有主动性、互动性、黏附性和社区化等特点，❸ 正逐渐成为重要的知识信息传播渠道和平台。政府信息服务中的新媒体作为一种新兴的大众传播媒介，逐渐成为中国公民政治参与的重要技术平台，成为公民获取政府信息、表达政治诉求和影响政治决策的重要渠道。政务微博是国内政务新媒体的主力军。

---

❶ 陈星星. 公众获取政府信息的渠道选择研究［D］. 湘潭：湘潭大学，2016.

❷ 朱红灿，曾雅玲. 我国政务新媒体研究进展的述评［C］. 湖湘公共管理研究（第六卷），2015：149-155.

❸ 都平平，郭琪，李雨珂，等. 基于社交媒体的网络学科信息交互推广服务［J］. 图书情报工作，2014，58（2）：84-90.

政务微博主要是指党政机构或官员因公共事务而开设的微博。各级党政部门开设政务微博，有助于构建公共舆论平台、解读国家方针政策、化解社会危机和社会矛盾。政务微博具有以下基本功能：第一，突发事件的权威发布。政府必须在微博平台上利用政务微博账号，及时发布权威信息，才能引导舆论，维护社会稳定。第二，回应社会问责。面对微博平台上的社会问责，政府必须通过政务微博及时发声，澄清事实真相，正确引导舆论。第三，公众信息服务。微博"短""平""快"的传播方式，便于政府发布通知公告、动态信息、地方宣传等内容。第四，便捷的沟通途径。通过政务微博进行咨询，一方面便于百姓对回复信息的阅读和保存；另一方面便于政府提高行政效率，政府机构只要将常见的回复信息存储在数据库中，借助技术手段就可以实现24小时自动回复，大大方便群众。政务微博作为便捷的官民对话工具，提供了社会治理的公众参与渠道，诸如收集民意，直接建立了了解基层信息、投诉举报的高效平台，延伸了政府信息的传播渠道等。❶

公众可以通过关注政务新媒体快捷地获取实时的政府信息，通过回复、转发、点赞参与政府信息互动，但是通过政务新媒体获取信息时，政务新媒体之间会因缺乏协同、组织而产生"信息孤岛"问题，使信息碎片化，从而有可能导致信息失真。

（4）政府数据开放平台。政府数据开放是指政府利用现代信息技术手段，主动将所拥有的不涉及个人隐私和公共安全的数据免费开放给所有民众。❷ 政府数据开放能帮助政府部门提高透明度和行政治理水平，提升公民参与民主政治的积极性；也有助于实现数据资源的合理开发和利用，鼓励社会创新，促进经济发展。❸ 政府数据开放平台是由政府牵头、各政务部门共同参与建设的平台，其致力于各政府部门可公开数据的下载和服务，为企业和个人开展政务信息资源的社会化开发利用提供数据支持，推动信息资源增值服务业的发展以及相关数据分析与研究工作的开展。❹ 2009年，奥巴马政府宣布实施

---

❶ 张玲. 政务微博运行机制 [M]. 北京：中国社会科学出版社，2016：1-4.
❷ 杨瑞仙，毛春蕾，左泽. 我国政府数据开放平台建设现状与发展对策研究 [J]. 情报理论与实践，2016（6）：27-31.
❸ 朱红灿，胡新，王新波. 基于S-O-R框架的政府数据开放平台用户持续使用意愿研究 [J]. 现代情报，2018，38（5）：100-105，116.
❹ 黄如花，王春迎. 我国政府数据开放平台现状调查与分析 [J]. 情报理论与实践，2016（7）：50-55.

《透明和开放的政府》《开放政府令》(《电子化政府执行策略》)等法案,并上线美国数据开放平台Data.gov,掀起了政府开放数据的浪潮,世界各国纷纷紧随其后,推出本国相关政府数据开放进程方案、实施法案,上线政府数据平台,如Data.gov.uk(英国政府数据开放平台)、Data.gov.au(澳大利亚政府数据开放平台)。

为缩小我国与其他国家政府开放数据的差距,并切实有效地实现政府数据开放,我国陆续出台了《促进大数据发展行动纲要》《国务院关于印发促进大数据发展行动纲要的通知》《政务信息系统整合共享实施方案》等一系列纲要、意见以及方案。实施国家大数据战略、推进国家的政府数据开放进程、建设政府数据开放平台,成为全社会关注的大事。党的十九大报告在对新时代社会治理的表述中提出,要"致力于推动新型信息化、数字化建设,打造共建共治共享的社会治理格局",进一步强调了推进政府数据开放的重要性。目前,我国尚无国家级政府数据开放平台。但是,我国地方数据开放平台得到了各级地方政府的重视,2012—2017年,具有开放政府数据基本特征的地级以上政府数据开放平台有十多个。例如,北京市政务数据资源网、上海政府数据服务网、浙江政务服务网等。❶

总之,我国形成了以政府网站为代表的网络渠道,以报纸、电话、政务服务中心为代表的传统渠道。同时,随着智能手机等移动设备的快速发展,协同从单一网络渠道拓展出的以政务微博、政务微信、移动端为代表的新媒体渠道,以及政府数据开放平台,为公众获取政府信息提供了更多选择。

二、公众获取政府信息渠道模式

公众通过多种渠道获取政府信息,公众与政府之间的信息交互模式有多种。其中,既有政府主导型的,如"训示";也有互动型的,如"对话";还有公众主导型的,如"咨询"。

(1)政府主导型的政府信息传播模式。其是由政府发起的,政府向公众进行信息传递的单向政府信息传递方式。政府部门将涉及公民、法人或者其他组织切身利益的,需要社会公众广泛知晓或者参与的,反映本行政机关机构设置、职能、办事程序等情况的,需主动公开的政府信息通过传播方式向

---

❶ 2017中国地方政府数据开放平台报告[EB/OL].[2018-01-15].http://www.sohu.com/a/145532032_468714.

公众公开。政府信息传播模式具有组织性、公共性和权威性的特征，并发挥着传播公共信息、设置政府议程、引导公共舆论、塑造政府形象的重要功能。政府信息传播模式的重点在于扩大政府信息的覆盖范围。该模式下，政府没有明确的公开对象，为了追求信息的覆盖面，甚至形成同一对象的重复传递；也没有固定的公开路径，政府不仅可以通过各种政府官方信道直接将政府信息传递给公众，还可以通过各种社会非官方信道进行间接传递，或者通过两者进行混合式传递。❶

（2）互动型的信息交流模式。其是由公众或者政府发起的，公众和政府之间双向的信息传递方式。公众和政府之间可以通过多种渠道，如市长信箱、政务微博进行双向信息交流。公众将对政府执政中的反馈信息、对策建议向政府反馈，政府对此作出回应、答复；或者政府向公众进行访谈等。互动型的信息交流模式有助于保障公民的知情权、参与权和监督权，降低政府的行政成本以提高行政效率，加强政府与公众间的信息交流，促进政务公开和提高政府的服务水平和质量，构建透明政府的理想型模式。

（3）公众主导型的政府信息查询模式。其是由公众发起的，公众为解决生产或生活中的某一问题向政府部门查询获取相关政府信息。公众通过政府网站查询所需政府信息。公众主导型的政府信息查询模式注重应用信息技术，提升公众获取信息的便捷性，提高政府信息公开效率，是一种自助型公众获取政府信息模式。

（4）智能化的信息推荐模式。其既不是由公众发起的，也不是由政府发起的，而是智能化的信息推荐系统运用大数据分析、采用内容推荐、协同过滤推荐、关联规则推荐等推荐方法，分析公众对政府信息的潜在需求，向公众和政府双方进行政府信息匹配和推荐的信息传递模式。智能化的信息推荐模式并不能完全满足主体的潜在需求，但可以通过推荐信息激发主体信息行为，推动政府信息公开活动，是政府信息公开充分应用信息技术手段、实现个性化自动推送、提升政府工作效率的未来型模式。❷

---

❶ 肖博，刘宇明，段尧清. 主体能动差异情境下的政府信息公开模式构建［J］. 情报科学，2016，34（9）：23-26，35.

❷ 肖博，刘宇明，段尧清. 主体能动差异情境下的政府信息公开模式构建［J］. 情报科学，2016，34（9）：23-26，35.

三、公众获取政府信息渠道选择特性及原则

公众获取政府信息渠道选择是指公众在两个或两个以上、由政府提供的相同或相似的政府信息服务渠道中选取合适渠道的行为,是公众评价某一政府信息服务渠道、信息服务的属性,对渠道进行理性选择,并能满足生产生活中某一特定需要的主观衡量和决策过程。❶

对于公众获取政府信息渠道选择,需要考虑的重要问题有如下几点:其一,政府信息是政府为公众提供的"公共物品",其具有"非竞争性"和"非排他性",与购买一般商品的渠道选择,既有相似的地方,也有本质的不同。其二,政府信息是与政府行使公共管理职能相关的信息,与一般的政府为公众提供的"公共物品"相比,具有明显的信息特征,对公众获取政府信息渠道选择的研究,最终目的是改善政府信息公开服务供给的有效途径,满足公众对政府信息的需求,保障公民的知情权,以期稳定社会秩序、遏制腐败、改变机关工作作风。

公众获取政府信息渠道选择流程包括以下几步:第一步是渠道选择,公众怎样感知政府信息渠道的不同,以及他们为什么在特定情境下选择特定渠道;第二步是渠道使用,将政府信息渠道使用分为一般渠道使用和特殊目的渠道使用;第三步是渠道评价,公众在政府信息渠道使用中感知的积极评价让公众对该渠道感到满意,对该渠道产生持续使用意愿,而使用中感知的消极评价让公众对该渠道感到不满意,公众会拒绝继续使用该渠道。

1. 公众获取政府信息渠道选择特性

公众获取政府信息渠道选择是公众评价某一政府信息服务渠道、信息服务的属性,对渠道进行理性主观衡量和决策的过程,具有如下特性。

(1)模糊性。渠道的评价是模糊的,衡量和决策也是一种模糊的心理活动,受内外因素的影响,对选择对象的评价、衡量、决策的过程复杂多变,表现出一定的不确定性。

(2)主观性。政府信息获取渠道选择是人们凭借自己的主观感受来感知选择对象的特征与性质,不同的生活阅历、不同的生活习惯导致人们对选择对象产生各自的主观感受,从而进行相应的判断和选择。

---

❶ 朱红灿. 公众政府信息获取渠道选择影响因素的研究 [J]. 图书馆学研究,2015(6):59-67.

(3) 动态性。政府信息获取渠道选择是一个动态的概念。内在环境和外在环境的变化导致人们选择对象的认知发生变化，公众渠道选择的影响因子和各因子之间随之发生变化，公众的偏好也随之改变。

(4) 相对性。人们对政府信息渠道的感知是相对的，因而渠道选择也是相对的。政府信息获取渠道选择的现实意义建立在时间和空间的相对性比较分析的基础之上。

2. 公众获取政府信息渠道选择原则

公众在选择获取政府信息的渠道和确定行为的渠道选择决定过程中，尽管行为方式千差万别，但是也遵循着一定的规律，❶ 具体描述如下。

(1) 最小努力原则。齐夫（Zipf）的"最小努力原则"表明，一个人做任何事情都希望自己所付出的代价是最小的。公众获取政府信息进行渠道选择时，在政府提供的众多的获取政府信息渠道中，会自觉或不自觉地做出最小努力的倾向。其一，在信息需求的驱动下，个体希望选择的渠道能给自己提供完整、正确、可靠、及时的政府信息。其二，个体希望能选择最节约时间和精力的渠道来获取这些信息。如网络信息获取能力强的人会选择网络渠道来获取政府信息，而年龄较大的人却不愿意花费时间和精力去学习提高网络信息获取能力而选择传统渠道。最小努力受到个体的经验及偏好的影响。

(2) 适度满足的原则。人们深知，任何事情都不可能做到尽善尽美。公众获取政府信息进行渠道选择时：其一，并不能通过所选的渠道获取到完全掌握与解决问题的一切信息，而只能获得决策所需要的关键信息，人的分析、推理、联想、顿悟的能力可以使人在不完全的信息掌握情况下，做出合乎理性的判断；其二，公众获取政府信息进行的渠道选择是建立在合理的获取效率和效用上的次优选择。

(3) 价值原则。哲学上的价值，是对主体与客体之间"需要"与"满足需要"关系的一种概括。信息的价值则代表的是信息用户的"信息需求"与"所获信息"之间的一种契合关系。其一，公众在选择某渠道获取政府信息的过程中，既是进行渠道选择，也是进行信息的价值选择，所获取的信息价值是进行某渠道选择的评判标准。其二，公众获取政府信息进行渠道选择时，对信息价值的判定，原则上是一种以个体的认知结构为基础的理性行为。同

---

❶ 朱婕. 网络环境下个体信息获取行为研究 [D]. 长春：吉林大学，2007.

时，因公众选择某渠道获取政府信息的过程中个体的情感、兴趣和偏好使公众获取政府信息进行渠道选择时也包含着非理性选择的成分。

（4）经验原则。一般而言，个体的任何经验都要被纳入原有的经验体系当中，形成经验的积累。正是经过反反复复的经验积累，个体对某一认知对象或过程的认识，才能由感性上升到理性，即形成对该对象本质及规律的认识。公众获取政府信息进行渠道选择时，信息获取的经验是影响个体选择的重要原则。信息获取的经验对于公众获取政府信息渠道选择的重要性：一是体现在个体对政府信息渠道的认知上，即了解渠道所需的信息获取能力、成本等；二是体现在个体所擅长的渠道信息获取的策略和技巧上，依据习惯和偏好选择合适的渠道来提高政府信息获取的效率和效用。

| 第三章 |

公众获取政府信息渠道选择模型构建

随着信息技术的快速发展,具有方便、快捷、大数据量存储、多终端等显著优势的网络渠道为公众获取政府信息提供了新的机会,可以认为,网络渠道已经成为我国公众获取政府信息的主要方式,公众的信息获取方式由"砖瓦"向"鼠标"转移。但是有学者研究发现,我国城市低保者较多利用电视、报纸、人际交流和相关部门或机构获取政府信息,如前文所述,加拿大民众在选择网络渠道和传统渠道时,即使知道电话渠道是单一信道,公众对其的满意度最低,但仍有51%的公众选择电话渠道与政府联系。[1] 因而,深入了解公众获取政府信息渠道选择的影响因素、把握公众获取政府信息渠道选择规律具有现实意义。

以TOE模型为总体框架,以创新扩散理论、资源依赖理论、制度理论、国家文化理论、信任理论五大理论为指导,构建公众获取政府信息渠道选择影响因素概念模型,从技术、组织、环境三个维度考虑影响公众获取政府信息渠道选择的因素,通过回归分析法对模型进行分析验证。结果表明,感知有用性、感知易用性等九个变量对公众获取政府信息渠道选择产生显著影响。

---

[1] 朱红灿. 公众政府信息获取渠道选择影响因素的研究[J]. 图书馆学研究,2015(6):59-67.

第一节　公众获取政府信息渠道选择相关理论基础

一、创新扩散理论

1. 创新扩散理论的内涵

(1) 创新扩散理论的定义。创新扩散理论（Diffusion of Innovation，DOI）是由美国学者埃弗雷特·罗杰斯（Rogers E M）20世纪60年代所提出的，是一种关于通过媒介劝服人们接受新观念、新产品、新理论的理论，侧重大众传媒对社会和文化的影响。罗杰斯认为，"一项创新是被采用的个人或团体视为全新的一个方法，或者一次实践，或者一个物体。对于个体来说，一个方法客观上是否真的是新的并不重要，重要的是个体是否认为这个方法新颖，这决定了他或她对一个创新的反应。如果一个方法对个体来说是新的，那么它就是一个创新"。❶❷

(2) 创新扩散的基本特征。罗杰斯认为，创新的特征有助于解释创新不同的扩散速度。以下5点是在解释创新的采用速度问题时最重要的特征。❸

第一，相对优势。相对优势是一项创新，相对于它所取代的方法而言具有的优势。相对优势除了可以用经济因素评价外，还可以用社会声望、便利性及满意度来评价。

第二，相容性。相容性是一项创新与现存价值观、潜在接受者过去的经历以及个体需要的符合程度。

第三，复杂性。复杂性是一项创新被理解或被使用的难易程度。

第四，可试性。可试性是在某些特定条件下一项创新能够被实验的可能性。

第五，可观察性。可观察性是指在多大程度上个体可以看到一项创新的结果。

---

❶ Rogers E M. 创新的扩散 [M]. 辛欣, 译. 北京：中央编译出版社，2002：21-31.
❷ 袁媛. 从创新扩散理论看网上购物的扩散和采用 [D]. 武汉：华中科技大学，2004.
❸ Rogers E M. 创新的扩散 [M]. 辛欣, 译. 北京：中央编译出版社，2002：14-15.

（3）创新扩散的过程。罗杰斯认为，创新的采用速度是一条 S 形的结果分布曲线，在开始的一个时间段内，只有少数几个个体采用创新，这些人是创新者。但是很快扩散曲线的斜率开始上升，在随后的每一个时间段里，越来越多的个体采用该创新。最终，采用轨迹达到平衡，只有越来越少的个体没有采用创新。最后，S 形曲线趋近于渐近线，扩散过程结束。

创新决策过程即个体从知道一项创新，到做出决定接受还是拒绝该创新，到实施使用创新，并且确定自己决定的过程。其可以概括为 5 个主要步骤：认知；说服；决定；实施；确认。认知是指个体知道一项创新并对它的功能有所了解。说服是指个体确定赞成还是反对该创新。决定是指个体决定了接受还是拒绝该创新。实施是指个体应用一项创新，再创造最有可能发生在该阶段。确认是指个体进一步确定自己所做的决定，但是如果后来又听说了许多不利于创新的消息，那么他很可能会做出相反的决定。❶

2. 创新扩散理论引入公众获取政府信息渠道选择的意义

政府信息传播的新渠道即可看作是一种创新产品，渠道被公众选择使用就形成了一个创新扩散。让公众接受一个新的政府信息获取渠道，如由传统渠道到网站渠道，由网站渠道到政务微信、政务微博、移动客户端等新媒体渠道，常常是一件非常困难的事，即使网络渠道的方便、快捷等优势人尽皆知。新的政府信息获取渠道往往需要一个漫长的过程才会被广泛接受。因而，政府部门面临着如何加快新渠道的传播速度。因此，在公众获取政府信息渠道选择中，创新扩散理论的意义也逐渐显现出来。

通过创新扩散理论来研究新渠道的扩散和影响公众获取政府信息渠道选择的因子，可扩大创新扩散理论的研究范围，同时也可为公众获取政府信息渠道选择的研究提供新的视角。

二、资源依赖理论

1. 资源依赖理论的内涵

（1）资源依赖理论的定义。资源依赖理论（Resource Dependence Theory，RDT）是研究组织间关系的重要理论，《组织的外部控制：对组织资源的依赖分析》（*The External Control of Organizations: A Resource Dependence Perspective*）一

---

❶ Rogers E M. 创新的扩散 [M]. 辛欣，译. 北京：中央编译出版社，2002：18-21.

书是该理论的代表作,作者是杰弗里·菲佛(Jeffrey Pfeffer)和杰勒德·萨兰基克(Gerald Salancik)。资源依赖理论是指一个组织最重要的存活目标,就是要想办法减低对外部关键资源供应组织的依赖程度,并且寻求一个可以影响这些供应组织之关键资源能够稳定掌握的方法。它的一个重要贡献就在于让人们看到了组织采用各种战略来改变自己,选择环境和适应环境。❶❷

(2)资源依赖理论的主要有以下观点:

第一,积极有效的组织才能生存下去,组织生存的关键是获取和维持资源的能力。

第二,没有一个组织可拥有供自己生存的所有资源,也不可能实现对资源的完全控制,因此一个组织是植根于由其他组织组成的环境之中的,一个组织对于其他组织具有依赖性,且依赖是相互的。

第三,组织面临的生存问题,不仅是源于组织对环境的依赖,还源于环境具有不可依赖性,环境时刻发生着变化。一旦环境发生变化组织就会面临抉择:要么死亡,要么改变以适应环境。

第四,一个组织对另一个组织的依赖程度取决于三个决定性因素:资源对于组织生存的重要性;组织内部或外部一个特定群体获得或处理资源使用的程度;替代性资源来源的存在程度。

第五,组织间的依赖并不是均衡的,也有可能是不对称的相互依赖。在这种不对称的依赖关系中,掌握较多稀缺资源的组织会利用这种不对称的依赖关系对那些依赖性较强的组织进行限制或控制。而依赖性较强的组织则会想办法减少这种依赖,以避免被其他组织控制。

(3)资源依赖理论的核心要素有以下几点:

第一,环境。环境给组织提供重要的资源,没有这些资源,组织就不能生存。

第二,环境中的组织。组织必须与它所依赖的环境中的因素互动,而这些因素通常包含其他组织。

第三,组织所掌握的资源。各组织掌握着或多或少的各类资源,但这些

---

❶ Sherah Kurnia, Reyner J. Karnali, Md Mahbubur Rahim. A qualitative study of business-to-business electronic commerce adoption within the Indonesian grocery industry: A multi-theory perspective [J]. Information & Management, 2015, 52 (4): 518-536.

❷ 毕誉馨. 资源依赖理论视角下农民专业合作社发展研究 [D]. 杭州:浙江大学, 2009.

资源并不能满足组织发展所需。资源具有稀缺性，资源交换被看作组织和环境关系的核心纽带。❶

2. 资源依赖理论引入公众获取政府信息渠道选择的意义

政府部门为公众提供其生产、生活所需的政府信息，提供政府信息服务。在提供政府信息服务时需要各种不同的资源：资金、技术、人力、政策等。政府部门依赖本地的资源决定对政府信息服务的投入力度及基础条件。公众获取政府信息时需要各种不同的资源：政府提供的获取信息平台、获取政府信息的不同渠道、了解政府信息来源的途径等。根据资源依赖理论的观点，要理解公众获取政府信息的渠道选择行为，就要了解这种行为所处的环境。公众选择的获取渠道的不同，对资源的依赖程度也有所不同，这就需要公众对身边的资源有一定的认识，这样可以提高资源的利用率，从而实现合理利用资源以达到完善获取信息资源行为的效果。

三、制度理论

1. 制度理论的内涵

（1）制度理论（Institution Theory，IT）的定义。约翰·迈耶（John Meyer）、布莱恩·罗恩（Brian Rowan）、W. 理查德·斯科特（W. Richard Ccoott）、林恩·朱克尔（Lynne Zucker）提出了组织社会学的制度理论之最初主张。他们指出："正式的组织结构不仅反映了技术要求以及资源依赖，而且还要受到更广泛的环境因素的影响。组织乃是深深地嵌植于社会与政治环境之中，组织的结构与实践通常是反映了或因应于那些比组织更大的社会中存在的规则、信念和惯例"。❷

（2）制度理论的主要观点。"制度性同形"，就是"在制度理论看来，组织存在于制度环境之中，是制度化的组织。组织在制度化的过程中，为了获得政治和社会的合法性而努力与规范、传统以及社会影响保持一致，从而导致组织结构和行为的同质化，制度理论称之为'制度性同形'"。❸

---

❶ 魏振兴. 省管县改革进程中的市县竞合模式比较研究［D］. 杭州：浙江大学，2015.

❷ 沃尔特·W. 鲍威尔，保罗·J. 迪马吉奥. 组织分析中的新制度主义［M］. 姚伟，译. 上海：上海人民出版社，2008：1.

❸ 沈洪涛，苏亮德. 企业信息披露中的模仿行为研究——基于制度理论的分析［J］. 南开管理评论，2012，15（3）：135-144.

制度性同形分为三类：强制性同形、规范性同形和模仿性同形。"强制性同形源于一个组织所依赖的其他组织向它施加的正式与非正式压力，以及由其所运行的社会中存在的文化期待对其所施加的压力。规范性同形源于专业化进程，包括两个方面：一个是大学专家提供的认知层面上的合法化和正规教育；另一个是跨组织的、新组织模式赖以快速扩散的人才网络的成长和完善。模仿性同形源于对不确定性进行合乎公认的反应。当一个组织的技术没有得到人们很好理解、当一个组织的目标模糊不清和相互矛盾时，或者当一个组织的环境中出现了符号象征方面的不确定性时，该组织可能以其他组织作为参照模型来建立自己的制度结构。"❶

2. 制度理论引入公众获取政府信息渠道选择的意义

公众通过传统的政务接待厅、政府网站或者政务微博等网络渠道获取政府信息，不能偏离政府部门的《条例》实施办法等管理制度和相关的政府信息公开政策的中心主旨。政府信息公开制度，是通过法律规定保障公民的知情权，具有稳定性、持续性、整体性、全面性与牢固性的特点，政府信息公开必须深入到制度层面。其理念、文化、机制、利益等构成要素，要么是制度的条件或者是非正式制度，要么是制度的实施机制，同样属于制度范畴。公众在进行政府信息获取渠道选择时，无形中也受到了制度理论的影响，其自身的选择决策受政府信息公开制度、理念、文化、机制、利益等因素的影响。因此，制度理论应用于技术、组织和环境框架内，可以使人们更好地理解环境因素对技术因素的影响，以补充其他理论。

四、国家文化理论

1. 国家文化理论的内涵

（1）国家文化理论的定义。国家文化理论（National Culture Theory，NCT）是研究国家文化差异的重要理论，由荷兰学者吉尔特·霍夫斯塔德（Hofstede G）所提出，其代表作是《文化的结局》。霍夫斯塔德认为，文化是具有相同的教育和生活经验的许多人所共有的心理程序。这种心理程序使某一地区的人们形成以某种特殊的方式思考、感觉和行动的心理定式。Schein

---

❶ 沃尔特·W. 鲍威尔，保罗·J. 迪马吉奥. 组织分析中的新制度主义 [M]. 姚伟，译. 上海：上海人民出版社，2008：67-78.

认为，文化是群体在适应外界和统一内部成员过程中逐渐形成的不为成员察觉的隐含性假设。人们的行为受这些隐含性假设的影响，一旦这些假设或信念受到挑战，人们便会感受到"文化振荡"，从而引发文化冲突。❶

（2）霍夫斯塔德国家文化模型。该模型包含五个维度。其中，霍氏提出四个维度：权利距离、不确定性避免、个人主义与集体主义、男性主义与女性主义；20 世纪 80 年代，Bond 等人补充了第五个维度：短期倾向和长期倾向。❷

权力距离，是指在一个社会中，权力的集中程度和领导的独裁程度，以及弱势成员对权利分配不均等的接受程度。

不确定性避免，是指不同的社会以不同的方式对不确定性作出反应。不确定性避免高低的差异表现为人们对不确定情景的接受程度，是感到焦虑和不能容忍，还是泰然处之。

个人主义与集体主义，其差异表现为社会组织结构是以团体为中心、群体保护个人、个人对群体忠诚的紧密结构，还是以个人为中心的松散结构。

男性主义与女性主义，其差异表现为主导价值观是强调地位和物质、男性和女性社会角色分为截然不同的男主外女主内，还是强调谦逊、平等、关爱、高质量的生活，男性和女性社会角色没有明显差异。

短期倾向与长期倾向，这个维度表明一个民族对长远利益和近期利益的价值观。具有长期倾向文化的国家和地区比较注重对未来的考虑，对待事物以动态的观点去考虑，注重节约和储备，做任何事情留有余地。而具有短期倾向文化的国家和地区则倾向过去与现在，看重眼前的利益。

2. 国家文化理论引入公众获取政府信息渠道选择的意义

国家文化产生于各国特定的社会、政治、经济和文化背景下，其民族性和持久性，会通过价值观、伦理观、思维方式、规则制度等多个方面对公众的生活产生影响，使其行为具有独有的特征和机理。按照霍夫斯塔德的国家文化模型的指标，我国属于远东文化群，我国在模型中的五种指标分别为权力距离 89、不确定性避免 44、个人主义 39、男性主义 54、长期倾向 100。这

---

❶ 徐笑君，王园园. 跨国公司内部知识转移中民族文化因素影响分析——基于 Hofstede 民族文化维度视角 [J]. 科学学与科学技术管理，2008（4）：86-91.

❷ 魏书敏，刘君雯. 从 Hofstede 的文化视角看中国文化对大学生创新能力的影响 [J]. 黑龙江高教研究，2010（12）：33-35.

说明，我国文化属性具有高权利距离、有较高的不确定性避免反应、推崇集体利益高于个人利益，是一个男性主义国家、典型的长期倾向文化等特性。❶ 公众获取政府信息渠道选择行为无疑受国家文化的影响。其一，传统的国家文化背景对公众个人选择行为于无形中产生影响；其二，国家文化通过政治、法律、社会价值观、社会行为模式等宏观环境显性影响公众的选择行为。因此，将国家文化理论应用于技术、组织和环境框架中解释公众获取政府信息渠道选择行为，有助于解释公众渠道选择行为中文化因素与技术、组织间的相互作用。

五、信任理论

1. 信任理论的内涵

（1）信任理论的定义。信任理论（Trust Theory，TT）是一种重要的社会综合理论。德国著名社会学家格奥尔格·西美尔（1858—1918 年）开创了当代社会学信任研究的先河，其代表作《货币哲学》和《社会学》中都阐述了信任理论。西美尔认为，社会开始于人们之间的互动，有互动才能构成复杂的社会关系，互动离不开信任，所以整个社会的运行离不开信任。

（2）西美尔信任理论有以下主要观点：❷❸

第一，信任是重要的社会综合力量。西美尔在《货币哲学》中指出"离开了人们之间的一般性信任，社会自身将变成一盘散沙"；在《社会学》中他指出"信赖是在社会之内的最重要的综合力量之一"，信任"提供一种可靠的假设，这种假设足以作为保障把实际的行为建立在此之上"。

第二，从人格信任到系统信任。在互动关系较少或单一的社会里，我们是依靠对具体的、特定的其他人的信任建立自己的生活框架的，因此称之为人格信任。但是，在高度分化的现代社会，西美尔认为从传统到现代的转变伴随着社会中的信任类型从以人格信任为主转到以系统信任为主。货币在现代社会逐渐拥有了一个抽象和永恒的地位。正是通过货币，建立起了限于特

---

❶ 魏书敏，刘君雯. 从 Hofstede 的文化视角看中国文化对大学生创新能力的影响［J］. 黑龙江高教研究，2010（12）：33-35.

❷ 周治伟. 西美尔信任理论述评［J］. 长春市委党校学报，2006（4）：15-17.

❸ 张琳，马晓婷，施雁. 西美尔信任理论对建立医患信任的启示［J］. 医学与哲学，2016，37（8A）：57-59.

定目的的非个人的联系,从而取代了传统社会的个人联系。货币在人格信任到系统信任的转变方面发挥了重要的作用。

第三,信任不同于弱归纳性知识。西美尔认为,弱归纳性知识可以用以下例子说明:如果一个农夫对他的土地像前一年那样出产粮食没有信心,他就不会去播种;如果一个商人不相信公众会需要他的商品,他就不会提供这些商品。这种信赖只是归纳性知识的一种弱形式。信任还有一种被他称为在宗教信仰里体现最明显的"难以描述的因素"。西美尔认为,弱归纳性知识并不是信任,它不能够为信任提供可靠的基础。但对人的信任总是离不开弱归纳性知识,是以弱归纳性知识为基础的。人们总要行动,信赖让人们敢于行动。

第四,信任中存在超验的因素。西美尔在谈完货币交易与信任的关系后,讲道"这种信任另外还有极微妙之处"。西美尔认为,对一个人的信任中,存在其他的元素,介于知和无知之外,也就是说无法用知识的范畴去把握它,它是超验的。英国社会学家吉登斯认为,"信任不同于弱归纳性知识,在于信任意味对'承诺'的一种跨越,这是不可化约的信念的一种品质。人在行动后是有风险的,信任作为品质让人敢于冒险。信任与风险不是孤立的,而是相互交织在一起的,是与时空的缺场以及无知之间有特殊的关联"。综上看来,信任综合了弱归纳性知识和超验因素。

2. 信任理论引入公众获取政府信息渠道选择的意义

公众从政府获取政府信息,一是保障公民的知情权、参与权、表达权和对政府的监督权,二是获取服务于生产生活所需的政府信息。公众与政府之间必须建立良好的互动关系,公众与政府之间的关系是社会关系的重要组成部分,公众对政府的信任是构建和谐社会的重要内容之一。只有使公众对政府产生信任,才能确保社会环境稳定、健康发展。公众对政府的信任是一种兼顾社会层面、制度层面的系统信任。对某一渠道越信任,公众获取政府信息时的使用意向就越明确。将信任理论应用于公众获取政府信息渠道选择研究,可以从心理学领域维度出发,能动地利用有限的资源更好地探究影响公众获取政府信息渠道选择的因素。

六、技术、组织和环境框架

1. 技术、组织和环境框架（TOE）的内涵

（1）TOE 框架模型。以创新扩散理论为基础，Tornatzky❶ 提出了 T（Technology）O（Organization）E（Environment）框架模型，如图 3-1 所示。该模型认为对一项创新技术的采纳主要受技术因素、环境因素和组织因素的影响。

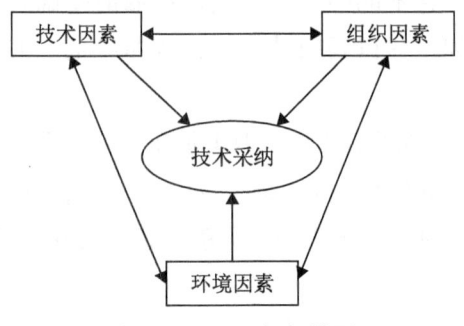

图 3-1 TOE 框架模型

其中，技术因素包括技术的相对优越性、安全性、复杂性、可试验性、可观察性等；组织因素包括组织规模、组织结构、组织文化、高层支持等；环境因素包括一个组织所处的行业规则、政策法律、社会趋势、竞争压力等。三者相互联系和制约，共同影响组织的创新采纳行为和速度。❷

（2）TOE 框架模型的不足。TOE 综合考虑了组织的外部因素及技术本身特点，具有较强的系统性，且结构清晰具有柔性，基于不同理论总结出来的创新采纳影响因素大体上都能被纳入到 TOE 框架之中。但由于 TOE 偏重从综合角度看问题，存在广而不精的缺点，其对具体维度的机理解释不够深入。❸因而，以 TOE 为框架体系，再结合创新扩散理论、资源依赖理论、制度理论、国家文化理论、信任理论五大理论，可以更深入地对各维度的具体因素进行

---

❶ Tornatzky L G. The prcess of technological innovation [M]. Lexington：LexingtonBooks, 1990：149-163.

❷ 刘茂长, 鞠晓峰. 基于 TOE 模型的电子商务技术扩散影响因素研究 [J]. 信息系统学报, 2012（2）：13-30.

❸ 刘细文, 金学慧. 基于 TOE 框架的企业竞争情报系统采纳影响因素研究 [J]. 图书情报工作, 2010, 55（6）：70-73.

分析，更好地了解技术、组织与环境之间的影响与互相制约的关系。

2. TOE 引入公众获取政府信息渠道选择的意义

其一，信息化的发展让公众可选择的政府信息获取渠道也逐渐呈现多样化，有以政府网站为代表的网络渠道，以微信公众号、政务微博为代表的政务新媒体。这些新兴的公众获取政府信息渠道既需要信息技术，也需要网络技术，无疑受技术因素影响。其二，《条例》、公众对政府信息公开的需求等则属于环境因素。《条例》是各级政府实施政府信息公开的总则，各级政府制定了相应的政府信息公开实施方案，在方案的具体指导下实施政府信息公开工作。随着信息社会的发展，现代民主社会意识的觉醒，人们的知情权、政治民主参与权意识逐步增强，公众迫切需要政府部门提供准确、客观、完整、有用的政府信息公开服务。其三，各级政府部门通过何种渠道如何向公众公开政府信息则属组织因素。各级政府建立了政府信息公开平台，建立了政务服务中心，开通了政府微博、政务微信等，公众可以选择不同的渠道来获取政府信息。各级政府部门应注重政府信息的内容质量和形式质量，为公众提供具有有用性、客观性、准确性、完整性、连续性、安全性高的政府信息，并且以一种便于公众理解、便于获取的方式呈现。

第二节 公众获取政府信息渠道选择概念模型的构建

构建公众获取政府信息渠道选择影响因素模型，以 TOE 框架模型为总体框架，以五大理论为指导，分别从技术、组织、环境三个维度，结合国情及公众获取政府信息渠道选择现状、特点等因素，提出可能会影响公众获取政府信息渠道选择的各种因素。

一、潜在变量的选取

1. 技术因素对公众获取政府信息渠道选择的影响

技术层面变量因素的提出，主要结合的是创新扩散理论（DOI）与信任理论（TT）两大理论。根据 TOE 模型，影响一个组织或个体技术采纳的主要变量有相对优越性、安全性、复杂性、可试验性、可观察性等。其中，相对优越性是指某一技术与其他技术相比所特有的优势。本模型中，将相对优越性拆分开来,具体考虑公众的感知有用性、成本花费和价值感知。安全性是指用户使用某一技术时对该技术安全系数的信任程度。因此,结合信任理论,公众选择使用某一渠道进行政府信息获取必然会受信任因素影响,所以将安全性拆分成对渠道的信任与对政府的信任两个变量来探究分析。复杂性是指用户感知某一技术的难易程度,在本模型中概括为感知易用性。可试验性是指某一技术可被用户试验的程度。政府信息获取渠道都是已存在的,所以默认都是可被试验的。可观察性是指某一技术可被用户观察的程度。在政府信息获取的渠道都默认是可以被观察到的,所以这两个变量忽略不计。

(1)感知有用性,其是用户使用某一技术时所能感受到的技术给自己的个人生活与工作带来改善的程度。公众对某一政府信息发布渠道的感知有用性越强烈,越有可能选择该渠道。

(2)感知易用性,其是公众使用某一渠道时所感受到的难易程度。公众在选择政府信息获取渠道时,会考虑这一技术操作时的难易度,操作越简单的渠道就越容易受到公众青睐,也更能令公众有效率地浏览政府信息。

(3)成本花费,其是用户使用某一技术时所花费的成本。时间成本、经济成本和精力成本都是需要考虑的对象,毫无疑问公众获取政府信息是需要成本的,不同的渠道成本花费不同,公众会更偏向于选择成本花费少的渠道获取信息。

(4)价值感知,公众对使用某一技术的价值感知程度也会对选择行为产生影响。倘若用户开始没有获取到其想要的信息,或者没有感知到好的用户体验,那下次信息获取时就需要考虑是否要改变获取渠道了。

(5)对渠道的信任程度。近年来,随着"大数据"变革愈演愈烈,信息安全成为一个热门话题。大数据给信息技术带来了革新,也使用户的信息安全面临威胁。公众对渠道的信任也会成为一个焦点问题,渠道本身是否安全,信息是否真实完整,公众会在心中留下一个大大的问号。因此,公众对渠道本身越信任,渠道也会越受欢迎。

(6)对政府信任,其主要包括两方面:一是相信政府不会否认发布过的消息,二是相信政府不会否认之前参与过的互动。政府信息本身的真实性是公众很关心的问题,公众需要在获取政府信息之前确保政府是可信任的,否则,获取到的政府信息就没什么意义了。

2. 组织因素对公众获取政府信息渠道选择的影响

组织因素中变量的提出，主要结合创新扩散理论（DOI）与资源依赖理论（RDT）。根据 TOE 框架模型，影响组织层面的变量主要包括组织规模、组织结构、组织文化、高层支持等。用户使用某一技术时的使用意向会受到组织环境特点与优势的影响，并依赖于某一组织所拥有的各类资源，其中包括技术、经济、文化资源等。公众作为独立的个体，会充分利用身边的组织资源，以选择环境并适应环境。组织因素变量可概括为感知政府投入力度、感知政府领导支持，技术投入和高层支持对于公众获取政府信息渠道选择是有正向影响的，公众会因为政府技术、设备、人力资源的投入以及领导支持而改变使用意向。这些说明公众获取政府信息渠道选择也会受到组织内部决策的影响。

（1）感知政府投入力度，政府投入主要包括技术、设备、人力资源等，政府对政府信息公开的相关投入力度不断加大，这就意味着信息发布渠道在不断完善，信息发布与更新速度也在不断加快。公众相当关注政府信息的时效性，因此感知政府投入力度越大，渠道越容易被公众认可。

（2）感知政府领导支持，高层领导的支持对于某一新技术而言也是一种无形的资源，拥有高层领导支持的技术会比其他技术拥有更高的优越性，尤其是在性能方面。就政府信息获取渠道来说，政府领导支持力度越大，渠道功能性就会越强，公众感知越强烈，越趋向于使用该渠道。

3. 环境因素对公众获取政府信息渠道选择的影响

环境因素中变量的提出，主要结合资源依赖理论（RDT）、制度理论（IT）、国家文化理论（NCT）以及创新扩散理论（DOI）。在 TOE 框架模型中，环境因素包括一个组织所处的行业规则、政策法律、社会趋势、竞争压力等。由于政府信息发布渠道主要由政府部门管理，所以概念模型中去除了行业规则与竞争压力两个变量。资源依赖理论提出，组织想要生存与发展，就必须或多或少地依靠身边已有的资源，在模型中将公众获取政府信息渠道选择过程中需要依靠的资源总结为公众基本素质、基础条件以及生活方式。这三个变量概括了公众获取政府信息时所需的各类资源，公众基本素质包括信息获取所需的知识与能力，基础条件包括信息获取所需的设备与工具，生活方式包括信息获取所需的外部条件，例如时间。制度理论提出了在一定程度上组织的生存和发展离不开制度，同样地，公众获取政府信息渠道选择也在一定程度上受到了制度政策的影响,因此变量可概括为感知国家政策倾向与支持。国家文化理论认为,各国、各地域都有其积累的特有的文化底蕴,这也一定程度上在公众的价值取向和思维方式等方面产生了若干影响。再结合之前提到的生活方式,这一变量可总结概括为生活环境与居住地域。另外,社会趋势与潮流压力也是根据国家文化理论提出的一个变量。一个国家所特有的文化与发展现状会在社会发展的某一阶段呈现出的社会潮流趋势中有所体现,进而影响公众的选择意向。

(1) 公众基本素质。其主要指的是公众使用某一技术时所能够表现出的基本技能和知识水平。公众拥有的知识储量与技能水平有所不同,不同的信息发布渠道对这一方面的要求也不尽相同,所以公众选择渠道时必然会受这一变量的影响。

(2) 基础条件。其主要要求公众使用某一渠道时有必备的设备和工具。例如,公众利用微博平台关注某一部门的政府信息时,要求公众必须具备多媒体移动设备。因此,基础条件是必备条件,公众会根据自己所拥有的设备和工具进行政府信息获取渠道的选择。

(3) 生活环境与居住地域。二者有着密不可分的联系,对公众获取政府信息渠道选择也存在显著影响。例如,一个生活在北京市区的政府机关工作者和一个生活在内蒙古草原以放牧为生的牧民,假设两人年龄相仿,由于地域文化差异和生活方式不同两人在政府信息获取渠道选择上会出现较大差异。前者由于工作性质需要输入大量的政府信息,而后者对政府信息的获取要求没有前者多。前者由于北京生活的快节奏和工作压力的加大,会更倾向于选择新媒体渠道获取信息,因为这样获取的政府信息简单有效,目的性强;而后者受生活地域与方式影响,生活节奏慢,对政府信息获取的目的性不强,会偏向于选择电视、报刊等渠道。

(4) 感知国家政策倾向与支持。国家政策倾向与支持会影响政府信息渠道的管理,这说明国家对其的重视程度提高,也说明了渠道管理的投入力量加大,更说明了对这一渠道的推广和公众普及的促进,这进而能够影响公众政府信息获取渠道的选择行为。

(5) 社会趋势与潮流压力。目前,中国社会正处于快速发展阶段,新媒体渠道不断拓展,新媒体、互联网的技术革新以及渠道拓展使政府信息渠道日益多样化。受媒体舆论的引导,政府信息发布也逐渐跟上时代潮流,政务微博、微信公众号层出不穷，公众利用这样的新媒体平台不仅可以快速获取政府信息，而且省时省力，容易与政府部门拉近距离。有了新媒体形式的政府信息发布渠道，公众对政府信息获取的思维也越来越活跃。

根据以上各节的分析，我们建立了本研究设计的公众获取政府信息渠道选择影响因素模型，如图3-2所示。

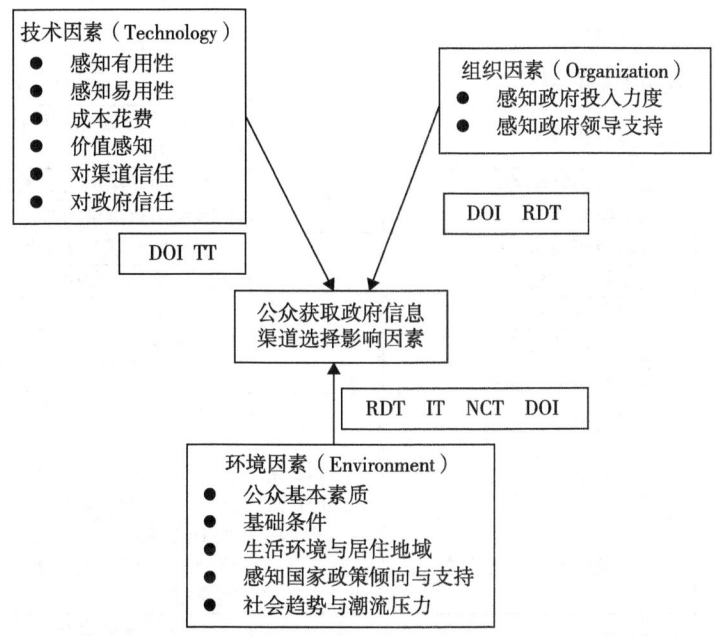

图3-2　多维理论视角下的公众获取政府信息渠道选择影响因素概念模型

二、变量测度设计

结合感知有用性、感知易用性、成本花费等潜在变量现有研究使用的变量测评指标为研究基础设计变量测度，主要基于TOE框架模型和五大理论，结合我国的实际情况进行编制，最终建立的测度指标体系如表3-1所示。

表 3-1 变量测度指标体系

潜在变量	测度指标	潜在变量	测度指标
感知有用性	认为对生活有帮助	感知政府领导支持	该渠道上有关信息获取和互动的功能越来越多
	认为对工作有帮助		该渠道获取信息很方便
	认为对学习有帮助		该渠道上信息更全面
感知易用性	该渠道操作简单	公众基本素质	拥有使用该渠道所必需的知识
	该渠道容易获得		拥有使用该渠道必需的操作能力
	该渠道容易持续关注		自己可以通过学习掌握这种渠道的操作方法
成本花费	可以节约时间	基础条件	拥有使用该渠道所必需的设备
	可节约经济成本		拥有使用该渠道所必需的工具
	可减少精力花费	生活环境与居住地域	生活环境和状态便于使用该渠道
价值感知	认为该渠道很实用		工作环境便于使用该渠道
	使用该渠道使人感到享受		学习环境便于使用该渠道
	使用该渠道使人感到愉悦		居住区域
	使用该渠道使人感到满足		地域特征
对渠道信任	相信这种渠道的信息安全	感知国家政策倾向与支持	发现自己正在使用的渠道,别人也在使用
	相信渠道中的信息更真实		经常在工作、生活中看到或听到有人在介绍讨论该渠道
	相信渠道中的信息更完整		使用网络渠道时(例如微博、微信平台)会看到类似推荐关注字样的消息推送
对政府信任	相信政府不会否认渠道上已发布的信息	社会趋势与潮流压力	认为使用该渠道获取信息是一种潮流
	相信政府不会否认渠道上已参与过的互动		由于生活圈子里的人流行使用这种渠道所以自己也想使用
感知政府投入力度	总能第一时间获得信息		认为这种渠道快速有效、非常流行所以自己也想尝试
	该渠道上信息发布时间早于其他渠道		自己拥有当下流行的设备工具刚好可以使用这种渠道
	该渠道的信息更新间隔时间更短	公众渠道选择意向	会继续使用这个渠道
			愿意向他人推荐这个渠道

第三节 实证研究与结果分析

一、数据的收集与样本特征分析

1. 数据的收集

(1) 调查内容与设计。问卷主要包括说明词、主体、结束语三部分。以附录 A 的多维理论视角下的公众获取政府信息渠道选择影响因素可测指标集为基础形成问卷,其中主体由以下三个部分构成:第一部分是获取政府信息的常用渠道及获取政府信息的频率,共设计了 2 个问题,目的是调查公众获取政府信息偏好的渠道及对政府信息的关注程度。第二部分是公众获取政府信息渠道选择影响因素,共设计了 43 个问题,目的是结合多维理论,从环境、技术、组织维度深入了解公众获取政府信息渠道选择影响因素及影响程度。第三部分是问卷答卷者的统计特征数据调查,共设计了 6 个问题,目的是获取被调查者的个人背景材料。依此设计多维理论视角下的公众获取政府信息渠道选择影响因素调查问卷表,见附录 A。

(2) 调查问卷收集的方法。该研究采取当面调查法和问卷平台网络调查的方法。当面调查,就是面对面调查,请被调查者填答,并及时收回问卷,调查时利用学校、商场等人流密集的场所投放,为争取真实数据来源,在发放过程中发送小礼物等予以奖励,吸引被调查者。问卷平台网络调查将问卷发布在某问卷平台上,以网页的形式呈现,让网友打开网页直接点击选项,并在线提交。

2. 调查样本特征分析

本次调研分当面调查和问卷平台网络调查两种,共投放问卷 600 份。当面调查时所选取的研究对象为湖南省长沙市、湘潭市、河北省石家庄市、邯郸市、江苏省南京市、苏州市、甘肃省兰州市的城市和乡镇中从事不同行业的民众。调查对象包括政府部门工作人员、企事业单位工作人员、城镇居民及农村村民等,共投放问卷 300 份,有效问卷 227 份,有效率 75.6%。问卷平台网络调查时,选取的研究对象来自社交平台,主要研究对象为河北省石家庄市、邯郸市等,江苏省南京市、苏州市、常州市、南通市等,浙江省杭州市、绍兴市、宁波市等，甘肃省兰州市等，湖南省长沙市、湘潭市等，北京市，上海市等地的政府部门工作人员、企事业单位工作人员、城镇居民及农村村民等，共投放问卷300份，有效问卷220份，有效率73.3%。收集时间从2019年4月至2019年8月。相应的人口统计特征分析如下。

（1）性别分布情况。调查对象的性别比例如图3-3所示。

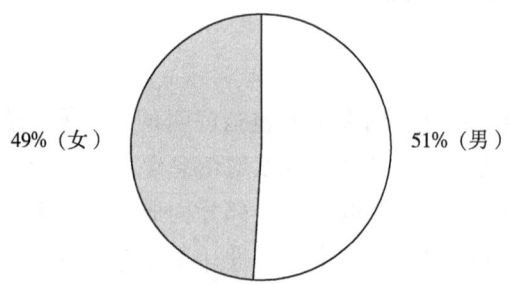

图3-3　调查对象性别比例情况

（2）年龄分布情况。调查对象的年龄分布情况如图3-4所示。其中，21~49岁的人群占总样本的77%。

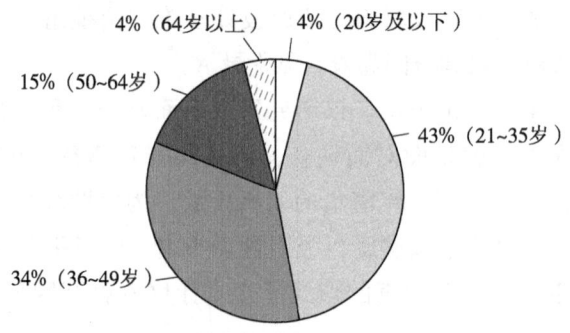

图3-4　调查对象年龄分布情况

（3）受教育程度分布情况。调查对象的受教育程度分布情况如图3-5所示。

第三章 公众获取政府信息渠道选择模型构建

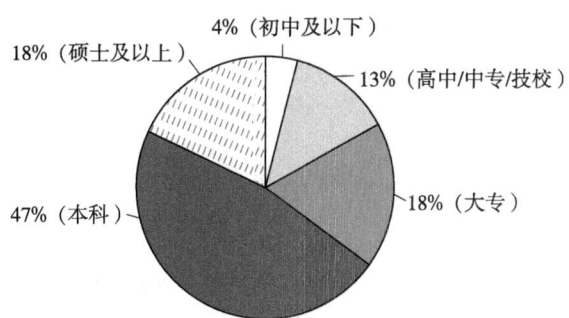

图 3-5 调查对象受教育程度分布情况

（4）职业分布情况。调查对象的职业分布情况如图 3-6 所示。

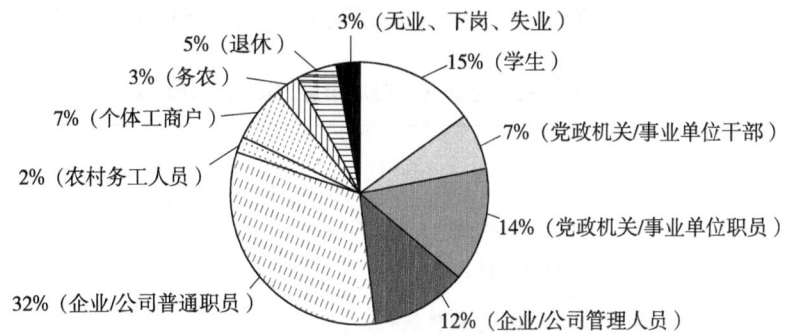

图 3-6 调查对象职业分布情况

由图 3-6 可知，调查对象包含各行各业的民众。

（5）月收入分布情况。调查对象的月收入分布情况如图 3-7 所示。

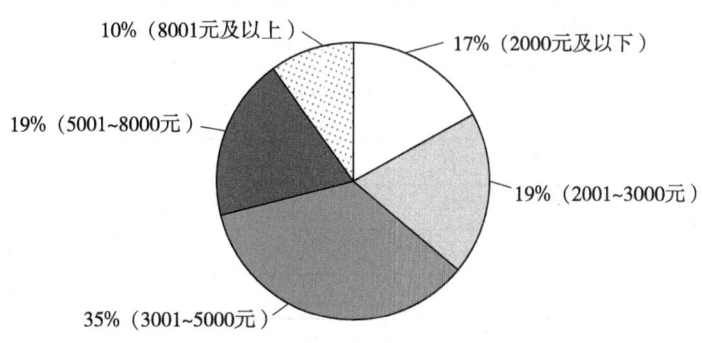

图 3-7 调查对象月收入分布情况

（6）单位性质分布情况。调查对象的单位性质分布情况如图 3-8 所示。

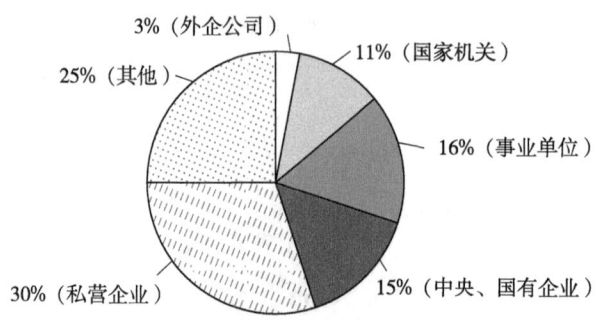

图 3-8 调查对象单位性质分布情况

3. 公众获取政府信息渠道选择基本情况

公众常用的政府信息获取渠道选择基本情况和获取频率如表 3-2 所示。

表 3-2 公众获取政府信息渠道选择基本情况

样本特征	选项	频次（人）	百分比（%）
常用渠道	网络搜索引擎（百度、谷歌等）	259	选项为多选，因此不计算百分比
	社交媒体、软件（微博、微信公众号等）	178	
	政府部门网络信息渠道（政府网站、电子邮箱等）	100	
	广播、电视	202	
	报纸、期刊	90	
	政府接待厅	18	
获取政府信息频率	每天都会关注	72	20.9
	2~3 天关注一次	48	14.0
	4~7 天关注一次	60	17.4
	2~3 周关注一次	57	16.6
	偶尔关注	107	31.1

从表 3-2 可以看出，公众最常用的获取政府信息渠道是网络搜索引擎（百度、谷歌等）；其次是广播、电视等传统渠道形式。另外，比较常用的渠

道还有社交媒体、软件（微博、微信公众号）和政府部门网络信息渠道（政府网站、电子邮箱）。

二、模型检验

1. 方法选取

采用逐步回归分析，先在单维度下对各变量进行回归分析，以检验各变量在其他维度中变量不变的前提下对因变量所产生的影响是否显著；然后进行整体回归分析，以检验各变量在作用于整体的情况下对因变量公众渠道选择意向所产生的显著影响，并得出多元线性回归方程。

逐步回归分析[1][2]是进行多元回归分析的一种方法。回归分析用于研究多个变量之间相互依赖的关系，而逐步回归分析往往用于建立最优或合适的回归模型，从而更加深入地研究变量之间的依赖关系。

设经典的计量经济学线性回归模型如下：

$Y_i = b_0 + b_1 X_{i1} + b_2 X_{i2} + \cdots + b_m X_{im} + \varepsilon_i$，其中 $i = 1, 2, \cdots, n$。

Y_i 为因变量，X_{im} 为自变量，b_i 为回归系数，根据样本数据作出参数估计。达到最优的回归分析方程：其一，通常满足包含所有对 Y_i 影响显著的自变量，不包含对 Y_i 影响不显著的自变量；其二，各自变量之间不存在多重共线性，即各自变量之间存在显性关系或近似线性关系。

逐步回归分析的基本思想是，在全部变量中，按其对 Y_i 的重要程度，由大到小逐个引入回归方程。对 Y_i 不重要的变量可能从未被引入回归方程；被选入的变量在新变量引入后变得不重要时，可以从回归方程将其剔除；当被剔除的变量在新变量引入后变得重要时，又可以重新将其选入回归方程。逐步回归分析法可以修正一些多重共线性的问题。

之所以在公众获取政府信息渠道选择模型中引入逐步回归分析，其一是因为逐步回归方程简单易行，并能保持影响最显著的重要变量，预测精确度高；其二是因为逐步回归方程可以在一定程度上修正多重共线性，而公众获取政府信息渠道选择模型中的影响因素之间存在一定的相互关系，如感知有用性、感知易用性会影响公众对渠道的信任，也影响公众对政府的信任。

---

[1] 游士兵，严研. 逐步回归分析法及其应用 [J]. 统计与决策, 2017 (14): 31-35.
[2] 王冬梅，沈颂东. 逐步回归分析法 [J] 工业技术经济, 1997, 16 (3): 54-55, 57.

2. 信度与效度检验

首先对数据进行信度检验。信度是衡量测验结果一致性、可靠性的标准，其最常用的指标是 Cronbach 系数。通过 Cronbach 系数的方法可进行信度检验，以 0.7 为临界值。所采用的分析工具是 SPSS19.0，表 3-3 列出了问卷内部各变量的信度以及整体信度。结果显示，公众获取政府信息渠道选择因素量表的 Cronbach 系数为 0.967，各分量表的最低 Cronbach 系数为 0.711，均超过了 0.7，这说明变量之间的内部一致性和可靠性较好，问卷具有很高的可信度。

表 3-3 内部及整体信度分析

维度	变量（缩写）	测量项目数	α 值
技术	感知有用性（PU）	3	0.798
	感知易用性（PEOU）	3	0.764
	成本花费（CS）	3	0.711
	价值感知（PB）	4	0.740
	对渠道信任（TS）	3	0.736
	对政府信任（TG）	2	0.859
组织	政府投入力度（GI）	3	0.732
	政府领导支持（GMS）	3	0.759
环境	公众基本素质（PBQ）	3	0.819
	基础条件（IC）	2	0.845
	生活环境与居住地域（LRC）	5	0.748
	国家政策倾向与支持（RS）	3	0.831
	社会趋势与潮流压力（TP）	4	0.736
采纳	公众渠道选择意向	2	0.716
整体	问卷整体	51	0.967

效度是指测量的有效性程度，也就是测量结果的可靠性和正确性。本研究采用 SPSS19.0 软件的因子分析进行效度检验，效度检验结果如表 3-4 所示。

表 3-4 KMO 和 Bartlett 的检验

测量项目		值
取样足够度的 KMO 度量		0.941
Bartlett 的球形度检验	近似卡方	17058.640
	自由度（df）	820
	显著性（Sig.）	0.000

由表 3-4 可知，KMO 统计量为 0.941，数值大于 0.8；Bartlett 的球形度检验近似卡方值为 17058.640，自由度为 820，显著性为 0.000，小于 0.05，这说明问卷具有较高的效度。

3. 回归分析

下面对各预测变量进行逐步回归分析，主要步骤是先在单维度下对各变量进行回归分析，以检验各变量在其他维度中变量不变的前提下对因变量所产生的影响是否显著；然后进行整体回归分析，以检验各变量在作用于整体的情况下对因变量公众渠道选择意向所产生的显著影响，并得出多元线性回归方程。另外，在进行逐步回归分析的同时，还要对变量进行多重共线性检验（方差膨胀因子 VIF 小于 10）和残差检验（Durbin-Watson 的值在 1.5~2.5 之间），从而保证分析结果的准确性。

(1) 单维度回归分析。从技术、组织、环境三个维度进行单一维度变量逐步回归分析，结果如表 3-5、表 3-6、表 3-7 所示。

表 3-5 技术维度变量逐步回归分析结果

技术维度变量	公众获取政府信息渠道选择意向				
	标准化回归系数	Sig.	R^2	VIF	Durbin-Watson
感知有用性	0.275	0.000	0.699	1.658	
感知易用性	0.139	0.000	0.761	1.600	
价值感知	0.188	0.000	0.729	2.158	1.992
对渠道信任	0.293	0.000	0.626	2.066	
对政府信任	0.166	0.000	0.749	2.968	

表3-6 组织维度变量逐步回归分析结果

组织维度变量	公众获取政府信息渠道选择意向				
	标准化回归系数	Sig.	R^2	VIF	Durbin-Watson
感知政府投入力度	0.557	0.000	0.599	1.832	1.754
感知政府领导支持	0.321	0.000	0.655	1.832	

表3-7 环境维度变量逐步回归分析结果

环境维度变量	公众获取政府信息渠道选择意向				
	标准化回归系数	Sig.	R^2	VIF	Durbin-Watson
国家政策倾向与支持	0.337	0.000	0.541	2.648	1.831
社会趋势与潮流压力	0.252	0.001	0.635	1.938	
公众基本素质	0.198	0.001	0.657	2.392	
基础条件	0.122	0.000	0.669	1.619	
生活环境与居住地域	0.113	0.000	0.678	1.463	

由表3-5、表3-6、表3-7可知，各变量VIF均小于10，说明各变量间不存在多重共线性问题；残差检验（Durbin-Watson）值都在1.4~2.5之间，说明残差间也不存在显著相关性，满足回归分析结果，证明结论可信。

由表3-5可知，当其他维度的变量一定，技术维度中的感知有用性、感知易用性、价值感知、对渠道信任、对政府信任对公众获取政府信息渠道选择意向产生显著影响（各变量Sig.均小于0.05），而成本花费由于影响不显著而被排除。这说明公众在获取政府信息时，对某一渠道的感知有用性越强烈、感知操作越简单、感知价值程度越高、对政府和信息渠道越信任，越有可能选择该渠道。而选择某渠道可能花费的成本对渠道选择影响不显著，可能的原因是公众通过某一渠道获取政府信息，往往更看重获取信息的效率和信息的可靠性，公众并不认为获取信息的成本是选择某种渠道的必然因素；另外，随着时代发展、社会进步，政府信息公开工作日益完善，公众可选择的渠道增多，获取信息的成本也越来越少，所以花费成本、设备工具等外界条件已经不再是公众需要关注的焦点问题。

由表3-6可知，当其他维度的变量一定，组织维度中的感知政府投入力度、感知政府领导支持对公众获取政府信息渠道选择意向产生显著影响，说明政府投入力度、政府领导支持力度越大的渠道，其功能性、效能性越强，

第三章 公众获取政府信息渠道选择模型构建

越容易被公众认可和选择。

由表 3-7 可知，当其他维度的变量一定，环境维度中的公众基本素质、基础条件、生活环境与居住地域、国家政策倾向与支持、社会趋势与潮流压力对公众渠道选择意向都有显著影响。这说明，公众拥有的知识储量与技能水平程度不同、生活环境与居住地域不同会导致公众选择不同的渠道，如信息技能水平不高或者偏远地区的公众倾向于选择传统渠道，而不会选网络渠道；基础条件越完备、国家对某一渠道越重视，该渠道的推广和普及程度就越高，公众选择该渠道的意愿就越强烈；另外，对新媒体潮流的追随拉近了政府和公众的距离，公众使用快捷方便的政务新媒体的思维也就越来越活跃。

（2）整体回归分析。设多元线性回归模型如下：

$$Y = b_0 + b_1 X_1 + b_2 X_2 + b_3 X_3 + b_4 X_4 + \cdots + b_{12} X_{12} + \varepsilon$$

其中，Y 为渠道选择意向，X_1，$\cdots$，X_{12} 为感知有用性、感知易用性等潜在变量，详见表 3-8。该回归模型以公众获取政府信息渠道选择作为因变量，以感知有用性、感知易用性等潜在变量为解释变量，从技术、组织、环境三个维度解释各变量对公众渠道选择意向的影响程度。利用逐步回归分析法，根据变量对于因变量选择意向的重要程度向模型引入或剔除变量。分别逐层引入变量渠道信任（X_4）、感知政府投入力度（X_6）、感知有用性（X_1）、感知国家政策倾向与支持（X_{11}）、对政府信任（X_5）、感知易用性（X_2）、生活环境与居住地域（X_{10}）、公众基本素质（X_8）、社会趋势与潮流压力（X_{12}），构建了模型 1—模型 9，如表 3-8 所示。

由表 3-8 可知，模型 9 中 R^2 为 0.799，模型拟合优度最好，变量共同作用可以解释因变量公众渠道选择意向所发生的 79.9% 的变化。这说明渠道信任、感知政府投入力度、感知有用性、感知国家政策倾向与支持、对政府信任、感知易用性、生活环境与居住地域、公众基本素质、社会趋势与潮流压力对公众获取政府信息渠道选择产生显著影响，而价值感知、基础条件、感知政府领导支持对其影响不显著，可能的原因是公众为了生活或者工作而寻求获取政府信息，其价值感知是显而易见的，因而价值感知对渠道选择影响不显著；尽管基础条件、感知政府领导支持与感知政府投入力度有区别，但可以认为基础条件越好、感知政府领导支持力度越大是可以体现在感知政府投入力度等因素上的，因而对渠道选择影响不显著。模型 9 的各类系数值如表 3-9 所示。

表 3-8 整体逐层回归分析模型

模型	R	R^2	调整 R^2	标准估计误差	Durbin-Watson
1 (X_4)	0.791	0.626	0.625	0.37037	1.869
2 (X_4、X_6)	0.847	0.717	0.716	0.32242	
3 (X_4、X_6、X_5)	0.863	0.744	0.742	0.30716	
4 (X_4、X_6、X_5、X_{11})	0.874	0.763	0.761	0.29585	
5 (X_4、X_6、X_5、X_{11}、X_1)	0.884	0.782	0.779	0.28424	
6 (X_4、X_6、X_5、X_{11}、X_1、X_{12})	0.888	0.788	0.786	0.28019	
7 (X_4、X_6、X_5、X_{11}、X_1、X_{12}、X_2)	0.891	0.793	0.790	0.27731	
8 (X_4、X_6、X_2、X_{11}、X_1、X_{12}、X_2、X_8)	0.893	0.797	0.793	0.27524	
9 (X_4、X_6、X_2、X_{11}、X_1、X_{12}、X_2、X_8、X_{10})	0.894	0.799	0.794	0.27433	

表 3-9 模型 9 相关系数

	非标准化系数		标准系数	T 值	Sig.	共线性统计量
	B	标准误差				VIF
(常量)	-0.520	0.126		-4.138	0.000	
X_4	0.225	0.043	0.201	5.195	0.000	3.218
X_6	0.127	0.041	0.122	3.090	0.002	3.362
X_5	0.109	0.026	0.118	4.193	0.000	1.709
X_{11}	0.158	0.040	0.151	3.953	0.000	3.161
X_1	0.209	0.034	0.211	6.087	0.000	2.580
X_{12}	0.093	0.034	0.085	2.736	0.006	2.098
X_2	0.082	0.028	0.086	2.971	0.003	1.787
X_8	0.104	0.039	0.095	2.706	0.007	2.660
X_{10}	0.058	0.030	0.052	1.977	0.049	1.508

由表 3-9 可知，显著性水平 Sig. 均小于 0.05，拒绝了回归系数为 0 的原假设，表示各变量对因变量渠道选择意向有意义且具有显著影响。由此得出

多元线性回归方程如下：

$Y = -0.520 + 0.209X_1 + 0.082X_2 + 0.225X_4 + 0.109X_5 + 0.127X_6 + 0.104X_8 + 0.058X_{10} + 0.158X_{11} + 0.093X_{12}$

三、实证结果分析

当只考虑技术因素对公众渠道选择意向的影响时，成本花费影响不显著，感知有用性、感知易用性、价值感知、对渠道信任、对政府信任对公众获取政府信息渠道选择起到显著作用；而考虑所有维度因素的影响作用时，价值感知不再对公众获取政府信息渠道选择产生显著作用，其他因素依然发挥显著影响，说明公众通过某种渠道获取政府信息，主要看重获取信息的效率和信息的可靠性，其获取的政府信息是与其生产、生活和经济活动密切相关的，是必需品，可能会不计获取的花费成本，而且时代发展、社会进步也使得获取信息的成本减少。另外，公众获取政府信息有时是带有目的性的，其价值感知是不需要强调的。因而政府部门应该进一步提高政府信息公开质量，增强政府信息发布渠道的功能性、易用性，提高公众对政府、渠道的信任度，提高政府信息服务质量。

当只考虑组织因素的影响时，感知政府投入力度、感知政府领导支持均对公众获取政府信息渠道选择有显著影响。而考虑所有维度因素的影响作用时，感知政府领导支持对公众获取政府信息渠道选择的影响不再发挥作用，说明政府投入力度越大的渠道，其渠道功能性就会越强，公众的认可度就越高；而综合整体因素后，感知政府领导支持力度越大是可以在感知政府投入力度等其他因素上得到体现的。因而，政府部门对公众常用的、通过网络提供政府信息的政府网站、政务微博等信息发布渠道应加大投入、管理力度，增强这些渠道的功能性，方便公众政府信息获取。

当只考虑环境因素时，公众基本素质、基础条件、生活环境与居住地域、感知国家政策倾向与支持、社会趋势与潮流压力能够共同影响公众获取政府信息渠道选择。而考虑所有维度因素的影响作用时，基础条件不对公众选择产生显著影响，其余变量依然发挥显著作用。这说明所处社会环境不同的人群会选择不同的渠道获取政府信息，而综合整体因素后，基础条件可以在感知政府投入力度等其他因素上体现。因而，政府部门应对不同背景、不同目标的公众提供政府信息获取渠道整合服务，引导公众选择最"合适"的、无缝的政府信息服务。

通过本章的研究还可以发现,在包括网络搜索引擎、政府网站、政务微博、广播电视、报纸期刊、政府接待厅等在内的常用渠道中,网络搜索引擎、政府网站、政务微博等网络渠道是公众更常用的渠道(见表3-2)。网络渠道具有的交互性、高效性、大容量、动态性等新特性,使其与传统渠道有着明显的区别,因而互联网时代,为提高政府信息服务质量,需要深入了解公众获取政府信息渠道选择中网络渠道与传统渠道的异同,以及网络渠道使用意愿,将在第四章进行深入探讨。

| 第四章 |

公众获取政府信息网络渠道使用意愿分析

网络渠道获取是互联网时代的一种获取政府信息的理念和模式,是借助于互联网、电脑通信技术和数字交互式媒体来实现信息获取的一种方式。了解网络环境下公众获取政府信息网络渠道持续使用意愿,对促进公众在线获取政府信息和提高"政民互动""在线服务"有重要意义。以心流理论为基础构建公众获取政府信息网络渠道持续使用意愿概念模型,考察影响公众网络渠道获取政府信息心流体验的因素以及对公众获取政府信息网络渠道持续使用意图的影响,并通过实证研究检验模型的合理性。结果表明,个人技能与任务挑战的匹配度、清晰的目标、即时反馈都会显著影响公众网络渠道获取政府信息的心流体验,感知享乐价值、感知实用价值、满意度对心流体验和公众获取政府信息网络渠道持续使用意愿有着重要的中介作用。❶

第一节 公众获取政府信息网络渠道使用意愿
相关理论基础

一、心流理论的相关理论

1. 心流理论的概念

"心流"理论提出者希斯赞特米哈伊(Csikszentmihalyi)通过调查象棋棋

---

❶ 朱红灿,胡新,廖小巧. 基于心流理论的公众政府信息获取网络渠道持续使用意愿研究 [J]. 情报资料工作, 2018 (2): 56-62.

手、攀岩者、舞者以及作曲家等为什么每周会在自己的职业上花费很多时间，观察到激励他们全神贯注地、愉快地投入自己所参与活动的体验的性质。他将这种涉及费力的、有风险且困难的、能拓展人们能力的，其中包含着新奇与发现的要素的理想体验称为心流（flow）。❶ 心流理论可以用来解释人们在进行某些日常活动时为何会完全投入情境当中，全神贯注地投入，过滤掉不相关的知觉，忘记时间和外部环境的存在，并在活动的过程中获得满足感和愉悦感，进入一种心流状态。❷

2. 心流理论的模型

希斯赞特米哈伊❸构建了一个心流体验图，如图 4-1 所示，纵轴为挑战，横轴为技巧，他通过比较技巧和挑战的匹配程度来解释心流活动及心流体验，后来此图也被称作心流三通道模型。

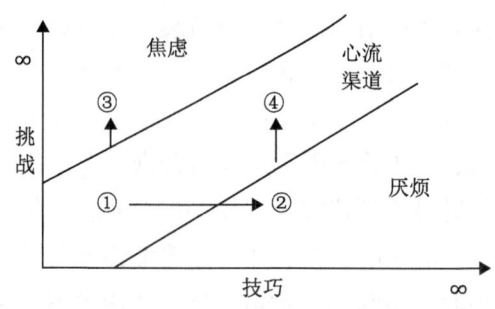

图 4-1 心流三通道模型图

在图 4-1 心流三通道模型图中，心流体验分为四个阶段：第一阶段，挑战比较低、不需要多少技巧，人们在一开始的活动过程中获得满足感和愉悦感，进入一种心流状态；第二阶段，随着时间的推移，技巧进步了，而挑战不变，活动过程中人们慢慢感到厌烦；第三阶段，技巧不高，而挑战难度很大，在活动过程中人们会因自己拙劣的表现产生焦虑；第四阶段，挑战较高、技巧进步，在活动过程中人们重新进入心流状态。在第二阶段，通过加强挑

---

❶ 米哈里·希斯赞特米哈伊. 创造力：心流与创新心理学 [M]. 黄珏苹，译. 杭州：浙江人民出版社，2014：106-107.

❷ Guo Z X, Xiao L, Toorn C V, etc. Promoting online learners' continuance intention: An integrated flow framework [J]. Information & Management, 2016, 53 (2)：279-295.

❸ 米哈里·希斯赞特米哈伊. 当下的幸福：我们并非不快乐 [M]. 张定绮，译. 北京：中信出版社，2011：100-102.

战,人们可以回到心流状态;在第三阶段,人们只有通过努力掌握个人技巧才能回到心流状态。

挑战的难度和个人技巧都处于较低水平时,参与者很难进入心流状态,而会出现冷漠情绪。❶ Massimini F 等由此提出了心流四通道模型,包含焦虑、冷漠、心流与无趣四个状态,如图 4-2 所示。❷

图 4-2 心流四通道模型图

在图 4-2 心流四通道模型图中,较低的个人技能匹配较低的挑战难度定义为淡漠,较低的个人技能匹配较高的挑战难度定义为焦虑,较高的个人技能匹配较低的挑战难度定义为厌烦,较高的个人技能匹配较高的挑战难度才能进入心流状态。

3. 心流体验的特征

希斯赞特米哈伊❸概括了心流体验的九个特征。

(1) 清晰的目标。在日常生活和工作中,清晰、明确的目标,有助于人们全神贯注地投入,容易使人们达到心流状态。而缺乏明确的目标,则无须全力投入,难以产生心流。

(2) 即时反馈。与通常的做事状态相反,在心流体验中,人们知道自己做得怎么样。

(3) 个人技能与任务挑战相匹配。在日常生活和工作中,觉得自己的能力不能表现出应有的能力时,人们会因沮丧而焦虑。或者觉得自己的潜力比表现出的能力更大,人们会因此觉得无趣。在心流体验中,人们感到自己的

---

❶ 刘锦源,曹树金. 心流理论视角下信息检索体验测量与分析 [J]. 图书情报工作, 2017, 61 (8): 67-73.

❷ 金雯婧. 基于心流理论的互联网平台体验购物平台体验设计的研究 [D]. 杭州: 浙江大学, 2016.

❸ 米哈里·希斯赞特米哈伊. 创造力: 心流与创新心理学 [M]. 黄珏苹, 译. 杭州: 浙江人民出版社, 2014: 106-109.

能力与行动非常匹配。

（4）行动与知觉相融合。在日常生活和工作中，人们有时不能全力投入在相关挑战上，如正在工作的人想着周末如何度过。而在心流体验中，人们的注意力集中于正在做的事情上。

（5）专注于所做的事情。在心流体验中，人们只觉察到与此时此刻相关的事情。心流状态下人们的注意力高度集中于当下的结果，容易摆脱日常生活中对抑郁和焦虑的恐惧感。

（6）潜在的控制感。当处在心流体验中时，因为投入而不会考虑失败，有一种"一切皆在掌控中"的感觉，是否失败的问题甚至都没出现，人们清楚必须要做什么，潜在的能力能够胜任挑战。

（7）失去自我意识。在日常生活中，人们会在意他人的看法，并为能否给他人留下好印象而忧心忡忡，这种自我意识是一种负担。在心流体验中，人们全神贯注地投入，产生一种与环境融为一体的体验，忘记自我与外部环境的存在。在心流结束后，人们觉得自己已经走出了自我的边界，成为更大存在体的一部分，至少暂时是这样。

（8）时间体验失真。当人们处在心流体验中时，其时间感会变得紧凑，甚至会忘记时间的存在。时钟上的时间不再与感觉到的时间相等，感觉过去了多长时间取决于人们在做什么。

（9）自身有目的的体验。希腊词语 autotelic 指的是某些事情本身就是终点。例如，艺术、音乐等活动通常本身就是目的，除了感受活动带来的体验外，没有其他原因。如果工作和家庭生活本身变成了目的，那么生命中的凡事都不是浪费，人们所做的每一件事都是因为它本身就值得去做。在有清晰目标的活动中，心流体验发生时，人们会全神贯注地投入活动中，而不是纠结于活动的结果上。

二、心流引入公众获取政府信息网络渠道使用意愿模型的意义

1. 心流理论的应用研究

伴随着信息技术的发展，国外心流理论的应用研究由最初集中在教育、运动、心理、休闲等方面，延伸至人机互动层面，以及伴随信息技术而产生的如网络购物、网络游戏、远程课程以及远程医疗等。心流理论适用于解释互联网使用、电子商务及其他以电脑和视频为媒介的行为现象，是一种高层

次的内在动机。❶ Pace❷ 采用扎根理论研究方法，通过系统地收集和分析相关数据，建立网络用户心流体验理论，探讨不同性别、年龄、教育程度、职业和网络经验对网络心流体验的影响。Choi 等❸构建了一个基于心流理论的网络学习模型，实证研究发现，心流体验起着关键作用，对学习结果有直接和间接的影响，对更好地理解网络学习颇有意义。Guo 等❹构建了一个基于心流理论的整合模型，既分析学生持续学习的心流体验的影响因素，又分析心流体验对在线持续学习的影响。研究结果表明，远程呈现是学生在线学习心流体验最重要的影响因素，感知娱乐价值是心流体验对学生在线持续学习影响中最重要的中介因素。Ozkara 等❺采用实证研究的方法针对心流对在线购物的影响进行了研究，结果表明，心流最有价值的前提是在线购物的反馈，感知享乐价值、感知控制感、行动与知觉的融合维度对在线购物趋势有积极的影响，而对时间体验失真有消极的影响。

国内关于心流理论的应用研究，主要是在借鉴国外心流体验模型的基础上与具体研究主题相结合，主要集中在网络课程、网络购物、在线游戏、微信等移动网络体验等方面。陈洁等❻从"心流体验"视角探索影响在线消费者购物行为的因素，主要分析消费者的心流体验与他们重返购买意愿和无计划性购买行为之间的关系。李晶等❼通过分析网络信息搜索、网络信息偶遇、网络信息共享、网络信息利用等典型的用户信息行为，总结了心流体验理论在网络信息行为领域的应用。研究结果表明，浏览网页信息时产生的心流体验将有利于知识的增长，并促成积极面对信息的态度和行为，有着玩家和消费者双重身份的个体能产生心流体验，

---

❶ Mathwick C, Rigdon E. Play, flow, and the online search experience [J]. Journal of: Consumer Research, 2004, 31 (2): 324-332.

❷ Pace S. A grounded theory of the flow experiences of Web users [J]. International Journal Human-Computer Studies, 2004, 60 (3): 327-363.

❸ Choi D H, Kim J, Kim S H. ERP training with a web-based electronic learning system: the Flow theory perspective [J]. International Journal of Human-Computer Studies, 2007, 65 (3): 223-243.

❹ Guo Z X, Xiao L, Toorn C V, etc. Promoting online learners' continuance intention: An integrated flow framework [J]. Information & Management, 2016, 53 (2): 279-295.

❺ Ozkara B Y, Ozmen M, Kim J W. Examining the effect of flow experience on online purchase: A novel approach to the flow theory based on hedonic and utilitarian value [J]. Journal of Retailing & Consumer Services, 2017 (37): 119-131.

❻ 陈洁, 丛芳, 康枫. 基于心流体验视角的在线消费者购买行为影响因素研究 [J]. 南开管理评论, 2009 (2): 132-140.

❼ 李晶, 王文韬. 心流体验理论在网络信息行为领域的应用 [J]. 情报资料工作, 2015 (2): 62-66.

进而分享与自己的工作、家庭、收入等有关的个人信息。熊巍等❶通过实证研究构建了在移动社交情境下心流体验对用户黏性的影响机制模型。研究证明，感知有用性、互动性、娱乐性和涉入度这四个前因变量对心流体验均有显著的正向影响，用户心流体验能显著地正向影响用户黏性。刘锦源等❷认为基于心流理论设计的量表是测量信息检索体验的有效工具，通过实证研究发现，技巧与挑战水平及两者的匹配程度是影响信息检索体验的关键变量，技巧与挑战匹配且都处于高水平的心流通道体验最佳。

总之，在心流理论的应用研究中，学者们基于经典的心流理论维度，对心流的条件、体验和结果的因素划分和使用各有侧重，不同学者结合自己研究对象的需要特点，构建符合自己研究问题的新理论模型。

2. 心流引入公众获取政府信息网络渠道持续意愿模型的意义分析

公众获取政府信息网络渠道使用是处于虚拟的网络环境中，心流理论在解释影响公众行为的情感和认知方面具有重要意义。

其一，随着信息系统的发展和广泛应用，学术界也将眼光从关注解释用户行为的外在动机的作用，慢慢转向研究内在动机和情感的影响。而心流理论就是一种解释为何人们会全神贯注地投入某些日常活动、完全投入情境当中的一种心理学理论。心流引入公众获取政府信息网络渠道持续意愿模型中，可以用来分析如何让公众在网络获取政府信息的时候也有心旷神怡、忘记时间、忽略环境影响的心流状态。

其二，在公众通过网络渠道获取政府信息时，网络渠道获取政府信息为公众提供了获取和管理的自由，不用受时间、空间等的限制，但是很多用户却表现出缺乏动力，这种缺乏动力可能由多方面的原因造成，如网络渠道获取政府信息缺乏亲自的、面对面的工具指导和关注，用户需要更独立地查找信息，并且需克服获取信息过程中出现的困难和挑战。陈晓春等❸指出，公民的采纳程度成为我国电子政务发展的主要障碍之一。心流理论已被广泛运用于解释用户的在线连续性行

---

❶ 熊巍，王舒盼，潘琼. 微信移动社交用户心流体验对用户粘性的影响研究 [J]. 新闻界，2015 (7): 13-18, 59.

❷ 刘锦源，曹树金. 心流理论视角下信息检索体验测量与分析 [J]. 图书情报工作，2017, 61 (8): 67-73.

❸ 陈晓春，赵珊珊，赵钊，等. 基于 D&M 和 TAM 模型的电子政务公民采纳研究 [J]. 情报杂志，2016, 32 (16): 133-138.

为。引入心流理论,是期望运用心流理论使经常有心流体验的人找到更高的学习动力、更积极的行为、更多的创造力和更高的自信心。

其三,在"服务型政府"时代,公众体验日益受到重视,心流理论在解释影响在线消费者行为的情感和认知因素方面有重要意义。[1] 同理,心流理论从心理学角度为研究公众体验及相关的公众获取政府信息网络渠道使用行为提供了新的视角。

第二节 公众获取政府信息网络渠道使用意愿概念模型的构建

在心流理论与行为意愿的研究中,学者们结合自己研究对象的需要特点,对心流的条件、体验和结果的因素划分和使用各有侧重。Guo 等[2]对在线学习者持续意愿进行研究,发现在线学习者的心流体验对持续学习的全部或部分影响中,每个心流变量只是因果链中的部分因素,通过在一个模型中整合心流的条件、体验和结果等一系列因素,可以更好地理解心流对在线持续学习的影响,以及影响的具体路径。基于此,为了更全面地理解心流对公众政府信息获取网络渠道持续使用意愿的影响,以及影响的具体路径,本书将整合公众网络渠道获取政府信息心流的条件、体验和结果等一系列因素,将心流看作包含条件因素、体验因素和结果因素的某一过程。通过探索公众个人自身差异性、政府信息网络渠道特征、公众政府信息获取网络渠道使用体验(心流体验)与公众政府信息获取网络渠道使用意愿的关系,分析公众个人技能与任务挑战相匹配、清晰的目标、即时反馈维度等三个方面对心流体验的影响,以及心流体验对公众政府信息获取网络渠道持续使用意愿的影响。首先,研究"影响网络渠道获取政府信息的公众心流体验产生的条件因素",在文献的基础上选取公众个人技能与任务挑战相匹配、清晰的目标、即时反馈三个维度来衡量网络渠道获取政府信息的公众"心流体验"产生的因素(心流条件因素);其次,以"网络渠道获取政府信息的公众心流体验"(心

---

[1] 陈洁,丛芳,康枫. 基于心流体验视角的在线消费者购买行为影响因素研究 [J]. 南开管理评论,2009 (2): 132-140.

[2] Guo Z X, Xiao L, Toorn C V, etc. Promoting online learners' continuance intention: An integrated flow framework [J]. Information & Management, 2016, 53 (2): 279-295.

流体验因素）为主体，主要分析网络渠道获取政府信息的公众心流体验与他们持续使用意愿之间的关系（心流结果因素）。

一、潜在变量的选取

1. 心流条件因素

（1）个人技能与任务挑战相匹配维度。"个人技能与任务挑战相匹配"是心流体验理论的九个特征之一，它指出个体所感知到的自己已有的技能水平与外在活动的挑战性相平衡是引发心流体验的关键。当个体自身的技能与外在活动的挑战性呈最佳平衡状态时，个体才可能完全融入活动，并从中获得心流体验。希斯赞特米哈伊指出，一个人是否有心流体验，取决于个人对自身的技能水平和任务挑战性的感知程度，如果任务提供的挑战与个体所感知到的自己已有的技能水平相当，那么心流体验将会增加。反之，人们可能会有消极情绪，如紧张、焦虑或厌倦。心流体验对活动挑战性与技能水平相平衡的观点与人类固有的心理需求相一致，有助于推动最佳的获取信息活动体验。当个人不断提高自身的技能，以应对不断发展的外在环境所引发不断复杂的活动，并且变得越来越有能力有效地完成手头的任务，他们便更容易感到活动是有趣和愉快的，这也导致他们的身心得到不断的发展。相应地，他们的表现和发展将最大化。

公众通过网络渠道获取政府信息时，个人技能与任务挑战相匹配集中于公众理解他们所具有的承担任务的能力，了解任务挑战和自身应对挑战的能力之间的平衡。如果通过网络渠道获取政府信息的挑战性较大，他们很可能会不堪重负，因为他们将不得不付出额外的努力。反之，如果用户的技能水平超过了他们所面临的挑战，他们可能会感到无聊和失去兴趣。为了让公众充分参与网络渠道获取政府信息，一定程度的挑战（例如讨论主题）和技能（例如背景信息或知识）是必需的。基于此，本书提出以下假设：

H1a：个人技能与任务挑战相匹配与公众通过网络渠道获取政府信息过程中的心流体验有正相关关系。

（2）清晰的目标维度。"清晰的目标"是希斯赞特米哈伊心流理论的重要元素之一。希斯赞特米哈伊认为，当一个人对他们着手的任务有清晰的目标，他们就会有明确的方向指引或能够专注于活动的要点，从而促成注意力的集中。❶ 没有明确的方向，人们很可能会受不相关的线索干扰而分心。

公众通过网络渠道获取政府信息时，由于网络渠道没有机会立即与政府工作人员面对面沟通或咨询他们所需要解答的问题，清晰的目标就变得尤为重要。如果网络渠道为公众提供的政府信息内容能给公众一个清晰的目标，人们专注于活动，就有促成最佳体验产生的可能。反之，若人们发现通过网络渠道获取政府信息的活动会使自己产生困惑，他们可能会逐渐失去兴趣。基于此，本书提出以下假设：

H1b：清晰的目标与公众通过网络渠道获取政府信息过程中的心流体验有正相关关系。

（3）即时反馈维度。"即时反馈"是心流体验产生的一个重要原因。当个人得到正在执行的任务的即时明确反馈，他们可以判断自己是否达成了上个环节设定的目标，从而确定下一个环节的目标，用户与他人互动的质量决定了他们在网上活动的心理距离。❷

公众通过网络渠道获取政府信息时，获取信息的过程可能是孤独和孤立的。公众在网络获取政府信息中的表现得到即时反馈，有助于用户在全身心地通过网络渠道获取政府信息的同时得到情感上的鼓舞，有助于使用户的注意力集中到正在进行的活动，从而对实现心流体验产生积极的影响。基于此，本书提出以下假设：

H1c：即时反馈与公众网络渠道获取政府信息过程中的心流体验有正相关关系。

2. 心流体验因素

心流体验中，当进入一种心流状态，人们会全神贯注地投入，过滤掉不相关的知觉，忘记时间和外部环境的存在。为了与希斯赞特米哈伊的心流定义相一致，研究中可以将"心流体验"作为二阶反映的概念由相应的一级维度反映出来。❸ 本书中的"心流体验"将由相应的一级维度"专注于所做的事情""潜在的控制感""失去自我意识""时间体验失真"反映出来，这四

---

❶ Guo Z X, Xiao L, Toorn C V, etc. Promoting online learners' continuance intention: An integrated flow framework [J]. Information & Management, 2016, 53 (2): 279-295.

❷ Hoffman D L, Novak T P. Flow online: lessons learned and future prospects [J]. Journal of Interactive Marketing, 2009, 23 (1): 23-34.

❸ Guo Z X, Xiao L, Toorn C V, etc. Promoting online learners' continuance intention: An integrated flow framework [J]. Information & Management, 2016, 53 (2): 279-295.

个一级维度整合为一个变量就是心流体验因素。也就是说,"心流体验"意味着注意力集中、完全投入及内在的愉悦感,而注意力集中和完全投入导致"时间感"丧失、自我意识丧失。

公众通过网络渠道获取政府信息过程中的心流体验,就是公众通过网络渠道获取政府信息时,网络渠道能够使公众轻松浏览网页,找到他们所需要的政府信息,公众还可以在社交平台上与工作人员沟通,与其他用户进行互动,对当前政府信息获取活动高度投入,对自身的行为和周围的环境有较好的控制感,当前体会到发自内心的愉悦感、自我意识的暂时丧失、时间体验失真。

3. 心流结果因素

虽然心流在促进个人获得积极的体验和持续意图方面的重要性得到了很好的展现,但是参与者在经历最佳心流体验之后为何愿意继续活动呢?在网络课程的研究中,在经历了心流体验之后,学生持续使用在线课程,是因为他们在与网络学习系统的互动中感知到实用价值(学习到所需知识)和享乐价值(获得享受),而感知价值会影响他们的满意度,从而增强他们的持续意愿,所以在网络环境中人们执行活动时的心流体验被认为会产生积极的价值评估。[1] 心流体验常常通过感知实用价值、享乐价值和用户满意度的中介作用来影响持续使用意愿。公众通过网络渠道获取政府信息时,心流的条件因素会影响心流体验的产生,心流体验又通过感知实用价值、享乐价值和用户满意度这些中介变量对网络渠道使用意愿产生显著的间接影响。这些调解变量可能是因果链的一部分,使得用户从网络渠道获取政府信息获得的心流体验首先通过改变中介变量来产生其持续意愿的全部或部分影响。本书采用"感知享乐价值"(perceived hedonic value,PHV)、"感知实用价值"(perceived utilitarian value,PUV)、"满意度"(satisfaction,SAT)、"持续使用意愿"(continuance intention,CI)来衡量心流结果,并作为心流体验对公众通过网络渠道获取政府信息产生其持续意愿的全部或部分影响的中介变量。"感知享乐价值"描述了在线获取政府信息的潜在娱乐和情感价值,而不是实现任何最终目标。"感知实用价值"是用户对通过网络渠道获取政府信息目标的达成和问题解决方面进行的认知评估。两种类型的价值代表了比一般消费体验模

---

[1] Kujala S, Väänänen-Vainio-Mattila K. Value of information systems and products: understanding the users' perspective and values [J]. Journal of Information Technology Theory & Application, 2008 (9): 1-18.

型中关键结果变量的更全面的图景。

（1）心流体验与感知享乐价值和感知实用价值。希斯赞特米哈伊等研究者认为，感知享乐是心流体验的一个重要结果，舒适和享受的幸福感是享乐的结果，本质上有益的体验伴随着积极的体验品质。❶ 按照这一推理可知，公众获取政府信息网络渠道的使用促成公众最佳体验的感觉，可以使公众从中感知享乐价值。心流体验，与认知专注状态类似，对技术使用者的感知有用性有显著影响，即当公众在网络渠道获取政府信息中经历最佳的心流状态时，他们很可能会认为这个活动是有用的。Wang 等❷认为网络用户的感知享乐价值和感知实用价值可以从积极的心流体验中获得。基于此，本书提出以下假设：

H2a：公众通过网络渠道获取政府信息过程中的心流体验与感知享乐价值之间存在着积极的关系。

H2b：公众通过网络渠道获取政府信息过程中的心流体验与感知实用价值之间存在着积极的关系。

（2）感知价值与满意度和持续意图的关系。消费者的感知价值被认为是了解消费者如何评估消费体验，这种消费体验是决定消费者整体满意度和行为意愿的影响因素。❸ 公众通过网络渠道获取政府信息时，心流体验对公众感知享乐价值和感知实用价值产生直接影响，公众的心流体验将间接地通过感知享乐价值和感知实用价值而使公众的相关需求获得满足，随着公众的心流体验增加，这种感知网络渠道的享乐价值和实用价值，反过来又会提高他们通过网络渠道获取政府信息的满意度。基于此，本书提出以下假设：

H3a：公众通过网络渠道获取政府信息的心流体验通过感知享乐价值与满意度之间形成正相关关系。

H3b：公众通过网络渠道获取政府信息的心流体验通过感知实用价值与满意度之间形成正相关关系。

---

❶ Guo Z X, Xiao L, Toorn C V, etc. Promoting online learners' continuance intention：An integrated flow framework [J]. Information & Management, 2016, 53 (2)：279-295.

❷ Wang L C, Baker J, Wagner J A, etc. Can a retail web site be social? [J]. Market, 2007, 71 (3)：143-157.

❸ Ryu K, Han H, Jang S S. Relationships among hedonic and utilitarian values, satisfaction and behavioral intentions in the fast-casual restaurant industry [J]. International Journal of Contemporary Hospitality Management. 2010, 22 (3)：416-432.

感知享乐价值和感知实用价值都应该对公众通过网络渠道获取政府信息持续意图产生影响。感知实用价值被认为是用户持续使用意图的重大影响因素，感知享乐价值对促进公众持续使用网络渠道获取政府信息也有重要作用。❶ 公众感知到通过网络渠道获取政府信息的价值后，可能选择通过网络渠道获取政府信息，随着感知价值的增加，心流体验对持续使用意愿的影响逐渐得到实现。基于此，本书提出以下假设：

H3c：公众通过网络渠道获取政府信息的心流体验通过感知享乐价值与持续使用之间形成正相关关系。

H3d：公众通过网络渠道获取政府信息的心流体验通过感知实用价值与持续使用意愿之间形成正相关关系。

根据期望确认理论可知，用户满意度和持续意图之间存在正相关关系，也就是说，如果通过网络渠道获取政府信息的公众对自己的体验感到满意，他们可能渴望继续采纳网络渠道获取政府信息。基于此，本书提出以下假设：

H3e：公众通过网络渠道获取政府信息的心流体验通过满意度对公众持续意图形成正相关关系。

根据以上各节的分析，本书设计了基于心流理论的公众获取政府信息网络渠道使用意愿概念模型，如图4-3所示。

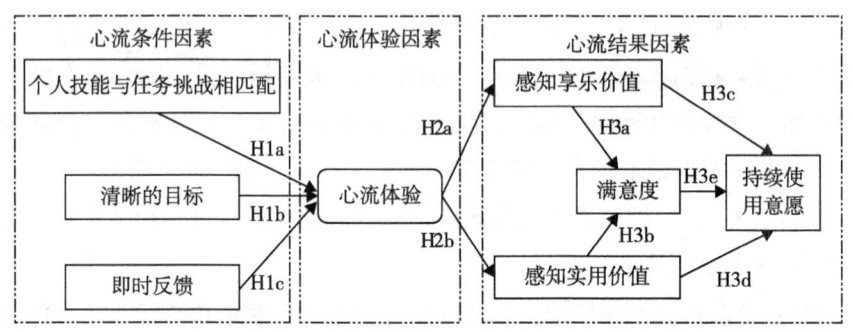

图4-3 基于心流理论的公众获取政府信息网络渠道使用意愿概念模型

---

❶ 朱红灿，廖小巧. 基于UTAUT的公众政府信息获取网络渠道使用意愿模型研究［J］. 情报杂志，2016，35（8）：204-207.

二、变量测度设计

本研究中的个人技能与任务挑战相匹配、即时反馈、清晰的目标、专注于所做的事情等潜在变量的变量测度设计主要基于 Csikszentmihalyi 的心流理论；心流体验主要以专注于所做的事情、潜在的控制感、失去自我意识、时间体验失真四个一级维度为基础，满意度主要以三个独立但相关的测量组成为基础，包括感知学习过程满意度、感知学习成果满意度和积极的学习态度，❶ 并结合我国的实际情况进行编制，最终建立的测度指标体系如表 4-1 所示。

表 4-1 变量测度指标

潜在变量	度量指标	潜在变量	度量指标
个人技能与任务挑战相匹配	自身的技能水平（BCKT1）	感知享乐价值	网络渠道获取政府信息有一种梦幻般的轻松（PHV1）
	技能与挑战相匹配（BCKT2）		网络渠道获取政府信息花费的时间很愉快（PHV2）
	技能能满足任务要求（BCKT3）		沉浸在网络渠道获取政府信息的兴奋中（PHV3）
清晰的目标	知道在网络渠道中要做什么（CGT1）	感知实用价值	通过网络渠道得到想知道的政府信息（PUV1）
	对想做的事情有很强的感觉（CGT2）		通过网络渠道得到所需要的政府信息（PUV2）
	清楚知道想要实现什么（CGT3）		通过网络获取政府信息是有意义的（PUV3）

---

❶ Babin B J, Darde W R, Griffin M. Work and/or fun: measuring hedonic and utilitarian shopping value [J]. Journal of Consumer Research, 1994, 20 (4): 644-656.

续表

潜在变量	度量指标	潜在变量	度量指标
即时反馈	清楚自己的表现（IFT1）	感知学习成果满意度	对自己通过网络获取政府信息的投入质量满意（LOS1）
	知道怎样表现更好（IFT2）		会投入反馈对通过网络获取政府信息的看法（LOS2）
	知道该怎么做好（IFT3）		致力于通过网络渠道获取政府信息的投入（LOS3）
心流体验	专注于所做的事情	沉迷于通过网络渠道获取政府信息（CTH1）	满意度	感知学习过程满意度	涉及通过网络渠道获取政府信息的过程很有效（LPS1）
		被在线获取政府信息强烈吸引（CTH2）			通过网络渠道获取政府信息的过程令人满意(LPS2)
	失去自我意识	获取政府信息过程中不关心别人的想法（LSC1）			通过网络渠道获取政府信息的过程是协调的(LPS3)
		获取政府信息过程中不担心我的表现（LSC2）		积极的实用态度	通过网络渠道获取政府信息的过程是有益的（PLA1）
		获取政府信息过程中不关心自己的表现（LSC3）			通过网络渠道获取政府信息的过程很好（PLA2）
	时间体验失真	获取政府信息过程中时间似乎改变了（TD1）			完成通过网络渠道获取政府信息感到很荣幸（PLA3）
		获取政府信息过程中感觉时间停了（TD2）		持续使用意愿	将继续通过网络渠道获取政府信息（CI1）
		获取政府信息过程中似乎像慢动作（TD3）			将通过网络渠道获取更多的信息（CI2）
	潜在的控制感	在通过网络渠道获取信息过程中，能应对当前出现的状况（SOC1）			
		在通过网络渠道获取信息过程中，能应对即将出现的后续状况（SOC2）			
		在通过网络渠道获取信息过程中，能应对即将出现的后续行为并做出适当的反应（SOC3）			

第三节　实证研究与结果分析

一、数据的收集与样本特征分析

1. 调查内容与设计

通常情况下，一份完整的问卷包括四个部分：说明词、主体、编码和结束语。主体部分为问卷的核心部分，是问卷中必不可少的部分，其他部分则可以根据需要进行取舍。

以表 4-1 的基于心流理论的公众获取政府信息网络渠道持续使用意愿可测指标集为基础形成问卷问题，主要包括说明词、主体、结束语三部分。其中主体由以下三个部分构成：第一部分是心流条件、体验、结果因素。条件共设计了 9 个问题，目的是调查公众通过网络渠道获取政府信息时的自身的技能与活动的挑战性所呈现的平衡状态；心流体验因素共设计了 11 个问题，目的是调查公众通过网络渠道获取政府信息时所体验的心流状态程度；心流结果因素共设计了 15 个问题，目的是调查公众通过网络渠道获取政府信息时产生心流体验所带来的积极的价值评估。第二部分是持续使用网络渠道获取政府信息的意愿，共设计了 2 个问题。第三部分是问卷答卷者的背景调查，包括被调查者的性别、年龄、学历等问题，共设计了 4 个问题，目的是获取被调查者的个人背景材料。依此设计的基于心流体验的公众网络渠道获取信息使用意愿研究调查问卷，见附录 B。

2. 调查问卷收集的方法

本次实证调查采取了当面调查法和问卷平台网络调查的方法。当面调查时所选取的研究对象为陕西省西安市、商洛市城市和乡镇的从事不同行业的民众，调查对象包括政府部门工作人员、企事业单位工作人员、城镇居民及农村村民等，共投放问卷 315 份，其中有效问卷 226 份，有效率为 71.7%。问卷平台网络调查时，选取的研究对象来自社交平台，主要研究对象为广州、佛山、东莞、西安、贵阳、湘潭等地的政府部门工作人员、企事业单位工作人员、城镇居民及农村村民等，共投放问卷 565 份，其中有效问卷 340 份，有效率60.2%。数据收集时间从2017年2月至2018年4月。调查样本的相应的人口统计特征分析如下。

性别分布情况：

调查对象的性别比例情况如图4-4所示。

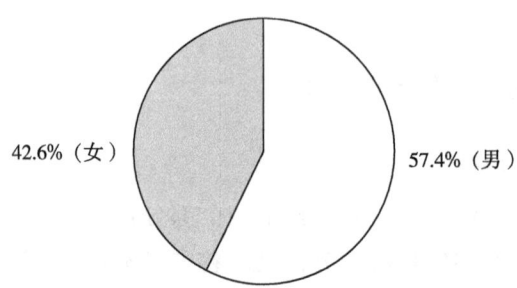

图4-4　调查对象性别比例情况

年龄分布情况：

调查对象的年龄分布情况如图4-5所示。其中，25~49岁年龄的人群占总样本的83.6%。

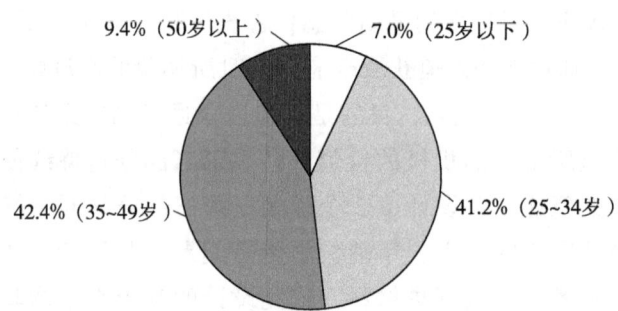

图4-5　调查对象年龄分布情况

受教育程度分布情况：

调查对象的受教育程度分布情况如图4-6所示。

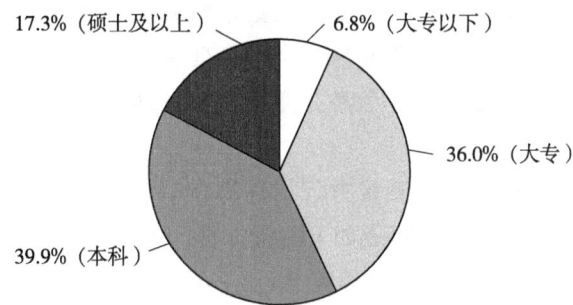

图 4-6　调查对象受教育程度分布情况

上网频率分布情况：

调查对象的上网频率情况如图 4-7 所示。

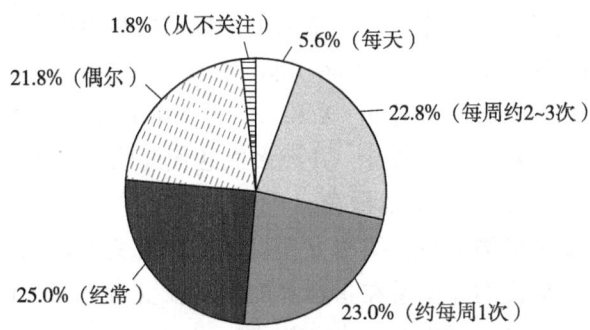

图 4-7　调查对象上网频率分布情况

由图 4-7 可知，经常上网的人占 76.4%，这与《2016 年第 39 次中国互联网络发展状况统计报告》中的我国互联网普及率 53.2%[1]一致，说明网络渠道受到越来越多人的青睐。

二、模型检验

1. 方法选取

本研究将采用偏最小二乘法分析技术—结构方程建模（Partial Least Squares Structural Equation Modeling，PLS-SEM）方法对收集到的样本数据进行检验和分析。

---

[1] 2016 年第 39 次中国互联网络发展状况统计报告［EB/OL］.［2017-01-24］. http://www.cac.gov.cn/2017-01/22/c_1120352022.htm.

结构方程模型主要通过引入潜在变量来研究抽象变量之间的因果结构关系。采用该方法可以方便地研究每一个潜在变量与其可测变量集合之间的关系，也可以得到一个能综合各个潜在变量且很好地代表系统中所有指标变量的综合指数。

测量数据的统计分析：测量方程描述潜在变量与指标之间的关系。可测变量与潜变量间的关系通常写成如下测量方程，可用下列公式与文字描述：

$$X = \Lambda_x \xi + \delta$$
$$Y = \Lambda_Y \eta + \varepsilon \qquad ①$$

其中，X 为外源（exogenous）指标组成的向量；Y 表示内生（endogenous）指标组成的向量；ξ 代表外源隐变量组成的向量；η 代表内生因变量组成的向量；Λ_x 表示外源指标与外源潜变量之间的关系，是外源指标在外源潜变量上的因子负荷矩阵；Λ_Y 表示内生指标与内生潜变量之间的关系，是内生指标在内生潜变量上的因子负荷矩阵；δ 表示外源指标 x 的误差；ε 表示内源指标 Y 的误差项。通常情况下，X 和 Y 为可测量的样本；而 Λ_x 和 Λ_Y 为用偏最小二乘法对测量样本进行估计，并经多次迭代能收敛的系数。当测量的 X 和 Y 的样本越大时，Λ_x 和 Λ_Y 越精确。

模型变量的结构分析：结构方程模型描述隐变量之间的关系。结构模型规定了系统中假设的外源潜在指标和内生潜在变量之间的因果关系。对于隐变量间的关系，通常写成如下结构方程❶：

$$\eta = B\eta + \Gamma\xi + \zeta \qquad ②$$

其中，B 为内生潜变量间的关系；Γ 为外源潜在变量对内生潜在变量的影响；ζ 为结构方程的残差项，反映了 η 在方程中未能被解释的部分。B 和 Γ 是根据潜在变量之间的区组结构、内部关系和因果预测关系进行预测得到的关系和影响因素，结构方程②迭代的次数越多，B 和 Γ 的精确度就越高。

在上述结构方程模型中需要满足以下条件：

①隐变量 η、ξ 与残差 ζ 互不相关；

② η 与其对应的测量误差 ε 不相关，隐变量 ξ 与其对应的测量误差 ε 不相关。

模型参数估计方法：模型参数估计就是通过建立回归模型，实现隐变量和显变量一致。PLS 是将主成分分析与多元回归结合起来的迭代估计，是一

---

❶ 侯杰泰，温忠麟. 结构方式模式及其应用 [M]. 北京：北京教育科学出版社，2004.

种因果建模的方法。❶

2. 测量模型检验

验证测量模型有效性时，通常从收敛效度和区分性等方面来表现。收敛效度主要从别项目的信度、潜在变量组成信度与潜在变量的平均方差萃取等三项指标来衡量，如果三项指标均符合，则通过收敛效度检验。表4-2是潜变量因素负荷量。表4-3是测量模型的 R^2、CR 和 $Cronbachs\ Alpha$ 系数，表4-4是平均方差萃取值 AVE、AVE 平方根和相关系数。

表4-2 潜变量因素负荷量

潜在变量	测量变量	负荷量	潜在变量	测量变量	负荷量	潜在变量	测量变量	负荷量
个人技能与任务挑战相匹配	BCKT1	0.808	心流体验	CTH1	0.847	满意度	LOS1	0.808
	BCKT2	0.801		CTH2	0.841		LOS2	0.787
	BCKT3	0.816		LSC1	0.787		LOS3	0.874
清晰的目标	CGT1	0.914		LSC2	0.805		LPS1	0.855
	CGT2	0.904		LSC3	0.747		LPS2	0.795
	CGT3	0.864		SOC1	0.839		LPS3	0.833
即时反馈	IFT1	0.903		SOC2	0.825		PLA1	0.816
	IFT2	0.874		SOC3	0.799		PLA2	0.847
	IFT3	0.861		TD1	0.841		PLA3	0.865
感知享乐价值	PHV1	0.862		TD2	0.830	感知实用价值	PUV1	0.932
	PHV2	0.846		TD3	0.800		PUV2	0.853
	PHV3	0.859	持续使用意愿	CI1	0.769		PUV3	0.841
				CI2	0.832			

表4-3 测量模型的 R^2、CR 和 Cronbach's Alpha 系数

潜在变量	R^2	CR	Cronbach's Alpha
个人技能与任务挑战相匹配	—	0.849	0.734

---

❶ 凌元辰，曹力，白京. 基于 PLS-SEM 模型的民航客户忠诚度研究 [J]. 中国管理科学，2009, 17 (2): 140-145.

续表

潜在变量	R^2	CR	Cronbach's Alpha
清晰的目标	—	0.923	0.874
心流体验	0.844	0.956	0.949
即时反馈	—	0.911	0.853
感知享乐价值	0.256	0.891	0.817
感知实用价值	0.149	0.885	0.806
满意度	0.700	0.953	0.944
持续使用意愿	0.453	0.929	0.847
总体			0.961

表4-4 平均方差萃取值AVE、潜在变量间相关系数与AVE平方根值（对角线上加粗）

潜在变量	AVE	BCKT	CGT	IFT	Flow	PHV	PUV	SAT	CI
个人技能与任务挑战相匹配	0.653	**0.808**							
清晰的目标	0.799	0.490	**0.894**						
即时反馈	0.773	0.364	0.399	**0.879**					
心流体验	0.665	0.768	0.738	0.641	**0.815**				
感知享乐价值	0.732	0.432	0.466	0.378	0.506	**0.856**			
感知实用价值	0.720	0.332	0.306	0.311	0.386	0.270	**0.849**		
满意度	0.691	0.425	0.450	0.350	0.500	0.697	0.633	**0.832**	
持续使用意愿	0.868	0.286	0.259	0.229	0.315	0.586	0.266	0.631	**0.931**

从表4-2可以看出，每个测量变量与其对应潜在变量间具有较高的相关系数，所有测量变量的因素负荷值均超过0.5，说明可测变量可以较好地解释潜在变量；从表4-3可知，问卷整体信度系数为0.961，具有较高的可信度。各潜在变量的 CR 值都大于0.849，Cronbach's Alpha 值都大于0.734，说明所有测量模型都具有良好的内部一致性，可通过信度检验；从表4-4可知，潜在变量间的平均方差萃取AVE在0.653和0.868之间，并且对角线上每个潜在变量的AVE平方根值都大于该变量与其他变量之间的相关系数。综上说明，本研究中的测量模型都具有良好的区别效度，验证了测量模型的有效性。

3. 结构模型检验

结构模型验证检验假设、显著性检验和评估整个模型的解释力。分析所得的基于心流理论的公众获取政府信息网络渠道持续使用意愿 PLS 结构方程模型如图 4-8 所示。

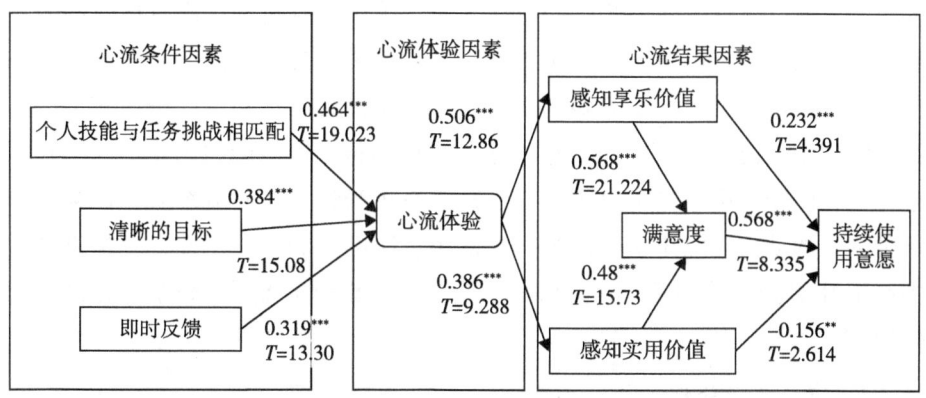

图 4-8 基于心流理论的公众获取政府信息网络渠道持续使用意愿 PLS 结构方程模型

*$p<0.05$；**$p<0.01$；***$p<0.001$

当 T 值>1.96，表示 a 值为 0.05 的显著水平以 * 表示；当 T 值>2.58 以 ** 表示，表示已达到 a 值为 0.01 的显著水平；当 T 值>3.29，则表示已达到 a 值为 0.001 的显著水平，以 *** 表示。

由图 4-8 可以看出，心流体验由个人技能与任务挑战相匹配（$b=0.464$，$p<0.001$）、清晰的目标（$b=0.384$，$p<0.001$）、即时反馈（$b=0.319$，$p<0.001$）共同决定，这些因素总共解释了（R^2）84.4%（见表 4-3），说明心流体验的三个条件因素对心流体验都有显著的正向影响，其中即时反馈维度对心流体验的影响低于个人技能与任务挑战相匹配、清晰的目标维度，可能是因为公众通过网路渠道获取政府信息，不像传统的面对面向工作人员咨询的方式能很快就得到回应，智能应答并不能如人工回复那样理解得很准确，因此，公众对通过网路渠道获取政府信息的即时反馈期望不太高。但是随着大数据、深度学习的快速发展，通过网路渠道获取政府信息可以从大数据分析中得到快速、准确的回应，网络渠道表现维度对公众通过网络渠道获取政府信息的心流体验的影响也就越来越重要。

心流体验对感知享乐价值（$b=0.506$，$p<0.001$）、感知实用价值（$b=0.386$，$p<0.001$）都有显著的正向影响。满意度由感知享乐价值（$b=0.568$，$p<0.001$）、感知实用价值（$b=0.48$，$p<0.001$）共同决定，这两个因素总共解释了（R^2）70%（见表 4-3）。公众通过网路渠道获取政府信息的持续使用意愿由感知享乐价值（$b=0.232$，$p<0.001$）、感知实用价值（$b=-0.156$，

$p<0.01$）、满意度（$b=0.568$，$p<0.001$）共同决定,这些因素总共解释了（R^2）45.3%（见表4-3）,说明了心流体验通过感知享乐价值、感知实用价值对满意度有显著正向影响,心流体验通过感知享乐价值、满意度对网络渠道持续使用意愿有正向显著影响,感知享乐价值对持续意图的满意度的影响比感知实用价值对满意度的影响强。而心流体验通过感知实用价值对网络渠道持续使用意愿呈显著负向影响,这与假设不符,可能的原因是,与感知享乐相比,感知有用性与用户的外在激励关系更密切,而心流经验可以被看作一种内在的动力,感知享受是对行为使用意图的预测,比感知在虚拟世界中的有用性更强,信息系统的享乐特征的主要设计目标是鼓励持续和长期使用。❶

4. 中介效应分析

心流体验通过感知享乐价值、感知使用价值的中介作用,对满意度、网络渠道持续使用意愿的影响分析如下。

(1) 单中介效应测试。单个变量的中介效应测试结果如表4-5所示。

表4-5 单中介效应测试结果

IV	M	DV	IV→DV c	IV→M a	IV+M→DV IV (c')	IV+M→DV M (b)	中介	间接效应 a×b
Flow	享乐	满意	0.700**	0.654**	0.527**	0.263**	局部	0.172**
Flow	实用	满意	0.700**	0.317**	0.622**	0.246**	局部	0.078**
Flow	享乐	持续	0.484**	0.654**	0.308**	0.269**	局部	0.176**
Flow	实用	持续	0.484**	0.317**	0.515**	-0.098	不介导	-0.031

注1: IV代表自变量,M代表调节变量,DV代表因变量,Flow代表心流体验,享乐代表感知享乐价值,实用代表感知实用价值,满意代表满意度,持续代表持续使用意愿。

*表示在0.05水平显著,**表示在0.01水平显著。

注2: 中介效应测试步骤:

步骤1: IV→DV 显著（M去除）。

步骤2: IV→M (a) 显著。

步骤3: IV+M→DV (M增加)。

(a) 如果 M (b) 显著, IV (c') 不显著,则 M 完全介导 IV 对 DV 的影响。

---

❶ Zhou Z, Fang Y, Vogel D R, etc. Attracted to or locked in? Predicting continuance intention in social virtual world services [J]. Journal of Management Information Systems, 2012, 29 (1): 273-306.

(b) 如果 M (b) 和 IV (c') 均显著，则 M 部分调节 IV 对 DV 的影响。

由表 4-5 可知，心流体验通过感知实用价值、感知享乐价值对满意度有局部中介作用，并且心流体验对满意度有（$p<0.01$）正向显著影响；感知享乐价值局部调节心流体验与持续使用意愿之间的影响，同时心流体验对持续使用意愿有正向显著影响（$p<0.01$）；感知实用价值对心流体验与持续使用意愿没有中介作用。

（2）多中介变量效应测试。通过两个调解变量（感知享乐价值+满意度或感知实用价值+满意度 T）对持续意愿的间接影响是单中介体的扩展，分析结果如表 4-6 所示。

表 4-6　多中介变量测试结果

IV	M1	M2	DV	IV→DV c	IV→M1 a1	IV+M1+M2→DV			中介	间接效应 a1×b1×b2
						IV (c')	M1 (b1)	M2 (b2)		
Flow	享乐	满意	持续	0.484**	0.654**	0.167	0.198*	0.267**	完全介导	0.035**
Flow	实用	满意	持续	0.484**	0.317**	0.259**	-0.199*	0.412**	部分调节	-0.026**

注1：IV 代表自变量，M1 代表介体 1，M2 代表介体 2，DV 代表因变量，Flow 代表心流体验，享乐代表感知享乐价值，实用代表感知实用价值，满意代表满意度，持续代表持续使用意愿。* 表示在 0.05 水平显著，** 代表在 0.01 水平显著。

注2：中介效应测试步骤：
步骤 1：IV→DV 显著，（M1 和 M2 都去除）。
步骤 2：IV→M1（a1）显著。
步骤 3：IV+M1+M2→DV。
(a) 如果 M1（b1）和 M2（b2）显著，IV（c'）不显著，则 M1 和 M2 完全介导 IV 对 DV 的影响。
(b) 如果 M1（b1）、M2（b2）和 IV（c'）均显著，则 M1 和 M2 部分调解 IV 对 DV 的影响。

由表 4-6 可知，享乐价值—满意完全调节心流体验对持续意愿的影响，实用价值—满意局部调节心流体验对持续意愿的影响，且都有显著水平（$p<0.01$）。公众通过网络渠道获取政府信息心流体验通过感知享乐价值和满意度与公众持续意图有显著正相关关系，公众通过网络渠道获取政府信息心流体验通过感知实用价值和满意度与公众持续意图有显著正相关关系。

总之，感知享乐价值、感知实用价值和满意度都扮演了中介变量的角色，以传递心流体验对持续意愿的影响。心流体验对持续意愿的影响可以通过感知价值、满意度的中介进行完全调节或局部调节，公众在通过网络渠道获取政府信息的过程中经历心流体验感知享乐价值、感知实用价值和满意度影响心流体验对持续意愿的作用。

三、实证结果分析

公众在通过网路渠道获取政府信息的过程中产生的心流体验对公众感知价值有显著的积极影响，而感知价值又是公众满意度和网络渠道持续使用意愿的关键因子。当用户经历了最佳心流体验，并且感知享乐价值、实用价值和满足感等，会产生强烈的使用网络渠道获取政府信息的意愿，相反，当用户没有体验到最佳心流体验，会极大地降低其对通过网络渠道获取政府信息的持续使用意愿。而个人技能与任务挑战相匹配、清晰的目标、即时反馈三个维度是公众通过网络渠道获取政府信息过程中产生心流体验的条件因素，对心流体验均有显著正向影响，其中个人技能与任务挑战相匹配对心流体验的影响最大。这说明政府在对网络渠道进行开发设计时，应重点关注公众个人维度，应保证任务的挑战要有伸缩性，这样才能满足不同人群的需求，保证任务的挑战与用户的技能水平相平衡，不但能满足当今用户的技术使用需求，同时还能促进他们不断追求进度，去迎接更有挑战的活动从而产生感知享受和持续的意图。清晰的目标和即时反馈维度，应考虑创造性地利用现在同步通信工具、多媒体技术或3D虚拟现实信息搜索环境等先进的技术来加强计算机生成的虚拟环境的浸入感，从而使用户的整体体验更加愉快；利用社交媒体实现即时反馈，增加公众的参与感。

衡量心流体验的"专注于所做的事情""潜在的控制感""失去自我意识""时间体验失真"四个维度的测量变量，较好地解释了公众通过网路渠道获取政府信息过程中产生的心流体验，由表4-2可知，四个维度的测量变量的因素负荷值最小值为0.747。

相比于感知实用价值，公众感知享乐价值是他们继续使用基于Web的获取政府信息意图的最重要的预测因素。因为公众通过网路渠道获取政府信息过程中产生的心流体验对感知价值的影响中，感知享乐价值对持续意图的影响因子满意度的影响比感知实用价值对满意度的影响强，而公众在经历心流体验后感知实用价值却对公众的持续意愿有抑制作用。感知享乐价值在使公众产生继续通过网络渠道获取信息意图方面所起着重要作用，这与现在人们精神需求的发展趋势相一致，人们乐于享受通过网络渠道获取政府信息的过程，而不是最终的结果。因而，政府不应忽视政府信息网络渠道的愉悦性，应增加公众通过网络渠道获取政府信息的愉快体验，而体验感知享乐价值和满意将会促进公众持续使用，同时也会促进用户与其他人交流甚至推荐，对政府提供的政府信息网络渠道提出修改意见，最终产生持续使用意愿。

| 第五章 |

公众获取政府信息渠道选择模式分析

结合第三、第四章的公众获取政府信息渠道选择模型与实证分析,以及相关实证数据,本章从传统渠道、网络渠道、多渠道情境三个维度探讨公众获取政府信息渠道选择模式。

第一节 公众选择传统渠道获取政府信息模式

以第三章的公众获取政府信息渠道选择模型与实证分析,以及相关实证数据为基础,依据公众选择政府接待渠道、报纸期刊渠道、广播电视渠道获取政府信息的回归分析结果,分析公众选择传统渠道获取政府信息模式;依据公众选择政府网站渠道、政务新媒体渠道、网络搜索渠道获取政府信息的回归分析结果,结合心流理论视角下的公众获取政府信息网络渠道持续意愿实证分析结果,分析公众选择网络渠道获取政府信息的模式;以公共服务渠道管理模型为基础,分析多渠道情境下公众获取政府信息渠道选择模式,以期把握公众获取政府信息渠道选择的关键要素及其选择依据,进而把握政府信息渠道选择公众行为特点。

一、公众选择传统渠道获取政府信息的说明

公共部门提供的传统信息途径有公告栏、报纸或期刊、咨询电话、办公过程中的有偿方式等,公众须到政府部门、图书馆、档案馆等部门的建

筑物内查询信息。❶ 公众获取政府信息可能选择的传统渠道包括广播、电视、报纸、期刊、政府接待厅等。低收入、网络接纳度低的人群通常使用传统渠道来获取政府信息。由何兰满等❷的实证研究可知，城市低收入者获取信息的渠道主要包括电视、报纸、广播等大众传媒，以及图书、杂志等印刷型资料。

传统渠道分为政府接待渠道、报纸期刊渠道、广播电视渠道。政府接待渠道包括各类需到建筑物内、有政府工作人员值守的查询渠道。

公众获取政府信息时对渠道的选择取决于很多因素，这些因素包括性别、年龄、学历、职业、居住区域、地域特征、月收入、单位性质等。其中，居住区域分为华北、东北、西北、华东、华南、华中、西南七个区域；地域特征分为五种，分别是首都、直辖市、省会城市，其他中小城市、县城、乡镇、农村；单位性质分为外企公司、国家机关、事业单位、央企和国企、私营企业等。在获取政府信息的渠道选择和决定的思考过程中，居住区域、地域特征、单位性质等共性条件可能让公众在相同的条件下做出相同的选择，年龄、学历、职业、收入等个性条件可能让公众在相同的条件下做出不同的选择。本章将采用第三、第四章的公众政府信息渠道选择数据进行数据分析，分析公众获取政府信息传统渠道的选择，以观察公众传统渠道选择行为的基本情况和相关指标的关联度，并依此找到公众获取政府信息的传统渠道选择行为规律。

二、公众选择传统渠道获取政府信息的分析

本书将采用非线性模型 Logistic 回归分析方法分析公众选择传统渠道获取政府信息的分类问题，通过 Logisic 非线性回归来分析性别、年龄、学历、职业、居住区域、地域特征、月收入、单位性质对渠道选择的影响，并运用stata12.0 软件来进行运算和分析。

1. 公众选择政府接待渠道获取政府信息的分析

选择政务中心等渠道的 Logistic 回归分析结果如表 5-1 所示。

---

❶ 陈传夫，余梅. 公共部门信息获取途径研究 [J]. 情报理论与实践，2015，38（2）：33-38.

❷ 何兰满，肖永英. 城市低保者日常生活信息获取行为实证分析——以广州市海珠区为例 [J]. 图书馆论坛，2013，33（6）：77-84.

表 5-1　选择政务中心等渠道的 Logistic 回归分析结果

	OR	Std. Err.	P>|z|
性别	1.228	0.641	0.694
年龄	1.912	0.712	0.082*
地域特征	0.979	0.142	0.882
居住区域	1.035	0.260	0.891
学历	0.458	0.147	0.015**
月收入	1.023	0.276	0.932
职业	0.710	0.131	0.063*
单位性质	1.032	0.242	0.892
cons	0.287	0.665	0.590
*p<0.10	**p<0.05	***p<0.01	

注：*p、**p、***p 分别表示在10%、5%和1%的水平下显著。

由表 5-1 可知，第一，年龄与公众获取政府信息选择政府接待渠道呈显著正相关，年龄越大的人越偏向选择政府接待渠道获取政府信息（OR = 1.912）。电子政务于 20 世纪 90 年代兴起于欧美国家，我国的"三网一库"工程始于 21 世纪初期。其中"三网"指政府机关内部的"办公业务网"（又称"内网"），与内网有条件互联、实现地区级政府涉密信息共享的"办公业务资源网"（又称"专网"），以因特网为依托的"政府公共信息网"（又称"外网"）；"一库"是指政府系统共建共享的"信息资源数据库"。黑格尔认为习惯是具有"机械性"和"本能性"的人的"第二自然"，因而年龄越大的人出于习惯越偏好去政府部门与工作人员沟通。第二，学历与公众获取政府信息选择政府接待渠道呈显著负相关，学历越高的人越不会选择政府接待渠道获取政府信息（OR = 0.458）。学历高的人有较强的学习能力，更容易接纳新事物，他们一般选择更为快捷、方便的网络渠道获取政府信息，而不愿意选择时间成本、经济成本较高的政府接待渠道。第三，职业与公众获取政府信息选择政府接待渠道呈显著负相关。相对而言，党政机关事业单位的人们更偏向于选择政府接待渠道以获取政府信息，原因可能是这个群体熟悉政府接待流程；企事业管理人员比企事业普通职员更偏向于选择政府接待渠道以获取政府信息。如果公众获取政府信息以简单的查询信息为目标，会选择上网；如果以解决问题为目标，则会选择访问政府接待厅，❶❷ 企事业管理人员与政府部门沟通时，一般需要解决复杂的问题，因而偏向选择政府接待渠道以得到详细的相关信息。一般，公众以简单的查询信息为目标，可能不偏向选择政府接待渠道。

2. 公众选择报纸期刊渠道获取政府信息的分析

选择报纸期刊渠道的 Logistic 回归分析结果如表 5-2 所示。

表 5-2　选择报纸期刊渠道的 Logistic 回归分析结果

	OR	Std. Err.	$P>\vert z\vert$
性别	0.790	0.208	0.371
年龄	2.000	0.375	0.000***
地域特征	0.932	0.006	0.324
居住区域	0.869	0.121	0.312
学历	1.033	0.170	0.846
月收入	0.773	0.105	0.058*
职业	0.973	0.077	0.734
单位性质	0.973	0.107	0.800
cons	0.264	0.333	0.291

*p<0.10　　**p<0.05　　***p<0.01

注：*p、**p、***p 分别表示在 10%、5% 和 1% 的水平下显著。

由表 5-2 可知，第一，年龄与公众获取政府信息选择报纸期刊渠道呈显著正相关，年龄越大的人们越偏向选择报纸期刊渠道以获取政府信息（OR=2.000）。原因可能是部分年龄较大的人对互联网的接受程度较低，还不太接受虚拟的网络世界，宁愿花时间、精力亲自去政府部门。第二，月收入与公众获取政府信息选择报纸期刊渠道呈显著负相关，收入越高的人越不愿意选择报纸期刊渠道以获取政府信息（OR=0.773）。可能是高收入人群工作忙，而通过翻阅报纸期刊来获取政府信息无疑是费时费力的事情，且网络时代瞬息万变，网络快捷方便，因而他们不愿意选择该渠道来获取

---

❶ 朱红灿，陈星星. 公众政府信息获取渠道的选择——基于网络渠道与传统渠道的对比分析[J]. 情报资料工作，2015 (3)：75-78.

❷ 陈星星. 公众获取政府信息的渠道选择研究[D]. 湘潭：湘潭大学，2016.

政府信息。

3. 公众选择广播电视渠道获取政府信息的分析

选择广播电视渠道的 Logistic 回归分析结果如表 5-3 所示。

表 5-3 选择广播电视渠道的 Logistic 回归分析结果

	OR	Std. Err.	P>|z|
性别	0.897	0.207	0.639
年龄	1.919	0.324	0.000***
地域特征	1.010	0.063	0.877
居住区域	0.964	0.115	0.758
学历	1.194	0.173	0.221
月收入	0.867	0.103	0.231
职业	0.981	0.688	0.785
单位性质	1.027	0.099	0.779
cons	0.207	0.233	0.162
*p<0.10	**p<0.05	***p<0.01	

注：*p、**p、***p 分别表示在 10%、5% 和 1% 的水平下显著。

由表 5-3 可知，年龄与公众获取政府信息选择广播电视渠道呈显著正相关，年龄越大的人越偏向选择广播电视渠道以获取政府信息（$OR=1.919$）。随着网络的快速发展，人们的休闲娱乐方式向网络转移，通过网络可以不受时间、地点限制来观看视频，只有部分年龄较大的人依然对广播电视保持着兴趣，他们通常通过收听、收看广播电视来获得一些相关的政策或政府活动信息。

综上所述，年龄与公众获取政府信息选择传统渠道呈显著正相关，无论是政府接待渠道、报纸期刊渠道，还是广播电视渠道，两者都呈正相关。部分年龄较大的人对新兴的网络渠道采纳度低，偏好选择过去习惯使用的传统渠道。学历和收入越高的人越不愿意使用传统渠道来获取政府信息，他们被网络渠道的交互性、高效性、大容量所吸引，认为通过网络渠道获取政府信息更加快捷、方便、及时，符合信息获取的最小努力原则和价值原则。

三、公众选择传统渠道获取政府信息模式

公众选择传统渠道获取政府信息的整个过程是一个具有外部联系和内在机构的有机整体。政府信息需求是这一政府信息获取渠道选择行为的根源；选择渠道和确定行为是一个决策过程；实施获取政府信息获取行为，进一步寻求、确定、扩充并且开展对政府信息的组织活动；评判获取政府信息质量及渠道质量。本节将从信息需求、渠道选择、信息获取等角度描述公众选择传统渠道获取政府信息的模式，如图5-1所示。

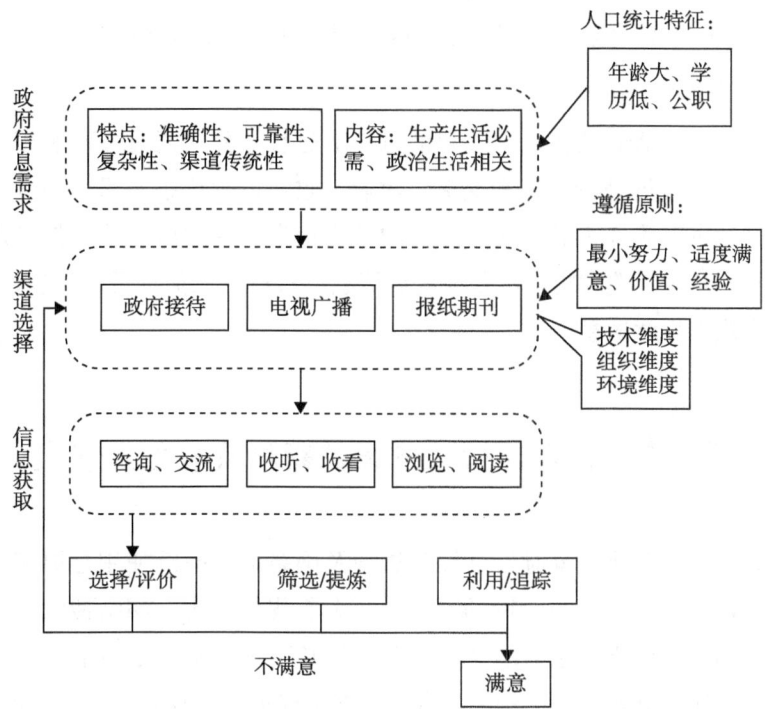

图5-1 公众选择传统渠道获取政府信息的模式

1. 政府信息需求

政府信息需求是公众获取政府信息渠道选择行为的动机，年龄偏大或者学历偏低者，以及公职人员为满足政府信息需求，通常选择传统政府部门接待渠道。政府信息需求特点包括要求获取的政府信息一般具有准确性、可靠性，特殊的复杂性、歧义性，主要是复杂性、歧义性的政府信息需要得到相关政府工作人员的详细解释，因此须选择传统渠道。政府信息的需求内容包

括与个人工作、生活相关的政府信息，与民生相关的重大决策，行政、事业型收费项目、标准及处理情况，突发事件预报、应对及处理。

2. 渠道选择

公众获取政府信息可以选择的传统渠道，包括政府接待渠道、电视广播渠道和报纸期刊渠道，这些都是一些年龄大的或者学历偏低的人基于最小努力、经验等原则进行的选择。由第四章可知，从技术、组织、环境三个维度来看，技术维度的感知有用性、感知易用性、对渠道信任、对政府信任，组织维度的感知政府领导支持，环境维度的公众基本素质、基础条件、生活方式和地域文化对公众选择传统渠道获取政府信息产生了显著影响。

3. 信息获取

信息获取包括信息获取方式和信息获取过程。公众通过去政府接待厅向政府相关工作人员进行问询和交流，收看、收听电视广播节目，浏览和阅读相关报刊和书籍等方式最终获得所需的政府信息，并对所获政府信息进行评价和选择，从中筛选和提炼所需的重点信息，然后将该信息运用于生产生活，甚至还会跟踪后续信息。

第二节　公众选择网络渠道获取政府信息模式

以收集的公众获取政府信息渠道选择及网络渠道持续使用意愿实证数据为基础，依据公众选择政府网站渠道、政务新媒体渠道、网络搜索渠道获取政府信息的回归分析结果，结合心流理论视角下的公众获取政府信息网络渠道持续意愿实证分析结果，构建公众选择网络渠道获取政府信息的模式。

一、公众选择网络渠道获取政府信息的说明

由 2017 年第 40 次《中国互联网络发展状况统计报告》❶ 可知，截至 2017 年 6 月，我国域名总数为 4228 万个，网站总数为 506 万个，网民规模达 7.51 亿，相当于欧洲人口总量，互联网普及率为 54.3%，手机网民规模达

---

❶ 2017 年第 40 次中国互联网络发展状况统计报告 [EB/OL]．[2017-09-01]．http://cnnic.cn/hlwfzyj/hlwxzbg/hlwtjbg/201708/P020170807351923262153.pdf.

7.24亿。政府应用方面，三成网民使用在线政务服务，31个省、自治区、直辖市开通政务微博与政务头条号，各级政府及机构加快"两微一端"线上布局，推动互联网政务信息公开向移动、即时、透明的方向发展。信息技术的发展使公众可选择的政府信息获取渠道逐渐多样化，公众获取政府信息可选择的网络渠道包括以政府网站、电子邮箱为代表的政府部门提供的网站渠道，以政务微博、政务微信等社交媒体为代表的政务新媒体渠道，还包括以搜索引擎为代表的网络搜索渠道。陈传夫等❶通过研究发现，网络是获取公共信息的主要途径，搜索引擎成为公众上网的主要工具，也成为公共部门获取信息的首要途径。

本章将对第三、第四章的公众政府信息渠道选择数据进行数据分析，通过分析性别、年龄、学历、职业、居住区域、地域特征等因素对网络渠道使用的影响，探求公众网络渠道选择行为的基本情况和相关指标的关联度，探究公众获取政府信息的网络渠道选择行为规律。

二、公众选择网络渠道获取政府信息的分析

采用非线性模型 Logistic 回归分析方法分析性别、年龄、学历、职业、居住区域、地域特征、月收入、单位性质对网络渠道选择的影响，并运用 Stata12.0 软件来进行运算和分析。

1. 公众选择政府网站渠道获取政府信息的分析

本章对收集的公众政府信息渠道选择数据进行分析，选择政府网站渠道的 Logistic 回归分析结果如表 5-4 所示。

表 5-4 选择政府网站渠道的 Logistic 回归分析结果

	OR	Pro
女	1.330	0.320
年龄	0.900	0.480
每天上网	3.780***	0.000
月收入	1.120	0.460
本科及以上学历	1.430	0.230

---

❶ 陈传夫，余梅. 公共部门信息获取途径研究 [J]. 情报理论与实践，2015，38（2）：33-38.

续表

	OR	Pro
居住区域	1.140	0.700
机关工作人员	0.730	0.390
查询信息	2.830***	0.001
解决问题	1.040	0.600
cons	0.080***	0.000

*p<0.10　　**p<0.05　　***p<0.01

注：*p、**p、***p 分别表示在 10%、5% 和 1% 的水平下显著。

由表 5-4 可以看出，第一，每天上网的人偏向于选择政府网站以获取政府信息（OR=3.780），每天上网的人具有较强的网络技能和信息获取能力，更有可能从政府网站直接获得第一手的政府信息。第二，公众偏向于通过政府网站获取以简单信息查询为目标的政府信息（OR=2.830），网络渠道是一个快捷、方便、全天候的政府信息获取渠道。但是网络渠道是单向信息查询和获取，不能得到及时的问题响应，更适合以简单信息查询为目的的信息获取，而不能解决复杂、容易发生歧义的问题。

2. 公众选择政务新媒体渠道获取政府信息的分析

随着 Web2.0 技术的快速发展，微信、微博、Facebook、Twitter、即时通信（IM）等新媒体将受众纳入制造、传播互联网的内容和知识信息之中，给予用户极大的参与和互动空间，具有主动性、互动性、黏附性和社区化等特点，成为重要的知识信息传播渠道和平台。据《2017 年中国微博用户发展报告》可知，截至 2016 年 9 月，微博月活跃人数达 2.97 亿。据《2017 年微信用户和生态研究报告》可知，截至 2016 年 12 月，微信全球共计 8.89 亿月活跃用户。政府信息服务中的新媒体作为一种新兴的大众传播媒介，正在成为中国公民政治参与的重要技术平台，成为公民获取政府信息、表达政治诉求和影响政治决策的重要渠道。❶

对第四章收集的公众政府信息渠道选择数据进行分析，选择政务新媒体渠道的 Logistic 回归分析，结果如表 5-5 所示。

---

❶ 韩广富，张弛. 新媒体视域下中国公民政治参与的有效途径探析 [J]. 理论探讨，2015(2)：171-173.

表 5-5 选择政务新媒体渠道的 Logistic 回归分析结果

	OR	Std. Err.	P>|z|
性别	1.653	0.389	0.032**
年龄	0.951	0.154	0.759
地域特征	1.004	0.630	0.943
居住区域	0.813	0.099	0.091*
学历	1.493	0.222	0.007***
月收入	1.107	0.133	0.399
职业	0.978	0.069	0.752
单位性质	1.034	0.101	0.727
cons	0.144	0.163	0.087

*p<0.10　　**p<0.05　　***p<0.01

注：*p、**p、***p 分别表示在 10%、5% 和 1% 的水平下显著。

由表 5-5 可知，第一，学历与公众获取政府信息选择政务新媒体渠道呈显著正相关，学历越高的人越偏向选择政务新媒体渠道获取政府信息（$OR=1.493$）。微信、微博等社交媒体已普及进入人们的生活，而高学历人群更有可能将其作为工具去实时了解政府政策、民生决策、公共事业投资及使用等。第二，性别与公众获取政府信息选择政务新媒体渠道呈显著正相关，女性更偏向选择政务新媒体渠道以获取政府信息（$OR=1.653$）。这与我国女性独立自主，充分融入社会生活相符。第三，居住区域与公众获取政府信息选择政务新媒体渠道呈显著正相关。在发达的大城市，人们越偏向与选择政务新媒体渠道以获取政府信息（$OR=0.813$），在偏远乡村，人们往往不会选择政务新媒体渠道获取政府信息。大城市经济发达，经济基础雄厚，政府有实力、财力、能力推广政务新媒体，互联网政府信息公开即时、透明，人们就会关注该政务新媒体，用此渠道来获取政府信息。

3. 公众选择网络搜索渠道获取政府信息的分析

搜索引擎是人们通过互联网获取全世界数据资源的重要信息检索工具，人们必然会通过搜索引擎获取政府信息。本章将运用 Stata12.0 对第四章收集的公众政府信息渠道选择数据进行 Logistic 回归分析，分析结果如表 5-6 所示，表中给出了 P 值、OR 值。

表 5-6　选择网络搜索渠道的 Logistic 回归分析结果

	OR	Std. Err.	P>|z|
性别	0.878	0.237	0.631
年龄	0.647	0.119	0.018**
地域特征	1.013	0.074	0.857
居住区域	0.856	0.107	0.104
学历	1.057	0.172	0.735
月收入	1.202	0.170	0.194
职业	0.876	0.069	0.094*
单位性质	1.034	0.121	0.779
cons	0.109	0.373	0.034

*p<0.10　　**p<0.05　　***p<0.01

注：*p、**p、***p 分别表示在10%、5%和1%的水平下显著。

由表 5-6 可知，第一，年龄与公众获取政府信息选择网络搜索渠道呈显著负相关，年龄越大的人越不会偏向选择网络搜索渠道以获取政府信息（$OR=0.647$），年龄越大的人越偏向选择传统渠道以获取政府信息。第二，职业与公众获取政府信息选择网络搜索渠道呈显著负相关，政府、企业工作人员偏向于选择网络搜索渠道以获取政府信息（$OR=0.876$）。由第 39 次、第 40 次《中国互联网络发展状况统计报告》可知，互联网政务服务平台的互联互通及服务内容细化，大幅提升政务服务智慧化水平；企业的计算机使用、互联网使用以及宽带接入已全面普及，分别达到 99.0%、95.6%、93.7%；互联网在企业营销体系中扮演的角色愈加重要；超过四成的企业开展在线销售与采购，截至 2017 年 6 月，我国网络购物、网上外卖和在线旅行预订用户规模分别增长了 10.2%、41.6%、11.5%。政府部门和企业员工上网频率高，网络使用技术较高，更有可能选择网络搜索渠道以获取政府信息。

三、公众选择网络渠道获取政府信息的模式

依据上文公众选择政府网站渠道、政务新媒体渠道、网络搜索渠道获取政府信息的回归分析结果，结合心流理论视角下的公众获取政府信息网络渠道持续意愿实证分析结果，即用户经历了最佳心流体验，并且感知享乐价值、

第五章 公众获取政府信息渠道选择模式分析

实用价值和满足感等，会产生强烈的使用网络渠道获取政府信息的意愿，本节依然将从信息需求、渠道选择、信息获取等角度描述公众选择网络渠道获取政府信息的模式，如图5-2所示。

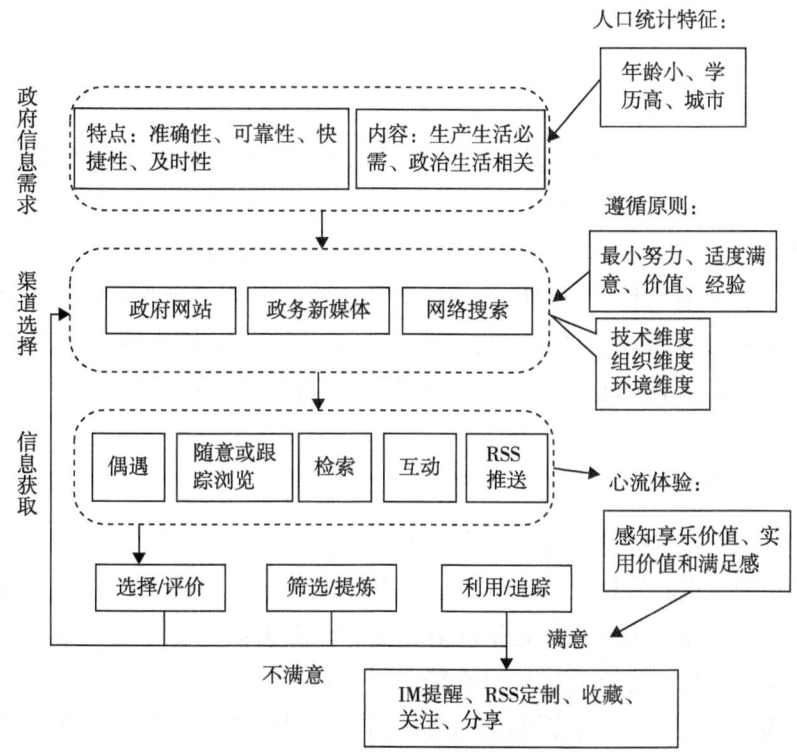

图5-2 公众选择网络渠道获取政府信息的模式

1. 政府信息需求

公众的政府信息需求一旦达到较高的程度、被用户意识到就会转为信息动机，信息动机是公众获取政信息渠道选择行为产生的根本动力。年龄越小、学历越高、生活在大城市的人们越会通过选择网络渠道以获取所需的政府信息，满足政府信息需求。政府信息需求的特点：一是要求获取的政府信息一般具有准确性、可靠性，二是要求信息获取过程快捷、及时，不受时间、地点的限制。网络快速发展时代通过电脑端、移动端快速进行政府信息查询是公众的必然要求，尤其是工作生活都浸淫在网络环境中的高学历中青年人群。政府信息需求内容：与个人工作、生活相关的政府信息，与民生相关的重大决策等常规政府信息。年龄越小、学历越高、生活在大城市的人们的信息意

· 109 ·

识、政治权利意识越强,监督意识越强,他们的政府信息需求还包括提升政府运作透明度的相关信息,如公务员录用条件、程序及结果,领导干部个人收入与亲属就业情况,行政事业性收费项目、标准与依据,重点招投标的条件、过程及结果等。

2. 渠道选择

公众获取政府信息可以选择的网络渠道包括政府网站渠道、政务新媒体渠道和网络搜索渠道,这些都是一些年轻人或者学历偏高的人基于最小努力、经验、价值等原则进行的选择。由第四章可知,从技术、组织、环境三个维度来看,技术维度的感知有用性、感知易用性、价值感知、对渠道信任、对政府信任,组织维度的感知政府投入力度、感知政府领导支持,环境维度的公众基本素质、基础条件、生活环境与居住地域、感知国家政策倾向与支持、社会趋势与潮流压力能够共同影响公众获取政府信息的网络渠道选择。

3. 信息获取

政府信息获取的获取方式有信息偶遇、信息浏览、信息检索、信息互动、RSS推送等方式。信息偶遇是在信息获取过程中意外发现了对自己有用或感兴趣的政府信息。信息浏览包括随意浏览和跟踪浏览,在主题不明确的情况下进行随意浏览,主题明确且明确获取途径时进行跟踪浏览。信息检索是借助网络搜索工具或专门数据库进行有计划、有明确主题的政府信息获取。信息互动是与双向信息进行交流,公众借助政务微博、公众微信号、电子邮件与政府部门相关工作人员进行政府信息交流。RSS推送通过相关政府网站的定制,可以更好地跟踪信息更新,及时了解新的政府信息。政府信息获取的获取过程包括浏览/检索、选择/评价、筛选/提炼、利用/追踪等,在浏览政府网站、政务微博,通过网络搜索,以及RSS推送的相关信息中,人们寻找自己感兴趣的信息;借助网络搜索工具或专门数据库检索所需的政府信息;并对所获政府信息进行评价和选择,从中筛选和提炼所需的重点信息,然后将该信息运用于生产生活,有可能还会跟踪后续信息。

公众通过政府网站等网络渠道获取政府信息过程中,产生的最佳心流体验对公众感知享乐价值、实用价值和满足感产生了积极的影响,会强化其通过网络渠道获取政府信息的持续使用意愿。包括将获取过程中的相关渠道建立相关主题的资源关联。如关注相关政务微博号、政务微信公众号,以RSS

订阅方式跟踪、收藏，在自己的社交平台分享、推广等。最佳心流体验的产生包括任务挑战的伸缩性、挑战性，3D 虚拟现实信息搜索环境的浸入感，社交媒体的即时反馈，政府信息网络渠道的愉悦性等心流体验产生因子。

第三节 多渠道情境下公众获取政府信息渠道选择模式

一、多渠道情境下公众获取政府信息渠道选择的理论依据

祝建华的"新媒体权衡需求"（Weighted and Calculated Needs for New Media，WCN）❶概念整合了新媒体采纳与使用过程中的两个潜在机制，即传统媒体与新媒体之间的对比以及受众对媒体的各种需求之间的权衡。❷"新媒体权衡需求理论"认为，当且仅当受众发觉其生活中某一重要需求无法被传统媒体所满足，并且认为某一新媒体能够满足该需求时，他们才会开始采纳并持续使用这一新媒体。

为了描述、解释和预测公众为何使用新型渠道，本书引入"新媒体权衡需求"（WCN）理论，用以解释公众获取政府信息在传统渠道和网络渠道、新媒体渠道之间的对比以及公众对渠道各种需求的权衡。以公众获取政府信息的政务新媒体渠道为例，人们只有感到以报纸、电话、政府接待厅为代表的传统渠道和以政府网站为代表的传统网络渠道无法满足其获取政府信息的需求，同时又觉得以政务微博、政务微信公众号为代表的政务新媒体渠道有满足这种获取政府信息需求的能力时，才会考虑使用政务新媒体渠道，如图5-3 所示。

---

❶ 祝建华. 不同渠道、不同选择的竞争机制：新媒体权衡需求理论 [J]. 中国传媒报告，2004，3（2）：16-24.

❷ 新媒体研究综述——历史 [EB/OL]. [2018-04-24]. http://blog.sina.com.cn/s/blog_490785810100ci70.html.

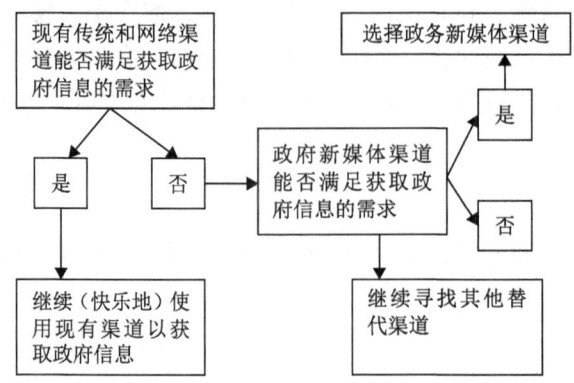

图 5-3 政务新媒体渠道权衡过程图

二、多渠道情境下公众获取政府信息渠道选择的说明

近年来，我国形成了以网络搜索引擎（百度、谷歌等），社交媒体，软件（政务微博、政务微信公众号等），政府部门网络信息渠道（政府网站、电子邮箱）为代表的网络渠道，协同以报纸、电话、政府接待厅为代表的传统渠道相交融的状况，为公众获取政府信息提供更多选择。朱红灿等[1]的研究中发现，公众获取政府信息的渠道选择中，49%的公众选择政府接待厅渠道，32%的公众选择网络渠道，15%的公众选择电话渠道。加拿大是全球电子政务水平发展靠前的国家之一，属于电子政务发达国家，Reddick 等[2]在研究中发现，51%的公众选择电话渠道与政府联系，44%的用户选择政府接待厅，43%的用户选择网络渠道。

基于渠道选择行为和政府信息服务维度，公众获取政府信息渠道选择受到公众个人因素、渠道因素、任务因素、情境因素、ICT 接入鸿沟五个影响因素不同程度的影响，其中，渠道因素、公众个人因素、ICT 接入鸿沟是影响公众获取政府信息渠道选择的关键因素。渠道因素是选择渠道的前提，无论多喜好网络渠道，对没有提供网络渠道的政府信息服务只能选择传统的政府接待厅；ICT 接入是公众获取政府信息渠道选择的途径，只有接入 ICT 技术，才

---

[1] 朱红灿，陈星星. 公众政府信息获取渠道的选择——基于网络渠道与传统渠道的对比分析[J]. 情报资料工作，2015（3）：75-78.

[2] Reddick C G, Turner M. Channel choice and public service delivery in Canada: Comparing e-government to traditional service delivery [J]. Government Information Quarterly, 2012, 29 (1): 1-11.

能选择网络渠道；个人习惯会本能地驱动个人选择自己偏好的政府信息获取渠道；公众在选择获取政府信息渠道过程中，面对复杂度高和容易发生歧义的任务时，更偏向选择传统的面对面政府接待厅；上网频率带给公众选择网络渠道的惯性驱动，另外，接触网络时间的长短对公众选择网络渠道的影响也比较明显。❶

李平❷认为公众对网络渠道和传统渠道的选择意向受到渠道与服务的匹配性、渠道的易用性、渠道的有用性、个人的使用经历以及需求的情境特殊性的显著影响。如果网络渠道相对传统渠道而言，在这几个正向影响因素中，均表现出较好的特征，那么会明显推动公众对网络渠道的选择；反之，公众会有继续选择传统渠道的倾向。个人的使用经历对网络渠道的选择影响是比较显著的，这说明好的经历会推动公众再次选择网络；相反，坏的经历会促使公众不再选择网络。

三、多渠道情境下公众获取政府信息渠道选择模式

以构建公共服务渠道类型与渠道模式公共服务特征匹配度的度量模型为基础，采用定量匹配度方法计算渠道类型与渠道模式的匹配情况，朱红灿等❸构建了一种公共服务渠道管理模型。以此为分析基础，结合第三章多维理论视角下的公众获取政府信息渠道选择影响因素实证分析结果，即从技术维度来看，感知有用性、感知易用性、对渠道信任、对政府信任对公众获取政府信息渠道选择起到显著作用；从组织维度来看，感知政府投入力度、感知政府领导支持二者共同对公众获取政府信息渠道选择有显著影响；从环境维度来看，公众基本素质、基础条件、生活环境与居住地域、感知国家政策倾向与支持、社会趋势与潮流压力能够共同影响公众政府信息获取渠道的选择。多渠道情境下公众获取政府信息渠道选择的模式如图5-4所示。

---

❶ 朱红灿.公众政府信息获取渠道选择影响因素的研究［J］.图书馆学研究，2015（6）：59-67.

❷ 李平.公众的政府服务渠道选择行为：基于网络渠道与传统渠道的对比分析［J］.统计与信息论坛，2016，31（5）：35-40.

❸ 朱红灿，陈星星.基于服务特征匹配度的公共服务渠道管理模型构建［J］.软科学，2015，29（7）：102-105.

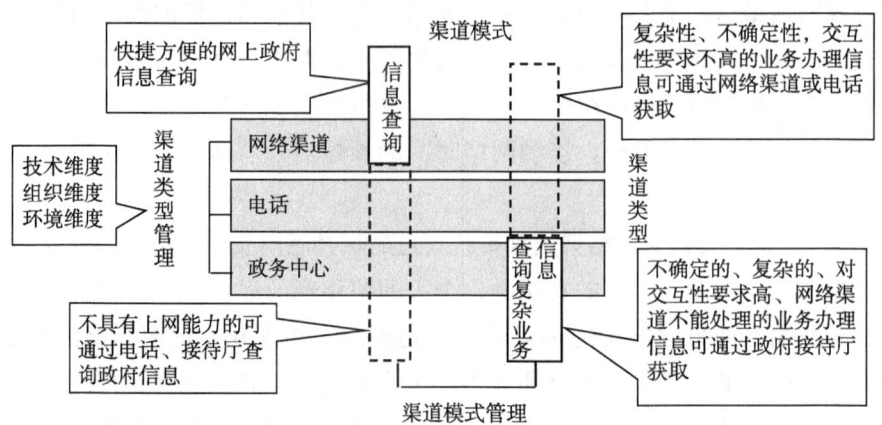

图 5-4　多渠道情境下公众获取政府信息渠道选择模式

本书选取生活中公众最常用的网络渠道、电话、政务中心三种渠道作为公众获取政府信息渠道类型的代表，选取以简单信息查询为目的的信息查询，以业务办理为目的的复杂业务信息查询作为渠道模式的代表。

多渠道情境下公众获取政府信息渠道选择模式的目标是公众通过选择合适的渠道发起获取政府信息的交互请求，政府将尽快给予正确回应。第一，通过网络渠道快速查询政府信息，通过政府接待厅及时、有效获取不确定的、复杂的、交互性要求高的业务办理信息；第二，对于复杂的、不确定的业务办理信息，若想通过网络渠道快速获取，政府应先降低业务的复杂性、不确定性，再提供网络获取模式，满足偏爱网络渠道的公众的需求；第三，不具有上网能力的公众可以通过电话、政府接待厅查询政府信息，可通过政府接待厅获取复杂的、交互性要求高的业务办理信息；第四，电话可作为快速补充渠道，作为简单的信息查询渠道或低复杂性的、低交互性的业务办理信息获取渠道。

对多渠道情境下的政府信息渠道类型、模式的管理，包括技术、组织和环境三个维度，从技术维度来看，政府部门应该保证政府信息公开度，包括较高的政府信息发布渠道功能性、易用性，提高公众对政府、渠道的信任，提高政府信息服务质量。从组织维度来看，政府部门对公众常用的、通过网络提供政府信息的政府网站、政务微博等信息发布渠道应加大投入、管理力度，增强这些渠道的功能性，方便公众获取政府信息。从环境维度来看，政府部门应对不同背景、不同目标的公众提供政府信息获取渠道整合服务，引导公众选择最"合适"的、无缝的政府信息服务。

| 第六章 |

多渠道情境下政府信息服务渠道现状调查

为了了解我国目前多渠道情境下政府信息服务渠道的现状，我们进行了此次调查，调查内容涉及政府信息服务各类渠道现状、政府信息服务渠道策略等；调查对象包括政务服务中心、政府信息公开网站、政务微博、政务App、政府数据开放平台等；调查方式包括实地调查、网站调查、电话调查等。

第一节 多渠道情境下政府信息服务渠道服务与利用情况调查

为了了解我国目前政府信息服务各类渠道现状，我们采用了实地调查、网络调查、电话调查、实验调查等方式，对各级政务服务中心、政府信息公开网站、政务微博、政务App、政府数据开放平台等进行了调查。为保证调查的全面性、覆盖性、真实性和有效性，调查对象涵盖了国家级、省级、市级直属机关，政府部门，抽样选取了山东省及菏泽市、河北省及邯郸市、湖北省及汉川市、湖南省及长沙市、安徽省及蚌埠市、海南省。

一、传统渠道现状调查

政府信息服务传统渠道以行政服务中心、政务热线、报纸期刊，地方广播、电视台、国家档案馆、公共图书馆为对象进行了调查，利用实地调查的方法，了解传统实体政府信息服务渠道的服务与利用情况。

1. 政务中心

政务服务中心分为省级、市级、区级等级别的政务服务中心。以河北省为例，省级政务服务中心共53个部门参与信息服务，共有1783个主项服务和872个子项政务和31个便民应用。服务内容分为企业服务类、工程建设类、交通运输类、财政税收联合审核类服务、建设项目涉水综合审批、证件类服务、不动产登记类服务、就业失业类服务。信息组织部门包括省发展和改革委员会、省粮食和物资储备局、省教育厅、省科学技术厅等53各部门。❶以邯郸市为例，市级政务服务中心共有35个部门参与政府信息服务，包括552个服务主项、778个子项、28个便民应用。服务内容分为设立变更、年检年审、社会保障、准营准办、投资审批、知识产权、税收财务、抵押质押、商务贸易等。信息组织部门包括市税务局、市行政审批局、市医保局等35个部门。❷邯郸市丛台区政务服务中心共27个组织参与，包括301个主项、409个子项、28个便民应用。服务内容分为设立变更、准营准办、职业资格、社会保障、证件办理等。信息组织部门包括区审批局、区国土资源局、区税务局、区保密局等27个部门。❸

通过对山东省菏泽市牡丹区及开发区的市政服务中心、湖北省汉川市马口镇的便民服务大厅、湖南省永州市祁阳县行政服务中心进行实地走访发现，政务服务中心均按要求统一标识，悬挂或摆放"×××政府信息公开查阅点"标志牌；在大厅均有宣传栏，宣传最新的政务动态；除提供纸质方式查阅，配备专门的便民服务终端实现网上查阅，将各级政府门户网站政务公开专栏设置桌面快捷方式，方便公众浏览查询，并提供必要的打印及复印服务；安排专人负责政府信息的接收、查阅、获取登记以及归档保管等工作，规范服务引导，保证正常有效对外开放，以便于市民查阅和了解相关政务信息。

2. 政务热线

1982年，全国便统一了火灾报警电话：119。随后，110报警服务台、120急救中心服务热线也相继出现。许多城市相继开通了城管、市政、卫生、民政、规划、工商、环保、价格、税务等服务热线，如市民服务热线12345。

---

❶ 河北省政务服务中心官网 [EB/OL]. [2020-07-24]. http://www.hbzwfw.gov.cn/.
❷ 邯郸市政务服务中心官网 [EB/OL]. [2020-07-24]. http://hd.hbzwfw.gov.cn/.
❸ 邯郸市丛台区政务服务中心官网 [EB/OL]. [2020-07-24]. http://hdct.hbzwfw.gov.cn/.

以湖南省长沙市为例,为加强服务型政府建设,畅通群众诉求渠道,营造良好的经济发展环境,长沙市委、市政府决定整合全市非紧急报警类政务服务热线电话,建立长沙市12345政务热线社会求助平台(简称12345政务热线)。12345政务热线功能定位为非紧急报警类政务服务热线,按照"统一受理、分类处理、限时办结、过错问责"和"谁主管、谁负责、谁办理、谁答复"以及"首接负责制"的要求,建立覆盖全市、资源共享、系统互通、协调互动、便捷高效、保障有力的政府公共服务体系,为群众提供全方位、全天候、高效率的政务服务。12345政务热线主要负责受理、办理市、区(县)两级政府及部门、群团组织职责范围内的群众诉求事项以及部分公共企事业单位职责范围内的群众诉求事项,处理答复群众提出的咨询、求助、建议、批评、投诉和举报等事项。12345政务热线处理流程如图6-1所示。

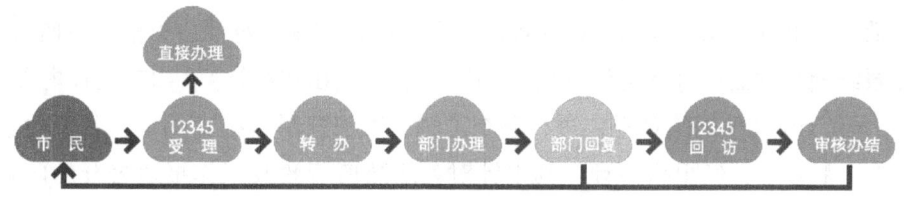

图6-1 12345政务热线处理流程

长沙市其他便民服务热线如表6-1所示。

表6-1 长沙市便民服务热线

查询服务	呼叫热线	投诉咨询
12366 纳税服务热线	12345 市民热线	12315 315投诉热线
12348 法律咨询热线	12395 水上遇险求救电话	12369 环境保护举报热线
12320 公共卫生公益热线	122 道路交通事故报警台	12333 民工维权热线电话
95598 电力系统客服电话	95119 森林火警电话	12365 质量监督投诉电话
12306 全国铁路客服中心	12110 公安短信报警号码	12358 价格监督举报电话
12121 天气预报查询电话		
12329 住房公积金客服热线		
12117 报时业务专用号码		
11185 邮政客户服务电话		

以海南省为例,海南省政府统一集成各个职能机构和市县机构的电话于

海南12345，整合全省政府部门投诉举报公共服务电话资源，建设涵盖消费维权、经济行为违法举报、民生服务、人力资源和社会保障咨询等职能。2019年，海南12345服务热线呼入量351.50万件，应答量336.72万件，接通率95.80%，受理总量392.18万件（含语音、网站、微信等全媒体渠道），其中有效办件353.14万件。需回访办件120.51万件，已回访办件119.80万件，其中获满意评价112.49万件，满意率93.89%。❶

3. 报纸、电视及广播

根据山东省菏泽市统计分析局下达的信息宣传工作考核办法，以及山东省政府发布的《政府信息公开指南》，各个政府行政及城市发展的信息会登上各级广播、电视台，以及报纸期刊。其中菏泽新闻联播、行风热线、第一精彩、问政菏泽栏目会对菏泽市委、市政府的重大决策进行报道，并设有热线电话，让群众与每天来做嘉宾的各部门人员进行交流，对社会舆论进行监督。在报纸期刊方面针对《菏泽日报》《牡丹晚报》《山东统计》《山东统计内参》《中国统计》《中国信息报》进行调查了解，以《菏泽日报》为例，每期的版面在8版左右，经粗略估计，其中针对各级政府行政及工作报道公开的内容总体上占2~3版。通过网络调查了解到安徽省蚌埠市的《蚌埠日报》是中共蚌埠市委机关报、蚌埠市发行量最大的唯一的综合性日报，也是唯一的主流政经大报。蚌埠市广播电视台新闻每天四档，自办栏目发展到10多个：《蚌埠新闻联播》《淮河晚报》《热点访谈》《百姓大舞台》《健康直播室》《午间新闻》《南山晨讯》《文化蚌埠》《荧屏指南》《荧屏导视》《声动珠城》《关注》《有事我帮您》等，这些都为蚌埠市政府信息服务提供平台。通过对湖北省汉川市马口镇的电视传播信息方面进行调查发现，现在大部分为网络电视，打开电视的页面会出现阳光政务、农技农识、电子商务和便民服务模块，通过电视来传播当地的信息，在阳光政务模块中，主要发布当地的政务信息，但是信息仅仅停留在2016年，而在通知信息一栏并没有发布任何信息；在农技农识模块中，对农业资讯的更新比较多，平均每天都会有3~4条信息；在电子商务模块中会发布各种买卖信息、市场行情、出售信息、求购信息等，但是更新不及时；在便民服务模块中，有招工信息、打工信息、全方位服务

---

❶ 海南省政府12345热线［EB/OL］.［2020-07-25］. http://zw.hainan.gov.cn/portal/pages/detailFrame.jsp?id=11535555.

和各种新闻资讯。总体来说，可以通过电视传播各种政府的办事指南，但信息更新不及时。湖北的广播主要为湖北之声、湖北经济广播、湖北生活广播、湖北农村广播、湖北咨询广播、楚天交通广播、湖北妇女儿童广播。人们通过收听广播了解一些政府信息。

4. 国家档案馆、公共图书馆等其他渠道

通过对安徽省蚌埠市、山东省菏泽市、湖南省永州市祁阳县的图书馆、档案馆进行实地走访，发现图书馆、档案馆均在查阅大厅设有政府信息公开查询区，按要求统一标识；除提供纸质方式查阅，有专门供咨询和自助检索的便民服务终端；设置政务公开公告栏，安排现场工作人员负责维护政务门户网站和依申请公开相关工作，进行相关服务引导，以便于市民查阅和了解相关政务信息。

二、政府网站与电子邮箱现状调查

1. 调查背景

（1）调查方法、调查对象。本书主要采用网络调查的方式，主要调查了各省级、市级人民政府网站，以及各省直部门网站，主要是调查网站的访问量、信息发布量、专栏专题、解读信息发布、回应公众热点、收到留言数量等，以及各省级、市级、省直部门的电子邮箱，看其是否公布电子邮件地址。

（2）调查途径、数据来源。通过网络调查，访问各个人民政府网站、各个部门的官方网站，通过其信息公开，获取政府2019年度政府网站工作报表，从而得到政府网站的相关数据，同时通过访问政府部门的官方网站，看其是否在网站上公布政府的电子邮件地址，从而获取电子邮箱的相关数据。

2. 网站及电子邮箱的现状分析

（1）平台建设内容方面。根据网络调查，主要调查了70个政府网站，其中主要为省级人民政府网站、市级网站和部门网站，对于政府的网站建设，每个政府部门都有专门的网站运营，进行相关工作的发布与回应等，主要对信息的发布形式、信息的发布量、网站的访问量等方面进行衡量分析。

现在的省级、市级以及部门网站的信息发布形式主要为新闻发布会、视频访谈、图文访谈、公告公示、专题专栏、网站超链接、政策解读等。首先，在信息的发布量方面，省级政府网站明显比市级和部门网站发布量多，而部门网站的信息发布量相对较少。在省级政府网站中，以广西省的信息发布量最为突出，达到100多万条，其次为北京和重庆地区，信息发布量为10万多条或者20多万条，其他省级网站的信息发布量仅仅几万条。而在所调查的市级网站中，中部、东部发达地区的市级信息发布量比较多，比如深圳和合肥市的信息发布量，均过了10万条，其他地区的信息发布量则相对较少。在部门网站中，所有的信息发布量都比较少，均为几千条。其次，网站的访问量方面，总体为省级网站最多，市级次之，部门网站最少，在地区方面呈现出东部、中部的网站总访问量比较大，且多为经济发达地区，比如上海、广东地区的网站总访问量破亿，而其他地区的访问量多为千万条。最后，对于政府的网站建设，信息内容比较全面，且网站都设置专题专栏来发布信息，在省级网站中，以北京的专栏专题最多，但是属于同一省份的市级网站中，比如，广东省的深圳、佛山、东莞以及珠海的专栏专题量的差异比较大，深圳市的专栏专题数达到400多个，但是东莞、佛山以及珠海的专栏专题数仅仅为几个或者几十个。总体来看，在政府网站的平台内容建设方面，整体是经济发达地区在网站方面做得比较好，且大众对政府网站的访问也比较多。

电子邮箱主要存在于政府网站的模块中，通常为大众联系政府的一种方式，公众通过电子邮箱来与政府部门进行沟通，且政府的电子邮件地址一般都会公布在政府网站上，以便于大众来查询。

（2）主题。人民政府网站的信息内容覆盖面比较广，涉及各行各业，比如政策法规的发布、行业统计数据、政务服务以及各种咨询上访，各行各业的数据资料，覆盖面广，大体可以分为概况类、政务动态类、信息公开目录三项。其中，一般的政府网站对政府动态类的信息发布比较多，为网站发布的主体信息，而概况类信息比较少。但是在各种部门政府网站中，以部门的主要事项为主，比如教育厅、税务局这些部门网站，发布的政策信息等都是以网站主要的行业为主，如教育厅网站发布的政策都是以教育为主。总之，在政府网站中，人民政府的信息咨询覆盖面广，但是部门网站发布信息、办理事务则具有行业内的特色。

在电子邮件的渠道中，使用电子邮件的主要为咨询、建议和投诉事务，大多是办理大众的个人事务，但是仍然有很多政府部门并没有设立电子邮箱渠道，或者设立了电子邮箱渠道，但是标注仅受理网站建设维护相关事宜及网民对政府部门的意见和建议，或者是规定通过电子邮箱仅仅能处理哪些方面的事项，使得电子邮箱渠道对政务信息的服务处理受到了极大的限制。

（3）互动交流方面。公众与政府网站的互动交流，主要体现在政府网站收到的留言，办理留言的时间，对公众信息的回应与解读各种政策文件，通过政府网站给予大众更好的体验，这方面主要通过政府信息内容的时效性、互动性以及对信息发布解读来进行衡量。

①内容时效性。政府网站信息内容的时效性比较好，每天都会更新，对于信息的发布数，网站的更新量比较大，省级网站年度信息内容发布量均过万条或者几十万条。以广西壮族自治区的信息发布量最为突出，2019年的政府信息发布量达到了1 004 850条，而甘肃省的信息发布量比较少，2019年的政府网站信息发布量仅仅为7 090条，而宁夏回族自治区2019年的政府网站信息发布量仅为9 605条，相对而言，这两个省的信息发布量比较少，但从整体上看，省级政府网站信息的更新量还比较大，市级政府网站和部门网站的信息发布量相较于省级政府网站明显减少。

对于电子邮件，网民可以随时通过个人的邮箱发送邮件，但是邮件的回复不会很及时，如果想快速地处理事情，电子邮箱比较慢，并且通过邮件处理个人事情可能比较烦琐，需要先登录。

②政府网站与公众的互动性。一般情况下政府网站与网友的互动性比较好，在留言办理模块中，政府网站的处理速度都可以控制在10天以内，2019年，天津、重庆、上海等直辖市收到的留言量较大，平均办理时间为10天，而平均办理留言最快的为海南省，仅需1.5天，而处理较慢的则是山西省人民政府网站，达到60天，处理时间过长，互动性不强。在市级政府网站中，武汉市收到的留言数量最多，达到32万条，网站办结留言32万条，平均办理时间为5.1天。整体来说，大部分网站对于网民的留言能够快速进行处理，并且公布在网站中，其他网民有类似的问题也可以通过政府的公示加以了解。

③解读信息发布与回应公众。首先，政府网站是公民、企业及政府人员快速便捷接入所有相关政府部门的政务信息与业务能力并获得个性化服务的平台，使公民能够在合适的时间获得适当的服务。其次，政府网站及邮箱是政府机关服务社会公众、互动交流的重要渠道，通过对各个省、市级官方政府网站进行调查发现，就解读信息发布以重庆、陕西等地区较为突出，在《2019政府网站工作年度报表》中总数均达到900条，江苏省在解读信息发布建设方面不够积极，2019年总数仅36条。在回应公众热点方面，以湖北省

政府网站最为突出，达到560条，其次是南京市政府人民网站对公众热点回应比较多。整体看来，不论省级还是市级，对于解读信息发布、回应公众热点比较关注，在对发布信息的解读方面做得比较好。

(4) 政府网站的信息来源方面。在政府的信息组织中，网站信息组织重点要解决信息的来源问题，对网站管理者来说，要主动通过多途径扩大网站的信息源。当前，政府网站信息的来源主要分为两个方面：一是自身网站编辑的各种信息，这种信息主要来源于相关部门单位的政策通知等，或者网上访谈、视频、图文访谈产生的各种信息，或者与社会的互动信息；二是对于其他网站的信息进行转载整合，比如，对地方网站的信息进行转载整合发布，或者对系统外有关媒体如人民网、人民日报的信息进行转载发布。

三、政务新媒体现状调查

政务新媒体包括政务微博、微信公众号、政务App等。利用网络调查的方法，对中央政府职能部门的政务微信、微博、客户端进行调查，以此来了解政务新媒体政府信息服务的利用情况。

1. 政策背景

在"互联网+政务服务"的社会背景下，新媒体作为政务公开的创新方式，成为众多行业、众多地区政务建设的"标准配置"。2016年1月11日审议通过的《关于全面推进政务公开工作的意见》指出政务工作要创新公开方式、扩大参与、注重时效，让群众能真正参与和监督。2016年12月7日，国务院总理李克强主持召开国务院常务会议，通过了《"十三五"国家信息化规划》，明确未来将实施"互联网+政务服务"等信息惠民工程。2017年5月，国务院办公厅政府信息与政务公开办公室发出了《关于进一步做好政务新媒体工作的通知》，要求各个政务新媒体要继续加强平台建设、做好内容发布、强化引导回应、加强审核管理、建立协同机制、完善考核监督、健全政务新媒体考核评价体系。2018年4月，国务院办公厅印发了《2018年政务公开工作要点》，首次提出对政务新媒体运营管理实行"关停整合"机制。2019年4月17日，国务院办公厅发布《2019年政务公开工作要点》，要求优化服务功能，加强公开平台建设，推进政务新媒体健康有序发展并提出要健全新媒体管理机制，建立健全相关工作制度。

2. 现状调查

（1）调查方法、调查对象。本书主要采用网络调查法和比较研究法。调查对象为中央政府职能部门政务微信、微博和客户端，通过政府官方门户网站、政府官方微博、政务微信公众号等由政府官方运营的新媒体政务进行对比研究，把政务微信和其他政务新媒体平台进行对比，总结概括出不同政务新媒体的定位特点、优势及劣势，以帮助得出具有现实意义的结论。

（2）调查途径、数据来源。通过网络调查，访问各个中央政府职能部门网站，了解其新媒体的内容布局，然后在微博、微信和客户端应用市场了解政务新媒体的实际应用状况。

3. 政务新媒体现状调查分析

随着近些年"互联网+政务"的发展，人民对政务新媒体内容逐步做出了选择，一些随着热潮兴起的政务微博、微信和客户端等没有经受住人民的检验而逐步消亡，而内容丰富、功能齐全的新媒体则真正实现了"互联网+政务服务"的美好愿景，人民需求和政务工作在新媒体上逐步达到平衡，如今"互联网+政务服务"已形成一个相对完整的政务新媒体结构体系。

（1）政务微博。在调查的64个中央政府职能部门中，开通政务微博的有35个，占比为54.7%。50个部门有政务微信，占比为78.1%。政务客户端有25个，占比为39.1%。其中，以最核心的国务院组成部门为例，除国家安全部、住房和城乡建设部未在三个政务新媒体投入，其余24个部门至少在一个政务新媒体中有所突破。

微博作为我国第一大"社会公共舆论场"，是政府部门进行政务信息发布的主要平台。政务微博在原有的基数上继续扩张规模，吸引了越来越多的机构和个人加入政务微博阵营，参与社会的共建共治共享。截至2019年12月26日，经过微博平台认证的政务微博达到179 932个，其中，政务机构官方微博138 854个，公务人员微博41 078个。政务微博数量在部门占第二名，其中与民众生活更相关且信息发布更频繁的部门居多，大部分微博粉丝数达百万级，另有部分优秀的政务微博粉丝数突破千万级，这与大部分政务微博更新微博频繁，及时出现在社会舆论的集中地带是密切相关的。政务微博的发展没有局限于部门的功能，而是更加密切地联系群众，根据实际需求发展出了微博矩阵等，例如，公安部衍生出了公安部儿童失踪信息紧急发布平台、公安部刑侦局、公安部交通管理局、中国警方在线、人民公安报、警民携手同行、中国禁毒在线等微博，其中，中国警方在线粉丝数超3000万，是政务新媒体的优秀典范。

（2）政务微信。在64个部门中，有政务微信的有50个，占比最高。2019年微信的月活跃账户数超过11亿，作为公众通信和支付手段的重要流量入口，巨大的基础用户数量与微信订阅号、服务号和微信小程序等相互作用，使得微信兼具信息发布和业务服务功能，是政府部门实现"政务+新媒体"的优质选择。越来越多的部门开始使用政务微信，发布权威和原创内容，为民众获取官方信息资源提供了更便捷的渠道，越来越热门的小程序为政务微信的业务服务提供了更多的支持，实现了互联网发展给政务工作带来便利的目标。中国药闻的"督察"、国家税务总局的"便捷开票"和交通部的"ETC申办"等小程序，直接而有效，解决了许多以往政务工作中的细节问题。

（3）政务App。政务App注重于解决实际问题，提供政务服务渠道，在64个中央政府职能部门中共有25个已建成移动客户端平台。在以下抽样的10个部门当中，2个部门未建设客户端，2个部门仅在政府网站发布了客户端，而没有在华为应用市场发布客户端，3个客户端的累计下载量低于100万，3个客户端发展较好。首先，部分客户端的内容上仍然以信息发布为主，但政务客户端信息发布不够及时，没有突出发展客户端的需求性和必要性。一方面，客户端的推广、维护和运营都需要该部门独立完成，往往比微博、微信这类本身拥有较多用户基础的新媒体发展更加困难，部门需要根据自身实际情况做出调整。另一方面，微信的小程序在方便、快捷、低投入等多方面实现了对客户端这一形式的超越，越来越多的部门从发展客户端转为了发展小程序，这是部门自身对互联网发展的新的适应方式。在客户端中，12306、学习强国和个人所得税等与民众生活息息相关的客户端满足了民众的需要并得到了好评。

4. 政务微博、政务微信、政务App对比分析

随着近些年"互联网+政务服务"的发展，政务微博作为我国第一大"社会公共舆论场"，是政府部门进行政务信息发布的主要平台；政务App注重于解决实际问题，提供政务服务渠道；微信拥有巨大的基础用户数量，与微信订阅号、服务号和微信小程序等相互作用，使得政务微信成为兼有信息发布和业务服务的优质平台。政府信息服务中政务微博、政务微信、政务App的优劣势对比如表6-2所示。

表 6-2　政务微博、政务微信、政务 App 的优劣势对比

	定位	优势	劣势
政务微博	政务信息发布	实时性强，舆情反应迅速；弱关系性和强互动性	信息内容过多、过杂和过乱
政务微信	政务信息发布+深度业务信息服务	针对性强，私密性强，抗干扰；深度传播，信息不易沉没	推广不足、重推出而轻运营
政务 App	业务信息服务	专项业务好	额外下载麻烦、整合性不强、存在数据安全隐患

（1）政务微博

定位。政务微博是新媒体政务最早兴起的部分，开辟了从电视问政、邮箱问政到网站问政以来的政务新渠道。政务微博"微"的特点与互联网传播方式相适应，是"互联网+政务"的优秀成果。微博巨大的用户量是微博发展的优秀土壤，汇集了巨大的民情和民意，使得微博成为社会公共舆论场。鉴于此，越来越多的部门选择将政务微博作为一个能与民众进行交流的信息发布平台。

优势。其一，信息发布实时性强，舆情反应迅速。民众对于政务微博的热点信息，往往能在极短时间内产生巨大的转发量和评论量，有关部门也能根据民众的反馈及时调整有关策略，政务微博的"微"和"快"是公民实现权力监督的重要基础。其二，弱关系性和强互动性。政务微博的弱关系性指的是原本不相识的人或不同群之间的信息流动，传播着人们原本不太可能看到的信息。政务微博信息的传播力和传播速度往往优于政务微信和政务客户端。不同于政务微信的半开放留言，政务微博的交流几乎是全开放的，由此产生的互动交流汇集成了巨大的民情和民意。

劣势。面对巨大的舆论场，信息内容过多、过杂和过乱，需要进行系统的、集中的、统一的管理和引导。

（2）政务微信

政务微信最具代表性的两种形式是公众号和小程序。以下从三个方面来分析。

①定位。其一，政务微信公众号是公众基于自身的需求对政务微信号做出选择，形成了一个点对点的信息传播方式的半开放的政务平台，同时，公

众也可以在微信平台通过对话框和简单的菜单实现自己的诉求表达。一部分政府部门甚至未开通微博而只开通了微信公众号,其关键在于微信的半开放模式更适合权威信息发布而不易被其他信息掩埋。其二,政务微信小程序是基于微信平台开发的无须下载和安装即可使用的"轻应用"。小程序作为对政务客户端的一个补充,降低了开发和维护客户端所需的成本,专项业务政府信息服务能够在政务微信小程序上完成,就不用再下载客户端应用,在微信使用月活跃用户已经超过11亿的背景下,政务微信小程序距离民众不过是多一次点击,真正体现了"互联网+"的优越性。基于此,政务微信一直都是政务信息发布和深度业务沟通与办理的优质平台。

②优势。其一,政务微信是用户与政务公众号之间进行的点对点传播,针对性强、私密性强、抗干扰。在微博等公共平台不便表达的内容可以在微信中一对一表达,民众反馈的信息也更真实。其二,深度传播,信息不易沉没。相较于政务微博平台广泛的交流而言,政务微信平台则保持着一对一的交流,不会有其他冲击力更强的信息来转移民众的注意,也不会有过量的信息掩埋,点对点的互动能够以最高效的方式获得公众的反馈信息,实现深度沟通。

③劣势。其一,政务微信的推广不足。政务微信能较好地开展信息发布和业务工作的前提在于公众号被公众订阅,然而政务微信最突出的问题就在于不被人所熟知。特别是大部分政府和机关部门对政务微信的宣传意识和宣传力度都有所欠缺,许多政务公众号的内容都很好,但是没有得到公众关注和应用。其二,部分政务微信重推出、轻运营。运营能力指的是政务微信公众号信息的更新频率,发布的信息对公众是否有用,内容是否吸引读者,是否很好地利用微信的传播逻辑等。政务微信需要做好持续运营,部分政务微信重推出、轻运营,导致损失公众关注量,甚至削弱相关政府部门的影响力。

(3) 政务 App

①定位。随着智能手机的普及,智能 App 进入人们的生活。一些政府部门推广各类专业性强的政务 App,可以实现各类专业业务政府信息查询与办理。

②优势。专项业务能力强。政务 App 被用来解决与民生问题相关的领域,如交通、警事等领域,达到"让网络多跑路,人民少跑路"的目的。

③劣势。其一，需要额外下载、安装应用程序，手续烦琐。其二，整合性不强，不同生活领域需要下载、安装不同的应用程序，如交管12123、手机公积金、个人所得税，种类繁多。其三，政务 App 往往要提交重要的个人信息和民生数据，个人数据的泄露与隐私的保护是重要问题。

四、政府数据开放平台现状调查

采用网络调查的方式，对各省级、市级政府信息服务渠道中的政府数据开放平台进行调查，调查政府数据开放平台的已开放数据资源、App 应用、API 接口等数据。调查所获数据来源于各个政府开放数据平台。

1. 开放数据标准和规范

标准规范是为了在一定的范围内获得最佳秩序，经协商一致制定并由公认机构批准，共同使用和重复使用一种规范性文件。制订开放数据标准和规范指南，有利于数据开放工作的标准化和规范化实施。目前，广东、山东、上海等地区制订了专门针对数据开放的标准规范，如表 6-3 所示。

表 6-3 政府开放数据标准规范

地方	数量	名称
广东	2	DB44/T2110-2018 电子政务数据资源开放数据技术规范 DB44/T2110-2018 电子政务数据资源开放数据管理规范
山东	3	DB37/T3523.1-2019 公共数据开放第 1 部分：基本要求 DB37/T3523.1-2019 公共数据开放第 2 部分：数据脱敏指南 DB37/T3523.1-2019 公共数据开放第 3 部分：开放评价指标体系
上海	1	《上海市公共数据开放分级分类指南（试行）》

2. 现状调查分析

（1）平台建设。根据网络调查，我国约有 150 个省级、地级政府上线了数据开放平台（部门政府数据开放平台情况如表 6-4 所示），但是部分地区没有独立的数据平台，有些地方的数据开放属于人民政府的一个栏目，有的数据平台网站无法打开或者在建设升级中。东南沿海地区的省级平台已逐渐相连成片，并向内陆地区不断扩散。广东省和山东省的各地市都已推出数据开放平台。在长三角地区的江苏、安徽、浙江和西南地区的贵州和四川，地级平台不断上线并相连成片。从各省份来看，浙江、四川、山东、江苏、贵州、广东、安徽对开放政府数据平台的建设是比较全面的，其地级市中除个别城市都有独立的开放数据平台。

表6-4 部门政府数据开放平台情况

平台名称（网址）	行政级别	主管单位
北京政务数据资源网 https://data.beijing.gov.cn/	直辖市	北京市经济和信息化局
上海市公共数据开放 https://data.sh.gov.cn/	直辖市	上海市大数据中心
开放广东 http://gddata.gd.gov.cn/	省级	广东省人民政府办公厅
贵州省政府数据开放平台 http://data.guizhou.gov.cn	省级	贵州省大数据发展管理局、贵州省信息中心（贵州省大数据产业发展中心）
开放福建 https://data.fujian.gov.cn/	省级	福建省经济信息中心
河南省公共数据开放平台 http://data.hnzwfw.gov.cn/	省级	河南省人民政府办公厅、河南省发展和改革委员会
湖北省公共数据开放平台 https://www.hubei.gov.cn/data/	省级	湖北省人民政府办公厅
江西省政府数据开放网站 http://data.jiangxi.gov.cn/	省级	江西省发展和改革委员会、江西省信息中心
山东公共开放数据网 http://data.sd.gov.cn/	省级	山东省大数据局、山东省大数据中心
浙江·数据开放 http://data.zjzwfw.gov.cn/	省级	浙江省人民政府办公厅
四川公共数据开放网 http://www.scdata.gov.cn/	省级	四川省人民政府办公厅、四川省发展和改革委员会
贵阳市政府数据开放平台 https://data.guiyang.gov.cn/	市级	贵阳市大数据发展管理局、贵阳市信息产业发展中心
哈尔滨市政府数据开放平台 http://data.harbin.gov.cn/	市级	哈尔滨市人民政府、哈尔滨市政府办公厅、哈尔滨市工业和信息化局、哈尔滨市政府新闻办公室
杭州市数据开放平台 https://data.hz.zjzwfw.gov.cn/	市级	杭州市数据资源局
深圳市政府数据开放平台 https://opendata.sz.gov.cn/	市级	深圳市政务服务数据管理局

从政府数据开放平台的建设方式来看，贵州、江苏、山东、广东的数据开放平台属于打包管理类型，统一建设、统一维护，但平台建设时间并不长。贵州省贵阳市政府开放平台的建设比较全面，然而其他地级市政府开放平台存在数据量过少、链接失效问题，毕节和安顺市政府开放平台甚至无法访问。江苏省没有设立独立的省级开放数据平台，属于江苏省人民政府的一个栏目，在江苏省人民政府数据开放栏目中设置了区市开放数据平台链接，其中无锡市的政府数据开放平台网站不够稳定，时常出现无法访问的情况，其他省份如宿迁市和盐城市的开放数据都属于人民政府的一个栏目，南通市和徐州市开放数据平台页面设置比较简单，数据内容不够全面，其他市级数据开放平台比较完善，虽然数据量不足，但是功能齐全，结构分类完整。山东省全省16个市全部有完整的数据开放平台，省级的公共数据开放网链接到各个市级数据开放平台，且各个市级的数据开放平台的页面内容和机构分类基本相似，平台也比较完整。广东省将数据开放平台"开放广东"作为其省级、地市级的集聚地，其中链接了广东省省级数据开放平台和21个地级市平台，并且，广州市、深圳市、东莞市、惠州市、珠海市、江门市、中山市、肇庆市（人民政府）、汕尾市都拥有独立的政府数据开放平台，其他12个地级市都只能从"开放广东"中查询政府开放数据。同时浙江省、四川省的地级市数据开放平台都可以通过其省级平台链接，四川省成都市数据量比较大，其他地级市数据数量极少，虽然数据开放平台有了基础的结构，但是对数据平台的内容建设还需要完善。全国的平台中存在几百个打不开的错误，小部分平台的数据开放是其政府信息公开网站的一个栏目。

（2）数据主题。一是平台的数据主题，平台的主题命名有一定区别，但主题下的内容不会有大的区别。二是数据主题涉及领域比较广泛，如医疗、金融、经济、政治等领域。三是这些主题下的内容均与政府主动公开或依申请公开的内容相呼应。

（3）数据格式。就目前所开放的政府数据开放格式而言，目前各个省市开放数据的格式各不相同，XLS 作为目前数据格式应用最广泛的类型，也是最容易被其他平台所接受的。其次，在数据格式上，平台的格式并不完全统一，平台格式超过 5 种，少的平台只有一两种。另外，只有部分平台开放了RDF 这种可机读格式以供用户使用。部分政府数据开放平台的数据格式如表6-5 所示。

表 6-5 部分政府数据开放平台的数据格式

平台名称	行政级别	开放数据格式
北京市政务数据资源网	直辖市	XLS、CSV、ZIP、
上海市公共数据开放	直辖市	XLSX、XLS、DOC、PDF、CSV、
开放广东	省级	XLSX、XML、JSON、CSV、RDF
贵州省政府数据开放平台	省级	XLS、XLSX、XML、JSON、CSV
开放福建	省级	XLS、XML、JSON、CSV
河南省公共数据开放平台	省级	XLS、XML、JSON、CSV
湖北省公共数据开放平台	省级	Zip
山东公共开放数据网	省级	XLS、XML、JSON、CSV、RDF
浙江·数据开放	省级	XLS、XML、JSON、CSV、RDF
四川公共数据开放网	省级	XLS、XML、JSON、CSV

（4）平台功能。平台开放的功能以搜索功能、互动交流、App下载为主。首先，大多数平台都能够提供搜索功能，但能提供高级搜索的平台只有部分，例如，天津的搜索功能只能以数据集和数据接口的关键词为主，不开放高级搜索功能；武汉政府数据开放平台有关键词搜索和元数据搜索两种形式。其次，平台开放数据纠错、数据反馈、咨询建议、调查问卷等窗口供用户使用，但平台对问题的回复较慢，一部分平台能够对用户的问题进行公开，例如，天津政府数据开放对用户可以收集开放建议，调查问卷和公开常见问题，但并没有对用户提出的问题进行公开。另外，大多数App均开放了列举功能，App涉及领域广泛，目前只有部分平台可以下载，小部分平台并未开放其App的数目以及下载方式。部分政府数据开放平台的平台功能如表6-6所示。

表 6-6 部分政府数据开放平台的平台功能

平台名称	行政级别	功能
天津市信息资源统一开放平台	直辖市	数据集，数据接口搜索，数据应用（津心办、爱城市网），开发者中心，互动交流（开放建议、调查问卷、常见问题）

续表

平台名称	行政级别	功能
武汉市公共数据开放平台	市级	元数据搜索，信息地图，开发中心，交流互动（问卷调查、咨询建议、常见问题、数据需求），数据图谱，成果应用（54个App应用、提交App应用、研究报告）

（5）其他功能。其他功能上包括数据统计，用户画像、数据图谱、信息地图等政府数据开放的扩展功能，其中，数据统计主要以统计数据流量为主，例如，政府数据集的数量、App数量，还有主题、部门等数据。除此之外，政府的用户画像以用户的来源地，以及工作身份等数据作为支撑。深圳的画像界面以开放统计，全局图谱，热点数据作为副主题，其中全局图谱以数据集之间的关联性为主，进行可视化处理。信息地图以数据来源的位置为主，其中，地图功能与政府开放的部分数据集进行了相应的延伸。例如，江西省的地图功能依托于江西省地理信息公共服务平台，并且分为四个图层：肺炎疫情专题、公共专题、成果统筹、地理要素，每一个图层的副标题，都会在地图上标注出数据来源地点。还有部分省份依托平台开展数据竞赛，促进人才发现和数据的发展。部分政府数据开放平台的其他功能如表6-7所示。

表6-7 部分政府数据开放平台的其他功能

平台名称	行政级别	其他功能
北京政务数据资源网	直辖市	数据集、数据接口搜索、地理空间、定向数据、互动交流、数据分析、搜索、可视化工具介绍、应用App
上海市公共数据开放	直辖市	数据集、数据接口搜索、地图服务、数据图谱、数据统计、典型应用、开放生态、互动社区、安全沙箱、上海市公共数据开放普惠金融试点应用
开放广东	省级	数据集、数据接口搜索、数据图谱、地图数据、App、开放广东数据统计
贵州省政府数据开放平台	省级	数据集、数据接口搜索、应用集市、数据分析、数据图谱、可视化工具、开发者工具、地图服务、新闻动态、政策文件、互动中心
开放福建	省级	数据集、数据接口搜索、应用中心、地图中心、开放指数、互动交流、开发者中心

续表

平台名称	行政级别	其他功能
河南省公共数据开放平台	省级	数据集、数据接口搜索、应用中心、地图中心、开放指数、数据图谱、互动交流、开发者中心、大数据交易（链接中原大数据交易）
湖北省公共数据开放平台	省级	数据集、数据接口搜索、开放统计、典型应用、数据发布
江西省政府数据开放网站	省级	数据集、数据接口搜索、数据指数、数据地图、互动交流
山东公共开放数据网	省级	数据集、数据接口搜索、数据应用、地图服务、数据统计、互动交流、山东省大数据创新应用服务平台（一期）试运行
浙江·数据开放	省级	数据集、数据接口搜索、应用成果、地图服务、开发者中心、开放指数、互动交流、政策动态、浙江数据开放创新应用大赛
四川公共数据开放网	省级	数据集、数据接口搜索、地图、统计、应用、互动、开发者、文件资料、数字四川创新大赛

第二节 多渠道情境下政府信息服务渠道策略调查

一、渠道策略

政府部门拥有多种渠道为公众提供政府信息服务。从渠道的发展来看，很长时间内只存在面对面的柜台形式以及书写形式的信息交互，后来出现的电话、网络改变了公共服务渠道的现状，出现了以政府网站为代表的传统网络渠道，以政务微博、政务客户端为代表的政务新媒体，以及政府数据开放平台等。政府信息服务渠道数量的变化以及一些政治发展的需要影响着政府定位自身信息服务渠道策略。政府信息服务渠道策略可以分为四类：并行策略、替代策略、补充策略、整合策略。

1. 并行策略

并行策略即通过每类渠道都可以获取相同的公共服务。20世纪90年代之前,这是一种无意识的公共服务渠道策略,政府部门提供的公共服务渠道类型有柜台、电话、书写或打印等,公众可以通过每类渠道获得相同的公共服务,并不存在真正意义上的渠道策略。

2. 替代策略

替代策略即一类渠道可以优于或次于其他渠道,渠道可以互相替换。随着信息技术特别是网络技术的快速发展,从20世纪90年代中期开始,网络由于具有方便、快捷、大数据量存储等显著优势,逐渐成为人们信息搜索的首选渠道,同时也让网络购物逐渐融入人们的生活。同样,政府规划部门也看到了互联网的巨大潜力及其在帮助政府实现与企业和居民的互动方面的不可替代的优越性,为了推广新公共管理运动的"以用户为中心"的理念,许多西方国家采取的策略是通过"ICT s"的使用来缩减政府规模、降低成本、提高政府效益。政府信息服务网络渠道具有替换传统渠道的优势,政府倡导以网络替代其他渠道。

3. 补充策略

补充策略即依据每个渠道的自有特点,为一类公众提供最适合的政府信息服务。政府倡导的网络替代渠道并没有降低电话和政务中心等传统渠道的使用率,并不能完全替代其他公共服务渠道。一是因为部分年龄较大的和教育水平较低的人群对互联网的接受速度较慢;二是部分复杂的、歧义性的事务也不便于通过网络来处理。补充策略意味着政府信息服务通过最适合的渠道类型来进行传递,复杂性低、不容易发生歧义的政府信息服务可以通过网络渠道来提供,复杂的政府信息服务应该通过电话或面对面柜台渠道来提供。补充策略由于只需提供部分服务而不是全部服务,因此,有助于提高政府部门的供给效率和有效性,使公众不再需要进入拥挤的唯一政府信息服务渠道,也有助于提高公众的满意度。另外,由于政府信息服务对象是水平和能力各具特点的全体民众,因而,政府信息服务渠道应设计得越广越好,但制订一个大而全的补充渠道定位策略显然是不可能实现的。

4. 整合策略

整合策略即通过将各种渠道提供的政府信息服务整合在整个服务流程中,引导公众选择"最好"的无缝的政府信息服务。这是政府信息服务渠道策略发展的趋势。整合策略要求渠道特色、特定的服务及特定目标用户精心结合;

要求政府部门工作人员拥有专业的媒体知识、丰富的相关知识，如与客户交互需求、维护所有客户群体的能力等。电子和传统的政府信息服务只有供应和技术方面的服务，而不提供需求、社会、心理方面的服务，同时，一般公众不具备太多实际使用、媒体用户的需求与技巧等知识，因而，政府应当提高新的专业媒体的竞争力以实现整合策略目标。

二、多渠道情境下政府信息服务渠道策略现状

为了解我国目前政府信息服务渠道策略现状，我们采用了实地调查、网络调查、电话调查、实验调查等方式，对各级政府信息服务部门的渠道策略进行了调查，抽样选取了山东省及菏泽市、河北省及邯郸市、湖北省及汉川市、湖南省及长沙市、安徽省及蚌埠市、海南省。

1. 渠道并行策略调查

通过对山东省及菏泽市、河北省及邯郸市、湖北省及汉川市、湖南省及长沙市、安徽省及蚌埠市、海南省进行调查发现，政府信息服务渠道均存在并行策略，即一种无意识的政府信息服务渠道策略。通过以行政服务中心、热线、报纸期刊、地方广播、电视台、市档案馆、市图书馆为代表的传统渠道，以政务微博、政务微信公众号、政务 App 为代表的政务新媒体，政府网站等不同类型的渠道，公众可以获取相应的政府信息服务。

以山东省及菏泽市为例，(1) 从传统渠道来看，政府行政及城市发展的信息通过包括菏泽市行政服务中心、报纸期刊（如《菏泽日报》）、地方广播、电视台、市档案馆、市图书馆在内的各类传统渠道向公众公开。(2) 从政务新媒体来看，①山东省各机构政务微博中政务信息公开多，内容契合度高，新闻信息相对较少的官方微博包括山东财政（关注数量：73 549，微博数量：9 854，更新频率：1 条/每天，❶ 下同）、山东工信（67 814，6 385，3）、山东发展改革委（53 852，8 715，4）、山东应急管理（65 190，4 226，4）、山东司法（104 000，15 537，4）等。各机构微博的内容形式分为文字、链接、视频，以文字形式居多。大多为与各级政府机构相关的工作数据或动态新闻。较大的机构，关注较多，微博条目较多，话题数量较多，更新也较快。②各个机构同样将微信公众号作为信息服务的平台，且公众号都增加了服务咨询

---

❶ 数据来源为相应官方网站，截至 2020 年 8 月 1 日。

功能，更新频率每天1~3条不等，其机构的发布频率与政务微博类似。每篇公众号的阅读量为4 000~7 000不等，放出的评论几乎为0。如果有相对热点的新闻文章出现，阅读量能够破10 000且评论在10条左右。(3) 从政府网站来看，山东省人民政府官网作为政府数据开放的重要平台，对政务信息的公开起到了重要的作用。山东省及其市级政府网站的内容格局、设立的标签基本相同，是公众了解政府政务工作的重要平台。政府网站的内容十分全面，包括：①省内政务公开栏，包括要闻动态、各种政策文件、行政执法的公示等；②法定主动公开内容，包括规划计划、统计数据、财政预决算、历年政府年报等；③政务服务标签，包括查询业务进度以及办理业务；④政民互动栏目，包括留言、询问办理业务等，从官方公布的数据来看，该栏目共收到留言48 792条，回复48 356条，并且能够在工作时间范围内当天回复当天的留言。(4) 检索功能条，包括政务服务、政务公开、政府信息三个一级条目，5个二级条目以及大量三级条目。除了山东省人民政府官网，数据较多且具有代表性的网站还有山东省统计局官网，在该网内同样设有政务公开、公共数据栏目。其中，在公共数据下，可以找到2013~2020年的18种数据，其涵盖了房地产、交通运输、居民收支、金融等领域，十分全面。

以安徽省及蚌埠市为例：(1) 从传统渠道来看，包括政务服务中心（省级政务中心有省政府32个部门、483个行政许可项目和一些便民服务项目），报纸（如《蚌埠日报》），电视（如《蚌埠新闻联播》）、政务热线12345、市图书馆、市档案馆等渠道，政府部门通过这些渠道为公众提供政府信息服务。(2) 从政务新媒体来看，①安徽省的省直部门官方微博主要包括安徽发布（关注量：136万，微博数量：5万，❶下同）、安徽公安在线（645万，5万）、江淮气象（62万、6万）等。②安徽政务公众号主要包括安徽政务服务网、安徽省应急管理厅、安徽省人民政府网、安徽省教育厅官微、安徽省住房和城乡建设厅等。③安徽政务App主要包括皖事通（下载量：4 586万，下同）、安徽扶贫（5万）、安徽纪检监察（9万）、安徽地税移动办税（21万）等。(3) 从政府网站来看，安徽省人民官网政务公开栏目是政府信息的主要发布渠道，包括：①各市政府的政府文件、各种政策解读、政府会议、新闻发布会、重点领域的信息公开以及行政执法的公示。②历年的政府年报。③皖事

---

❶ 数据来源为相应官方网站，截至2020年7月27日。

通办以协同办理、区域通办为宗旨,与安徽政务服务网链接,群众可以通过它来办理业务以及查询业务进度,十分方便。④政民互动栏目,利用它能够通过智能问答、微信微博、问答知识库、12345政府热线这些方式,进行咨询,还设有省长信箱、厅局长信箱,显示省长信箱信件总数和当日收到信件数。

2. 渠道替代策略调查

随着网络与信息技术的快速发展,网络渠道方便、快捷、大数据量存储等显著的优势使"互联网+"进入人们的生活,政府规划部门也对网络充满热情。2006年5月,国务院办公厅颁发的《2006—2020年国家信息化发展战略》提出"逐步建立以公民和企业为对象、以互联网为基础、中央与地方相配合、多种技术手段相结合的电子政务公共服务体系";进入21世纪,国家开始自上而下启动"两网、一站、四库、十二金"系列工程;2016年12月7日,国务院总理李克强主持召开国务院常务会议,通过《"十三五"国家信息化规划》,明确未来将实施"互联网+政务服务"等信息惠民工程;2019年4月17日,国务院办公厅发布《2019年政务公开工作要点》,要求优化服务功能,加强公开平台建设,推进政务新媒体健康有序发展并提出要健全新媒体管理机制,建立健全相关工作制度。显然,政府信息网络渠道是由政府倡导,为提高政府效率,提高政府信息服务水平的主流渠道,网络渠道具有替代其他渠道的优势。笔者通过调查发现,政府信息服务渠道存在替代策略,网络技术发展及政府规划部门推动网络渠道替代其他渠道,人们可以通过网络渠道获取相应的政府信息服务。

政府部门尽可能通过网络渠道提供政府信息服务。以湖北省为例,其一,省直部门均有政务微博,其中湖北发布❶(粉丝数187万,微博数,27 437)、平安湖北(220 636万,35 442,下同)、湖北省文化和旅游厅(1 222 122万,9 454)以及青春湖北(1 163 118万,58 736)的粉丝数量最多,其相应的微博数也较多。其二,对湖北省的省直部门的微信公众号进行调查发现,有的政府省直部门同时经营多个公众号,如湖北省发展和改革委员会经营着湖北发展改革、湖北发改党建、湖北服务业3个政务微信公众号,湖北省公安厅经营着平安湖北、湖北公安在线、荆楚刑警、湖北省公安厅机关党委办

---

❶ 数据来源为相应官方网站,截至2020年7月27日。

公室 4 个微信公众号。其三，政务 App 中湖北省人民政府办公厅的鄂汇办下载量达 711 万，武汉市卫生健康委员会的健康武汉下载量达 13 万，武汉住房公积金管理中心的武汉公积金下载量达 12 万。其四，武汉市公共数据平台数据主题包括农业农村（1 145）、能源环境（1 002）、经济发展（653）、政府机构（569）、公共服务（468）、教育科技（151）等 12 个方面，数据主要来自市农业委员会、硚口区、江夏区、市统计局、武汉临空港经济技术开发区管委会（东西湖）、黄陂区、蔡甸区等 101 家单位。

以安徽省为例，其一，安徽人民政府官网（http://www.ah.gov.cn/index.html）作为政府信息服务的重要平台，主要内容包括政府文件、各种政策解读、政府会议、新闻发布会、重点领域的信息公开以及行政执法的公示、政府年报皖事通办栏目等，群众可以通过它来查询业务进度以及办理业务，十分方便。安徽人民政府官网可以链接到安徽省内各个地级市，例如，蚌埠市人民政府网站（http://www.bengbu.gov.cn/index.html），该网站信息公开栏有 41 个信息公开目录、办事服务栏目。其二，安徽省的省直部门都会有相应的微博认证，如安徽发布、安徽公安在线、江淮气象等政务微博，通过政务微博为公众提供政府信息服务。其三，省直部门相应的政务微信公众号主要为安徽政务服务网、安徽省应急管理厅、安徽省人民政府网、安徽省教育厅官微等，政务微信公众号可以为公众提供相关政府信息资源，也可以办理业务。其四，部分安徽政务 App 下载量如表 6-8 所示。皖事通等政务 App，直接把线上业务同步到移动端，方便快捷。

表 6-8 部分安徽政务 App

名称	下载量
皖事通	4586 万
安徽扶贫	5 万
安徽纪检监察	9 万
安徽地税移动办税	21 万

但是从实际情况来看，我国政府信息服务渠道中柜台渠道、电话渠道、网络渠道是并存的。同时，部分低收入或没有智能手机的老年人群，或者没有信息能力者，没有接纳网络渠道的能力和条件，需要政府为其提供传统的政府信息服务渠道。

3. 渠道补充策略调查

在我国，发端于20世纪末的流动公共服务，最初在北部边疆和东南沿海地区出现，以满足政府常规公共服务难以辐射到的群体或地区的公共服务需求。❶

"流动公共服务"是政府信息渠道服务策略中的渠道补充策略，为地广人稀的北部边疆和广阔牧区的牧民提供政府信息和其他公众服务，那里地域广阔、人口居住分散、交通不便，牧区人民生产生活具有"游牧"特征，生活在高原深处的农牧民动辄跋山涉水几十公里、上百公里才能抵达县城；一些偏远乡镇因受地理环境、交通条件、经济状况的影响没有使用网络渠道的技术条件，或者不具有使用网络渠道的能力。

"流动公共服务"主要分为文化服务类、安全服务类、医疗服务类、法律服务类等。文化服务类有"流动科技馆""流动图书馆"等，安全服务类有"流动警务室""边防巡逻队"等，医疗服务类有"流动小药箱""流动卫生服务车"等，法律服务类有"流动法律宣传车""法律服务站"等。

4. 渠道整合策略调查

河北省省级政务服务中心共53个部门参与信息服务，共有1 783个主项服务、872个子项服务和1个便民应用。市级政务中心，如邯郸市政务中心，共35个部门参与政府信息服务，共有552个服务主项、778个子项和28个便民应用。区级政务中心，如邯郸市丛台区政府信息服务共27个组织参与，共有301个主项、409个子项和28个便民应用。同时，各政务中心配备专门的计算机以实现网上查阅，将各级政府门户网站政务公开专栏设置为桌面快捷方式，方便公众浏览查询。

安徽人民政府官网设立的皖事通办栏目，以协同办理、区域通办为宗旨，与安徽政务服务网链接，群众可以通过它来办理业务以及查询业务进度，十分方便。安徽政务服务网蚌埠分厅包含53个市级部门，各部门线上协同工作，实现皖事通办、协同办理、区域通办。

以山东省大数据中心整合推出的爱山东App为例进行的调查如下。山东省大数据局通过整合各级各部门分散建设的移动端政务资源，开发了"爱山东"App。"爱山东"App是山东省统一移动政务服务总入口，是推动"数字

---

❶ 刘银喜，朱国伟，王翔. 流动公共服务：基本范畴、供给类型与运行实态[J]. 中国行政管理，2018（12）：98-103.

山东"建设的重要举措，接入了与公众服务密切相关的服务事项，包括社保医保、驾管营运、健康就医、创业就业、教育考试、旅游出行、公共设施、法律救助、退役军人、便民缴费、其他服务、营商服务、融资信贷、投资审批、资质认证、市场监管、科技创新、国土资源、工程建设、交通运输、农林木水、文旅服务、公安消防、公共信用共24大类及其下设的219小类。实现让群众在移动端"下载一次、办全部事"。不仅如此，在此App内也可以了解省内及各市的咨询。

无论海南省传统渠道中的海南12345热线，还是海南省人民政府官网、海南省政府数据统一开放平台，都实现了从职能到辖区的集成、整合。海南政府统一集成各个职能机构和市县机构的电话于海南12345，整合全省政府部门投诉举报公共服务电话资源，建设涵盖消费维权、经济行为违法举报、民生服务、人力资源和社会保障咨询等职能。2019年，海南12345服务热线呼入量351.50万件，应答量336.72万件，接通率95.80%，受理总量392.18万件（含语音、网站、微信等全媒体渠道），其中有效办件353.14万件。需回访办件120.51万件，已回访办件119.80万件，其中获满意评价112.49万件，满意率93.89%。[1]

从调查结果来看，政府信息服务渠道整合策略得到了各级政府的重视，各级政务服务中心能整合所辖各个职能部门，以一站式服务为公众提供各类政府信息服务。12345热线能集成、整合省内或市内各类公共服务电话资源。省级或市级政务App能整合与公众工作生活密切相关的政府信息服务事项，如社保医保、驾管营运等。

第三节　多渠道情境下政府信息服务渠道现状调查主要结论

一、多渠道情境下政府信息服务渠道现状调查的总体情况

1. 多渠道情境下政府信息服务渠道服务呈现多样性和整合性趋势

通过对山东省及菏泽市、河北省及邯郸市、湖北省及汉川市、湖南省及

---

[1] 2019年省政府12345综合服务热线运行情况［EB/OL］．［2020-08-08］．http://zw.hainan.gov.cn/portal/pages/detailFrame.jsp?id=11535555．

长沙市、安徽省及蚌埠市、海南省的政府信息服务渠道现状进行调查。所有被调查的地方都提供了传统渠道、网络渠道、政府网站、政务新媒体、政府数据开放平台等多样化的政府信息渠道。传统渠道，如政务中心分为省级、市级、区级等不同级别，还包括电视、报纸、广播、政务热线等传统渠道。政府网站分为省级、市级、各省市级职能部门开办的政府网站，内容丰富，时效性比较强、政府网站与网友的互动良好。政务微博是政府部门进行政务信息发布的主要平台，政务微信成为兼具信息发布和业务服务的优质平台，政务 App 专业性强，可以实现各类专业业务政务信息查询与办理。省级、地级政府数据开放平台逐步得到推广，东南沿海地区的省级平台已逐渐相连成片，并向内陆地区不断扩散。

不管传统渠道的政务中心、热线，还是网络渠道的政府网站、政府数据开放平台，在渠道内都具有整合性，能为公众提供集成的政府信息服务。政务服务中心提供统一场地，让多个部门参与信息服务，为公众提供多项主服务和相应的子项服务。政府 12345 热线，整合全省或全市政府部门投诉、举报公共服务电话资源，涵盖消费维权、民生服务、人力资源和社会保障等各项政府信息服务。政府网站以协同办理、区域通办为宗旨，为公众提供整合的政府信息服务，让公众感到十分方便。政务 App 整合各级各部门分散建设的移动端政务资源，提供省级统一移动政务服务总入口，为公众提供与生活、工作密切相关的政府信息服务，十分方便。政府开放数据平台为公众提供医疗、金融、经济、政治等各领域的政府数据服务，功能比较强大，数据覆盖面比较广。

2. 渠道整合不足

（1）已有的整合多是单个渠道内的业务整合，但也存在不全面、不完整的情况。政务服务中心尽管有数十个部门参与，提供上千项主项服务、子项服务和便民应用，但并不能涵盖与人们工作、生活密切相关的所有政府信息服务，有些政府信息服务仍需到相应的职能部门查询。定位为非紧急报警类政务服务热线的 12345 热线整合情况也存在差异，有些地区整合全省或全市政府部门投诉举报公共服务电话资源到 12345 热线，有一些地区依然采用 12366 纳税服务热线、12369 环境保护举报热线、12329 住房公积金客服热线，这些分职能的政务服务热线，还没有实现公共服务电话资源的整合。省级整合型的政务 App 也只覆盖部分政府信息服务，如湖南智能整合政务 App "智慧人社"提供了部分社保的政务信息服务，但不能查询驾管营运等相关信息，需要下载另一个政务App"12123"，导致手机中必须下载各类政务App来满足生活或工作中的政府信息查询，没有充分发挥整合的优势。

（2）渠道间整合不足。互联网技术改变着人们的生活习惯，形成了人类行为活动从线下向线上迁移、线上与线下整合的新形势。政府信息服务线上线下整合分为社交整合和办公整合两方面。社交整合指通过有效整合线上和线下社交活动来满足公众的社交需求，如政府可以利用政务微博和微信发布活动讯息，并鼓励当地群众参与，群众可以在参与线下活动的同时从线上掌握活动实时信息并与线上的朋友进行交流互动。办公整合指线下办公流程逐步向线上迁移，能在线上完成的手续流程不用再在线下跑窗口进行办理，如税务查询、罚款缴纳等。❶办公整合方面，仍存在部门之间数据不畅通的问题；社交整合方面，移动互联网技术使人们摆脱了社交互动的时空限制，人们希望随时随地与政府工作人员进行互动，使与政府的交流、沟通咨询便捷化，但并没建立相关的制度、规则来保障线上线下整合的实现。

3. 精准服务不足

（1）政府信息渠道需求精准识别不足。世界各国基于一般用户需求开发政府信息渠道服务的设计，导致数据使用落后，政府信息服务过程中对用户需求的理解还不充分，细化的精准服务不足，难以满足不同背景、不同目标的用户的个性化需求。目前，我国政府信息渠道服务的精准识别不足，一是政府信息服务渠道强调自上而下的推广，如随着国务院颁发《国务院关于加快推进"互联网+政务服务"工作的指导意见》，政务微博、政务微信公众号、政务App在不同层级、不同职能的政府部门得到大力推广，各种政务微博、政务微信公众号、政务App出现在人们的智能手机中，但是不少政务微信公众号、政务App在推广之后处于沉寂状态。二是政务新媒体为政民沟通提供了良好的渠道，社会公众也能通过政务新媒体表达自己的各种想法、提出需求和建议，但这些散落在不同政务新媒体的信息没有被很好地挖掘，其关注的内容、访问规律、对政府信息服务渠道的需求没有通过数据分析识别法被精准识别。

---

❶ 朱红灿，李建，胡新，等. 感知整合和感知过载对公众政务新媒体持续使用意愿的影响研究［J］. 现代情报，2019，39（11）：137-145.

(2) 政府信息服务渠道精准服务不足。现有的政府信息渠道服务已无法满足民众日益层次化、个性化和多元化的需求，自上而下、单一化的科层制供给模式导致供给和需求不匹配，政务资源整合困难，容易出现"供给盲区"和"供给过剩"等问题。❶

传统的粗放的"经验式"管理模式依然存在，疫情防控期间，作为防控工具的健康绿码，方便健康查询，在疫情管控工作中发挥了重要作用，但是一刀切的粗放服务方式给没有智能手机的人群带来了麻烦，他们甚至无法坐车、无法出行。政务App、政务微博及时发送的疫情动态给大部分人带来方便，但是没有智能手机的人群却无法享受这么便利的政府信息服务渠道。技术、人力投入不平衡，使一些盲目跟风建设的政务新媒体平台在宣传和运营方面跟不上，重形式、轻内容，重技术、轻运营，无法让社会公众切实感受到政务新媒体平台的优势和作用。政府门户网站依然重视宣传而轻视服务，宣传类、介绍类的信息比较多，而社会公众特别关注的、与生产生活相关的政府信息所占比例却比较少，这让用户感到十分不方便，体验感较差。

二、传统渠道情况

传统渠道包括各级政务服务中心、政府部门接待厅、电视、报纸、热线电话等渠道。政务服务中心提供由多个部门提供的上千个主项服务、子项服务和便民应用，是传统渠道中，各项业务办理时获取相关政府信息服务的主要渠道，是提供较多的政府信息服务的"一站式"场所。整合的全省或者全市非紧急报警类政务服务热线电话12345承担着受理或答复群众提出的咨询、求助、建议、批评、投诉和举报等事务，满意率比较高。在新媒体环境下，电视、报纸、广播的受众减少，但是依然承担着一定量的政府信息发布事务。各级图书馆、档案馆均在查阅大厅设立政府信息服务专区，提供专门的咨询和检索便民终端，并安排现场工作人员进行引导和提供服务。

传统渠道的不足之处：

(1) 查询方式不够便捷。由于网络的兴起，导致各种传统行业都受到了冲击，电视台的收视率急剧下滑，人们足不出户便可以通过网络更方便快捷地查询到自己想要的信息。因此，传统渠道虽然依然存在，但是利用效率并

---

❶ 邢振江，张娟娟，等. 互联网+地方政务服务精准化供给研究 [J]. 中国行政管理，2019，(9)：155-157.

不高。

(2) 各渠道信息服务职能不够清晰。对于政务服务中心而言，人们更多会以办理各种手续为目的到访该机构，较少去查询政务信息，图书馆也不例外，政府信息服务职能只是它们的附带功能。而电视台、广播由于受时间的限制，更多的是选择公布动态政务信息，不利于对相关信息进行全面了解。

(3) 时间、空间受到限制。受工作时间限制，政府信息服务的及时性不够突出，尤其是突发事件中迫切受人们关注的应急信息不具有及时性。由于是固定地点服务，增加了人们的出行成本，政府信息服务不具有便捷性，因而，传统渠道的政府信息服务与利用受限，导致传统渠道并不能作为网络时代政府信息服务的主要阵地。

三、政府网站与电子邮件情况

各省级、市级人民政府官网是政府信息服务的主要渠道。电子邮件是社会公众与政府部门沟通的一种方式。人民政府网站的信息咨询覆盖面广，部门类网站发布信息，办理事项则具有行业内的特色。政府门户网站信息的发布形式主要为新闻发布会、视频访谈、图文访谈、公告公示、专题专栏、网站超链接、政策解读等。政府网站信息的来源主要有两个方面：一是自身网站编辑的各种信息，二是对其他网站的信息进行转载整合。网站对政府信息的各部分内容进行分类，以目录等级的方式组织起来并分成不同的模块。政府网站信息内容的时效性比较强，每天都会更新，对于信息的发布数，网站的更新量比较大，省级网站年度信息内容发布量均过万或者几十万，从整体上看，省级政府网站信息的更新量比较大，市级政府网站和部门网站的信息发布量相较于省级政府网站明显减少。政府网站对于网民的留言能够快速进行处理，并且公布在网站中，其他网民有类似的问题也可以通过政府的公示得到了解。

政府网站与电子邮件的不足之处：

(1) 政府网站与网站用户实际需求有差距，不够完善。各级政府网站旨在提供公开政府信息、提供行政办事服务、便民服务等方面的服务，网站建设总体水平呈上升趋势，然而，部分网站与民生相关的办理服务相对缺乏，比如与公众密切相关的医疗、社保、教育、就业等方面，对于与这些方面相关的政策文件，办事服务等宣传不到位，这些与大众自身利益相关的民生问题，需要引起足够的重视。另外，从调查的数据来看，部分政府网站不重视公众与网站的交流互动，公众在政府网站留言是希望自身的问题能够得到及时的解决，但是政府网站对公众的问题处理得不够及时，在线交流活动缺乏。

(2) 部分政务网站的服务互动时效性有待加强。通过调查发现，政府网站处理留言板模块的时间一般控制在 10 天以内，有的甚至更短，但是部分网站的处理速度达到一两个月，譬如，山西在 2019 中平均办理时间为 60 天，时间过长，没有在第一时间处理群众的问题，难以切实为群众服务。整体看来，有的政府网站虽然处理网民的留言等事项积极、迅速，带来了较大的正面影响，但是仍然有大部分政府网站在处理群众留言方面不够积极，反应过慢。不能切实快速地解决问题，大部分网站与公众的互动时效性需要进一步提高。

(3) 政府网站信息公开程度偏低。通过对政府网站的审视可以发现，多数网站上政务公开、要闻、政务服务、互动交流和新闻发布会占据主要位置，且发布的大部分都是这类信息，而公众的留言数量比较多，但政府网站公开答复留言的数量比较少，比如，2019 年湖北省政府网站收到网民留言 28 313 条，办理留言 27 294 条，公开答复数量只有 116 条，公开的程度较低。很多政府网站都存在这样的问题。

(4) 网站建设技术不平衡。各级政府都在政府网站的建设上费了功夫，但是各省级网站建设方面仍有差距。部分地区的政府网站中，对于很多内容只设定了相应板块，点击查看却无法打开网址，或者打开网址速度非常慢，带给用户的体验感非常差；对于网站的页面设计，众多网站的质量参差不齐；对于政府网站的建设缺乏统一的标准，各个网站的建设水平差异较大，发展不平衡。

(5) 政府网站内容重视宣传而轻视服务。不论省级网站还是市级网站，都是将网站的页面分为几个模块，但是从整体上看，对各网站的介绍、各种政策文件的宣传、新闻类的宣传报道这些内容会占较大的篇幅，且这些事项在政府网站的页面上占据显眼的位置，而真正办事的政务信息服务事项则不易找到，且大部分办事服务的页面都会跳转到其他网页，比如，通过网站下载相关表格，一般都是附在某一则报道消息中提供表格下载，没有专门的区域来显示，这对于用户来说十分不方便，且不易找到。而在网站的页面中，政务服务类内容所占的比例比较小。整体来说，政府的门户网站中，对于宣传类的信息比较重视,而政务服务类信息所占的比例小,没有受到足够的重视。

四、政务新媒体情况

政务新媒体包括政务 App、政务微博、政务信息公众号等新型的政府信息服务渠道。内容丰富、功能齐全的新媒体真正实现了"互联网+政务服务"的美好愿景,人民需求和政务信息服务在新媒体上逐步达到平衡。政务微博是政府部门进行政务信息发布的主要平台,实时性强,舆情反应迅速;具有弱关系性和强互动性。政务 App 注重于解决实际问题,提供相应的政务信息服务,专项业务好。政务微信与微信订阅号、服务号和微信小程序等相互作用,成为兼具政务信息发布和政务业务服务的优质平台,针对性强,私密性高,抗干扰;能够深度传播,信息不易沉没。

政务新媒体的不足之处:

(1) 政务新媒体平台建设和运营不具备明显优势。与其他新媒体内容相比较,政务新媒体平台在宣传和运营上都有差距,背后是技术、人力等投入的缺乏。能力和政务新媒体平台的建设不能盲目跟风,要根据部门定位和用户需求来引导平台的开发、建设和运营,"一刀切"的开发只会让民众无法切实感受到政务新媒体平台的优势和作用,降低政务新媒体的影响力。

(2) 政务新媒体仍存在数据不畅通问题。政务新媒体的发展融合了互联网发展的新技术,却不能仅仅停留在新技术上,而是要在政务工作中解决旧问题、发现新问题,同时,也不能带来新问题、遗忘旧问题。部门之间数据不畅通、数据库不畅通的问题仍然存在,政务新媒体带来了新的学习成本,却没有很好地解决数据不畅通的问题。

(3) 部分政务新媒体内容疏于把关。政务新媒体的权威性、影响力在各类媒体中占据领先地位,政务新媒体是新时代下政府形象的又一表现形式。部分政务微信公众号开通后鲜有原创内容更新,政务微博开通后频繁转发一些与其定位不符的内容,政务客户端的内容老化、链接失效,这都将导致政务新媒体逐渐失去影响力。政务新媒体的内容仍然以政务工作为主,同时要对原创内容质量进行严格把关,不能"懒政",也不能为了流量而忽略政务工作的核心目的。

五、政府数据开放平台情况

目前,我国已有超过 100 个省级、地级政府上线了数据开放平台,东南沿海地区的省级平台已逐渐相连成片,广东省和山东省内的各地市都推出了数据开放平台,江苏、安徽、浙江和西南地区的贵州和四川,地级平台不断上线并相连成片,但是,部分地区没有独立的数据平台,有的地方的数据开放是人民政府的一个栏目。数据主题涉及医疗、金融、经济、政治等领域,一般包括经济建设、信用服务、财税金融、旅游住宿、交通服务、餐饮美食、医疗健康、文体娱乐、消费购物、生活安全、宗教信仰、教育科研、社会保障、劳动就业、生活服务、房屋住宅、政府机构与社会团体、环境与资源保护、企业服务、农业农村等内容,数据格式包括 XLSX、XLS、DOC、PDF、CSV 等。平台提供搜索、互动交流、下载、统计、用户画像、数据图谱、信息地图等功能。

政府数据开放平台的不足之处:

(1) 政府数据开放平台不平衡。政府数据开放平台建设速度不一,开放程度也各不相同。北京、上海、深圳、广州等一线城市对政府数据开放较为重视,平台建设较为完整,在 2020 年全球重要数据开放指数排名中分别位列第一、第四、第七、第八。而自 2017 年起步的平台建设速度普遍比较慢,但同期的贵阳政府数据开放平台早已跻身全球重要数据开放指数前十名。

(2) 提供的开放数据不全面。截至 2020 年 8 月 27 日,我国共开放了 148 个政府数据开放平台,其中以河北省为例,目前只有两个市以模块的形式开放了统计年鉴等部分数据,目前,还有部分地区并未开放数据,或者并未实施,或者还在计划实施开放数据方案。部分平台只开放了静态数据,或者更新数据的频率较慢,缺乏实时性的动态数据。如衡水市目前还没有动态更新的数据。

(3) 响应不高、不及时。部分政府数据开放平台用户反馈的意见回复率不高,或者回复速度较慢。如针对上海市政府数据开放共有 120 条意见,只有 43 条得到回复,回复率只有 35.83%,而且上海市最新一条意见反馈的提交时间为 3 月 19 日,回复时间为 3 月 30 日。

| 第七章 |

公众选择导向的政府信息服务渠道策略方向

公众获取政府信息渠道选择导向是顾客满意度战略的有效运用,是推进政府信息服务均等化的现实需要,是推进政府信息服务渠道策略创新的内在要求。系统、深入地研究政府信息服务渠道策略的公众导向,从公众选择导向的视角明确政府信息服务策略创新的方向,是创新政府信息服务渠道管理模式的新视野,是公众获取政府渠道选择导向的新课题。

第一节 公众获取政府信息渠道选择导向的多维透视

一、公众获取政府信息渠道选择导向是顾客满意度战略的有效运用

顾客满意度战略作为流行于西方发达国家的行销战略,目的是让企业建立"顾客至上"的理念,使顾客百分之百满意,从而提高企业效益。[1] 20 世纪 80 年代以来,行政学学者将"顾客导向"作为一种政府管理和服务上的创新理念引入西方政府管理,在公共服务中实施顾客满意战略,目的是让政府建立"顾客至上"的理念,提升政府工作人员的服务意识,提高公众服务质量,提高公众满意度,进而提升公共服务效率。公众获取政府信息渠道选择导向可以作为政府信息服务渠道管理和服务上的创新理念,公共部门在政府信息服务渠道管理和服务中实施顾客满意度战略,一是为公众提供最恰当、

---

[1] 刘宇. 顾客满意度测评 [M]. 北京:社会科学文献出版社,2003:1-7.

最合适的政府信息服务渠道服务,二是推动政府信息服务工作的开展。

1. 公众获取政府信息渠道选择导向有助于收集公众渠道选择信息

公众获取政府信息渠道选择导向要求政府收集公众获取政府信息时的渠道选择信息,既包括对政府信息服务渠道方面的需求信息,又包括变化及原因等信息,同时也可以收集公众对政府信息服务渠道服务的反馈信息,为政府信息服务相关决策提供支持。

《条例》明确规定公众获取政府信息的方式多种多样,既包括传统方式,如政府公报、新闻发布会、广播电视、政府接待厅、电话等,也包括电子政务环境下的网络方式,如政府网站、政务微博、政务微信、移动端等,还包括专业信息机构提供的政府信息服务,如国家档案馆、公共图书馆等。了解公众如何在多种方式中选取合适渠道的行为是非常有必要的,有利于了解和分析公众的渠道选择规律,寻找优化政府信息服务的途径。

公众获取政府信息渠道选择导向要求公众部门了解公众对获取政府信息渠道种类的需求,包括渠道种类的多少,对各种渠道的政府信息内容与服务的期望,偏好渠道的类型及要求,以及不同背景、不同目的的人对渠道需求的异同等。公众的需求不是一成不变的,会随着时间、空间的变化而变化。公众获取政府信息渠道选择导向也要求公众部门了解公众对政府信息服务渠道及相关服务需求的变化,既要了解空间维度,即不同区域公众对政府信息服务渠道需求的变化,也要了解时间维度,即不同时期随着社会发展变化,公众对政府信息服务渠道需求的变化,以便做适时的调整,从最能提高公众满意度的方面,制定政府信息服务渠道管理策略。公众获取政府信息渠道选择导向还能收集公众对政府信息渠道服务的反馈信息,了解政府信息服务渠道及其承载的政府信息服务满足公众需求的程度,以及公众满意的程度,找出差距,寻找关键因素,以制定策略加以改善。

2. 公众获取政府信息渠道选择导向是实施顾客满意度战略的前提和基础

企业在管理的人本化过程中从生产导向型转向顾客导向、消费者导向,同样,20世纪70年代末兴起的新公共管理运动中,各国政府借助顾客导向的行政价值观,改善了当时的管理流程,提高了管理的针对性,重塑了现代政府形象，从官僚政治导向向公民（顾客）导向转变。❶ 在公共服务中实施顾客满意度战略，目的是使公众对政府提供的公共服务满意，从而提高公共服务效率。在政府信息服务渠道管理中，公众渠道选择导向是实施顾客满意度战略的指导方针，公众渠道需求是实施顾客满意度战略的源头。公众渠道选择导向可以深入了解公众获取政府信息时对渠道类型、渠道类型承载政府信息的需求，可以深入分析公众渠道选择行为，把握公众渠道选择行为规律，了解公众获取政府信息渠道选择行为的影响因素。以公众获取政府信息渠道选择导向的政府信息服务渠道管理将围绕所获取的公众对政府信息的需求、所把握的公众选择行为规律来开展工作，政府部门提供回应性政府信息服务，满足公众对政府信息的需求和愿望，从而提高公众对政府信息服务的满意度。

3. 公众获取政府信息渠道选择导向的目标是令公众满意

在政府信息服务中实施顾客满意度战略，目的是在政府信息服务中建立"以公众为中心"的理念。公众渠道选择导向，通过树立公众对政府信息服务渠道建设和管理的偏好导向，使"以公众为中心"的理念得以体现。其一，产品满意。公众获取政府信息渠道选择导向，可以了解公众对政府信息服务渠道及渠道承载信息方面的需求，站在公众的立场上，以公众需求与公众满意为宗旨，为公众提供具有实用性、客观性、准确性、完整性、连续性和安全性等的满足公众需求的政府信息。其二，服务满意。公众获取政府信息渠道选择导向，可以了解和分析公众获取政府信息渠道选择行为的影响因素、把握公众选择行为规律，便于政府部门在政府信息服务全过程中，在每一环节都为公众着想，将政府信息以一种便于公众理解的方式呈现，令公众满意，并保证公众获取政府信息过程的经济性、时效性、有序性、层次性、合法性，保证政府信息渠道服务体系的完备性、系统性、先进性。其三，社会满意。公众获取政府信息渠道选择导向，便于提高公众对政府信息服务的内容和服务的满意度，既有利于公众获取与生产生活相关的政府信息，也便于公众了解行政机关的活动情况，对行政机关工作人员行使职权的行为进行监督，提高政府工作透明度和开放性，维护社会稳定。

---

❶ 聂萍. 顾客导向型政府绩效审计制度改进与实现途径［M］. 北京：中国人民大学出版社，2015：100.

二、公众获取政府信息渠道选择导向理念对政府决策政府信息服务工作具有指导意义

1. 以公众本位的思想为指导，促进我国政府信息服务渠道管理范式适当调整

以"公众为中心"的理念要求政府信息服务活动以公众的满意为指导方针，以公众的需求为工作源头。从制度和内容形式上来看，党的十九大报告指出，"必须坚持以人民为中心的发展思想"。我国政府信息服务渠道管理工作尽管强调"以人民为中心"的发展思想，但还远未实现公众本位。首先，从制度形式上来看，我国现行政府信息服务制度体系依然是政府推动型，政府部门在政府信息服务渠道建设和渠道管理中的主导作用短期内不会发生根本性变化，公众的需求和偏好有待进行系统性分析，以期发挥对政府信息服务渠道建设和管理工作的指导意义。其次，以政府为主导的政府信息服务渠道建设和渠道管理，公众参与相当不足，政府追求自身行政效率，致使公众参与权被弱化，而公众缺乏参与政府信息服务渠道建设和管理的机会，长此以往，公众参与意识降低。如果以公众本位的思想为指导，我国政府信息服务渠道建设和管理应加强对公众需求和偏好的关注，并通过对公众需求和偏好进行系统分析，形成特定的服务，为不同目的的公众提供针对性服务。另外，有必要将政府信息服务渠道建设和管理中的公众参与明确化和具体化，为公众参与提供途径，并培养公众的参与意识和参与能力。

2. 回应服务型政府对组织形式和行为形式灵活性的要求，创新政府信息服务渠道策略

服务型政府涵括"以人为本的治理理念、依法执政的行为准则、公众需求导向的服务模式和回应民意的政府责任"，是中国行政体制改革的重要目标，也是政府体制变革的路径选择。❶ 从渠道策略来看，我国政府信息服务渠道在服务型政府的效能体现上还存在不足之处。缺乏全局整合战略，既没有内容上的整合，也没有渠道上的整合。如果回应服务型政府对效能的基本要求，我国政府应创新政府信息服务渠道策略。以公众获取政府信息服务渠道选择模式为导向，进行多维渠道整合，为公众提供"最好"的无缝的政府信息服务。

---

❶ 姚金伟. 项目制与服务型政府转型：制度演化中的异化 [J]. 中国行政管理, 2016 (9)：28-33.

第二节　公众获取政府信息渠道选择导向的现实依据

一、推进政府信息服务均等化的现实需要

1. 政府信息服务均等化总体效果不尽如人意

政府信息服务均等化,即政府要为社会公众提供基本的、在不同阶段具有不同标准的、最终大致均等的政府信息服务,实现政府信息服务公平。政府信息服务公平是指在政府信息服务过程中公众能享受公平的政府信息服务,保障给无差异的个体带来同等的信息使用效益。政府信息服务公平主要体现在以下几个方面：权利公平,政府信息服务公平的核心；机会公平,实现政府信息服务公平的基本条件；规则公平,实现政府信息服务公平的必要保障；结果公平,政府信息服务要满足公众获取信息的需求。❶ 李燕凌等❷学者在研究中发现,中国基本公共服务均等化失衡现象非常突出：一是政府提供基本公共服务均等化的功能支撑力疲软。我国财政预算投入一直以促进经济发展为主,财政支出用于民生性基本公共服务的比例相对不足,无论基本生存性服务、公共发展性服务还是基础设施建设服务方面,都难以满足基本公共服务均等化的核心功能需求。二是政府努力缩小城乡基本公共服务差别的效果不佳。长期以来,我国实行城乡差别的二元户籍制度,政府在城乡基本公共服务供给制度上实行完全不同的财政政策,城市居民享受的基本公共服务由政府完全投入,农村居民则基本上采取自我筹资的办法供给公共产品。城市居民享受基本公共服务供给的水平要远高于农村居民。三是城乡基本公共服务均等化投资建设环境差距较大。我国各地政府在城市地区的服务供给稳步推进,部分发达省区城市公共服务已经比较完善。虽然中共中央在政策中再三强调新增公共服务支出要重点向农村倾斜,但在地方财政支出政策中仍难

---

❶ 段尧清. 政府信息公开：价值、公平与满意度 [M]. 北京：中国社会科学出版社, 2013：87-90.

❷ 李燕凌, 杨日映, 陈麒羽. 城乡基本公共服务均等化的功能、困境与路径选择 [J]. 湘潭大学学报（社会科学版）, 2016（6）：11-15.

以得到落实。刘德浩❶通过实证研究发现，我国基本公共服务均等化的发展水平还相对较低，不同区域间基本公共服务发展水平仍有较大差距；各地不同类型基本公共服务发展水平不均衡。我国目前依然存在比较严重的信息鸿沟，既存在发达地区与不发达地区的差距导致的ICT接入方面的信息鸿沟，又存在收入、教育、年龄等人口统计特征方面的差距导致的信息能力方面的信息鸿沟，这些鸿沟是信息不公平的集中体现。只有创新政府信息服务渠道管理，整合政府信息服务渠道，缩小信息鸿沟，推进政府信息服务均等化，才能实现政府信息服务公平。

2. 政府信息服务均等化亟待推进

政府信息服务制度的建立是为了保障公众的知情权，一是满足公众生产生活的政府信息需求；二是给公众了解、监督行政行为提供条件，提高行政透明度、防止政府腐败，保障公职人员不肆意妄为。推行政府信息服务均等化，实现政府信息服务公平，一是可以转变传统政治文化观念，改变公众一贯服从、自身权利意识淡薄的传统政治文化观念，改变政府工作人员对政府信息一贯垄断、专有、无视知情权的传统政府文化观念。二是可以规范经济秩序，在政府信息服务公平的环境下，公众对政府信息有充分的了解，借助政府公布的相关信息和提供的优质信息服务，可以维护市场秩序，营造起一个透明、健康、高效的经济环境。三是有助民主法治的实现，政府信息服务公平是公平正义的前提，只有政府信息服务公平，才能实现机会均等、程序公平、分配公平，政府信息服务公平为保证和发扬民主权利提供了实现路径；更是提高依法行政的透明度，政府机关合法行政、合理行政的可靠依据。❷❸平等、公正、法治的政府必然是信息公开公平的政府，坚持公平正义是中国特色社会主义的内在要求，尽管我国政府信息服务取得了实质性的进步，但实现政府信息服务公平还有很长的路要走，为有效实现政府信息服务公平，亟待推进政府信息服务均等化，发挥政府信息服务在维护政府透明、廉洁，追求社会公平公正中应起的作用。

---

❶ 刘德浩. 区域基本公共服务均等化发展水平的实证研究［J］. 统计与决策，2017（5）：104-108.

❷ 段尧清. 政府信息公开：价值、公平与满意度［M］. 北京：中国社会科学出版社，2013：87-89.

❸ 段尧清，刘静. 基于公平的政府信息公开研究［J］. 情报科学，2010，28（6）：830-833，843.

二、推进政府信息服务渠道策略创新的内在要求

1. 创新政府信息服务渠道策略

在当今的大数据环境下,随着数据的丰富和公众权利意识的觉醒,政府和公众这两大政府信息服务主体不再是简单的信息发送与接收关系。政府方面,大数据使政府难以感知所有信息的价值,难以满足所有的公众需求;公众方面,信息需求被激发,获取政府信息的意识由以往的被动接收逐渐转变为主动获取。❶ 为提高政府信息服务效果,以适应逐步变化和发展的公众对政府信息知情权的需求情势,应创新政府信息服务渠道策略。

首先,公众渠道选择行为模式导向可以促进政府信息服务渠道管理理念的创新。公众获取政府信息渠道选择行为模式导向强调公众需求与公众满意导向,要求对公众获取政府信息的主动意识作出积极的行动与反应,这与政府绩效管理的结果导向一致,客观要求政府改变政府信息服务渠道管理观念,以公众满意为标准,用服务型理念、工作思路、工作方法来开展政府信息服务工作。

其次,公众获取政府信息渠道选择行为模式导向可以促进政府信息服务模式的创新。公众获取政府信息渠道选择行为模式导向以追求公众满意为目标,客观要求政府提供实现公众表达政府信息需求、自主获取所需信息的便捷途径,客观要求政府运用现代信息技术建立公众特征和信息特征相关联的机制,将生成的推荐信息双向推荐给政府和公众,激发政府的信息公开行为,满足公众的政府信息潜在需求,实现个性化政府信息服务。

2. 推进多维渠道整合

我国当前的政府信息服务渠道逐渐多元化,网络环境下,政府网站、微博、微信是"主动公开"政府信息的主要渠道;各地方政务信息中心是"主动公开"和"查询政府信息"的常规场所;传统的大众媒体——报纸、电视、广播——是"主动公开"的补充形式;政府公报与政府发言人制度是"主动公开"的特殊形式;国家档案馆和公共图书馆是"查询政府信息"的补充形式。众多渠道处于各自为政的多头管理之下,缺乏整合、协调,无法为公众

---

❶ 肖博,刘宇明,段尧清. 主体能动差异情境下的政府信息公开模式构建[J]. 情报科学,2016,34(9):23-26,35.

提供全面的、有梯度的政府信息服务，更无法实现智慧化的政府信息供给。❶只有实现多维渠道的整合，才能引导公众选择"最好"的无缝的政府信息服务。

首先，公众获取政府信息渠道选择行为模式导向可以促进政府信息服务内容的整合。公众获取政府信息渠道选择行为模式导向要求政府为公众提供全面的、完整的、有效的政府信息服务，将隶属不同组织、不同部门的政府信息运用信息资源整合方法，从技术、规范、机制角度进行整合。

其次，公众获取政府信息渠道选择行为模式导向可以促进政府信息服务渠道的整合。公众获取政府信息渠道选择行为模式导向要求政府满足公众通过一站式服务获取一揽子政府信息服务的愿望，运用现代信息技术建立"一站式"政府信息服务平台，建设国家至地方各级政府机构层面的政府信息服务目录乃至目录体系，建立一揽子政府信息服务多维渠道整合机制，从技术、制度、机制三方面同步推进政府信息服务资源整合发展，也可以推动政府信息向开放政府数据（Open Government Data，OGD）共享的发展。

第三节 基于公众获取政府信息渠道选择模式的政府信息服务渠道策略的发展方向

一、政府信息服务渠道策略的公众导向检视分析

1. 整合策略与多渠道情境下公众获取政府信息渠道选择模式

政府信息服务渠道管理整合策略，将各种渠道提供的政府信息服务整合在一个服务流程中，引导公众选择"最好"的无缝的政府信息服务，这是一种发展趋势。

（1）整合策略与多渠道情境下公众获取政府信息渠道选择模式的契合。整合策略与多渠道情境下公众获取政府信息渠道选择模式的方向总体上是一致的。整合策略的方向是通过渠道整合为公众提供"一站式"政府信息服务，在单一窗口满足其政府信息需求。李克强总理在《2016年政府工作报告》中

---

❶ 朱红灿. 政府信息公开方式管理困境与管理方式创新 [J]. 图书馆学研究, 2014 (12): 50-52.

提出"互联网+政务服务",其目的是"实现各政府部门间的数据共享,使居民和企业少跑腿、好办事、不添堵"。这是公众获取政府信息服务时的期望,与公众希望采用自己方便的渠道获得一站式政府信息服务相一致。

整合策略与多渠道情境下公众获取政府信息渠道选择模式的实践总体上是一致的。李克强总理在《2016年政府工作报告》中提出"互联网+政务服务",推动"一站式"政务服务。各级政府采用建立政府门户网站、政务数据中心、政府数据开放平台、区域网格及政务云计算平台等方式来整合政务信息资源与服务,尝试提供"一站式"行政服务。如天津经济技术开发区政务服务平台以用户需求为中心,打造了"四个一"即"一阵地""一平台""一窗口""一通道"服务体系,对政府服务进行"供给侧"改革,提供让企业和居民好办事、少跑腿,让信息多跑路的政府服务。该平台实现了四个全国首创,即全国首个打通政务服务平台与行政审批平台,首个建立政策库并按需分类,首个将线下业务(新市民业务、行政审批、政策兑现等)与线上充分融合,首个实现全站H5(屏幕自适应)的政府网站。该平台上线后,受到开发区企业、居民的高度关注,平台日均访问量达到1.2万~1.4万次,接近平台改版前的4倍。❶ 显然,政府信息服务渠道整合策略的探索,都从不同层面体现出多渠道情境下公众获取政府信息服务对政府信息服务部门的期望,体现了整合策略与多渠道情境下公众获取政府信息渠道选择模式实践层面上的契合。

(2) 推进多渠道情境下政府信息服务渠道整合策略的方法。数字政府治理指政府通过数字化思维、数字化理念、数字化战略、数字化资源、数字化工具和数字化规则等治理信息社会空间、提供优质政府服务、提高公众服务满意度的过程。其一,政府内部通过数字战略的实施,打破政府各部门、各层级之间的信息孤岛壁垒,建立起基于政府内部数据融通的高效办事网络,节省社会交易成本;其二,政府对外通过实施开放数据战略,促进社会公共信息在社会成员之间的共享与获取,从而释放数据活力、促进社会稳定与繁荣。❷ 立足数字政府治理,各政府部门的行政层级之间通过便捷的信息互动和

---

❶ 泰达政务服务平台荣获2016中国"互联网+政务"[EB/OL].[2019-03-02]. http://news.enorth.com.cn/system/2016/11/26/031355853.shtml.

❷ 戴长征,鲍静. 数字政府治理:基于社会形态演变进程的考察[J]. 中国行政管理,2017(9):21-27.

资源共享达到政府信息内容与形式的统一,各部门间的办公流程逐步向线上迁移,能在线上完成的手续流程不用再在线下跑窗口进行查询,实现各渠道政府信息服务内容整合。立足数字政府治理,以互联网、大数据为代表的数字技术改革改变了信息的传播和消费方式,降低了信息传播和扩散的成本,政府信息服务渠道管理层级之间,应加强有效沟通,通过放权到基层政府,让基层政府直接面对公众,让人们可以远程处理信息和进行通信,实现各渠道政府信息服务的社交整合。

2. 精准化服务策略与多渠道情境下公众获取政府信息渠道选择模式

(1) 精准化服务策略与多渠道情境下公众获取政府信息渠道选择模式的契合。政府信息服务渠道管理精准化服务策略,将精准化治理理念嵌入政府信息服务过程中,根据用户的独特需求为其配置相匹配的政府信息及渠道服务。

精准化服务策略与多渠道情境下公众获取政府信息渠道选择模式的方向总体上是一致的。精准化服务策略的方向是将"以公众为中心、以问题为导向"的服务理念嵌入政府信息服务过程中,针对社会公众的个性化政府信息服务渠道需求而设计的服务模式。党的十八届五中全会首次提出"要加强和创新社会治理,推进社会治理精细化",这是公众获取政府信息服务时的期望,与不同背景、不同目标的公众希望采用自己方便的渠道获取政府信息相一致。

(2) 推进多渠道情境下政府信息及渠道精准化服务策略的方法。精细化社会治理。精细化社会治理主要是指在走向善治的过程中,社会治理主体以责任为原则,通过专业化、多样化的治理方式,标准化和科学化的手段,实现社会治理理念、制度、手段和技术的精细化,从而使社会治理能够根据不同群体的需要,有针对性地加以推进,避免粗放管理存在的治理盲点和真空,实现社会治理的优质化。其一,社会治理方式体多元化。社会治理精细化必须摒弃社会治理只是个别人参与的模式,形成人人参与社会治理的局面。其二,社会治理流程的精密化。既要重视社会治理的流程设计,也要重视每个流程的监测和督查。其三,治理手段和技术的专业化。借助大数据等专业化技术和手段,对社会治理中存在的问题进行准确的定位,实现社会治理工作的科学化和高效化。❶立足精细化社会治理,对公众获取政府信息服务渠道需

---

❶ 周晓丽. 论社会治理精细化的逻辑及其实现 [J]. 理论月刊, 2016 (9):144-146, 174.

求进行精准的识别；根据精准识别的需求，明确公众获取政府信息服务渠道需求，相关政府部门在接到交办的需求信息后，实现各部门间的协调处理、线上线下多方联动；在核实和处理后，精准提供相应的政府信息及渠道服务，解决社会公众的切实需求。

二、数字政府治理推动政府信息服务渠道整合策略

1. 数字政府治理是基于公众获取政府信息渠道选择模式的政府信息服务渠道策略的时代要求

随着信息技术与电子政务的长足发展，社会生活发生了巨大变化：涌现出云计算、物联网、智慧政府、"互联网+"、大数据等一系列新的概念并得以实践；移动互联网用户骤增；电子政务由以政府为中心的单一政务服务向以公民中心的监督与参与型的全面系统的政务服务转变，这些变化助推电子政务向数字政府治理转型。数字政府治理是基于电子政府、电子社会发展的一种治理形态或治理阶段，是传统治理的阶段性跃升状态。电子治理将信息技术的革命性特征渗透于治理之中，显示出超越传统治理的特征和优越性，是治理发展的一种新的形态。❶ 全球范围内建设数字政府、利用信息化技术推动经济发展和提升社会治理水平正在掀起历史大潮，中国也应以"系统性、整体性、协同性"为理念，以信息化驱动现代化为主线，着力提高信息技术水平；并在"共商共建共享"的全球治理理念下，协同一切力量，打造数字政府并完善数字政府治理体系。❷

互联网与电子政务的结合不断深入，以电子政务、政务社交媒体、移动端为代表，以互联网为核心载体的网络渠道，成为人们获取政府信息的最主要渠道。由公众获取政府信息渠道选择及网络使用意愿模型的实证分析结果可知，基于公众获取政府信息渠道选择模式的政府信息服务渠道策略对政府部门的政府信息服务有如下要求：第一，提高政府部门的现有组织、技术基础和持续可信任的系统对公众使用网络渠道获取政府信息的支持程度，使公众逐步形成通过网络渠道获取政府信息的意愿，既可以提高效率、节约成本，

---

❶ 杨国栋，吴江. 电子治理的概念特征、价值定位与发展趋向 [J]. 上海行政学院学报，2017，18（3）：64-70.

❷ 戴长征，鲍静. 数字政府治理：基于社会形态演变进程的考察 [J]. 中国行政管理，2017（9）：21-27.

又可以树立政府形象。第二，政府在提供信息服务时，应关注信息的畅通性、及时性，减少公众网络渠道的获取障碍，使公众能够通过网络渠道快速、便捷地获取及时有效的信息，这将有助于我国政府信息公开制度的发展和完善。第三，政府在对网络渠道进行开发设计时，应重点关注公众个人维度，应保证任务的挑战有伸缩性，这样才能满足不同人群的需求，应创造性地利用现在同步通信工具、多媒体技术或3D虚拟现实信息搜索环境等先进的技术来增强计算机生成的虚拟环境的浸入感，从而使用户的整体体验更加愉快；利用社交媒体实现即时反馈，增强公众的参与感。第四，政府不应忽视政府信息网络渠道的愉悦性，应增强公众通过网络渠道获取政府信息的愉快体验，而体验感知到的享乐价值和满意将会促进公众持续使用该渠道，同时也会促进用户与其他人交流，甚至对政府提供的政府信息网络渠道提出修改意见，最终产生持续使用意愿。这些要求倡导政府信息服务渠道策略的数字政府治理。其一，倡导政府信息网络渠道服务由以政府为中心的单一政务信息服务向以公民中心的监督与参与型的全面系统的政务信息服务转变。其二，倡导政府信息服务渠道策略以信息化驱动现代化为主线，向"系统性、整体性、协同性"转变。

2. 政府信息服务渠道策略的数字政府治理

政府信息服务渠道策略的数字政府治理是指在政府信息服务渠道管理中，以新的电子和通信技术为载体，针对政府信息服务渠道管理中的问题，通过电子参与来联结公民社会，在政府、企业、公民社会之间形成良好的互动机制的一种治理方式和途径。

我国政府信息服务渠道策略的数字政府治理包括：第一，重塑政府信息服务渠道的服务理念，政府信息服务渠道策略的核心目标是推进以公众为中心的政府信息服务，从社会公众角度考虑对政府信息的需求和愿望，然后设计和提供相应的政府信息服务，并在提高管理效率的同时改善服务体验，促进公众获取政府信息时与政府的良性互动。第二，打造数字政府并完善数字政府治理体系。首先应运用大数据、云计算技术加快政府信息平台整合、消除信息碎片，推动政府信息资源向社会开放；其次应运用信息技术洞察公众对政府信息及渠道的需求，从而拓展政府信息服务渠道，丰富政府信息服务内容，提升政府信息及渠道服务水平，推动政府信息服务向协同治理转变，形成全民参与、数字协商的治理机制，推动公众参与政府信息服务渠道治理。

第三，优化政府数据流动机制。对跨部门、跨系统、跨单位流动的数据建立严格的流动机制，形成覆盖各关联方流动数据的全面的治理体系，实施全过程有效管控，对牵涉企业或个人因素的数据进行预处理。政府部门间实现信息交换共享，相互开放数据接口，降低数据在不同部门间的不对称性，形成一定程度的共商和有限的数据共享。部门系统数据可以提供政府数据开放服务，构建政府数据开放平台，由政府牵头、各政务部门共同参与建设的平台，致力于各政府部门可公开数据的下载和服务，为企业和个人开展政务信息资源的社会化开发利用提供数据支持，推动信息资源增值服务业的发展以及相关数据分析与研究工作的开展。❶ 政府部门应明确自身的角色定位、担当的责任、参与的途径、评价反馈机制、退出路线等。在为公众提供政府开放数据服务的过程中，可以通过政府信息的开放应用，更大范围的不断共享，来提高政府部门信息的质量，加速部门内部数据归集机制的健康发展，❷ 创新政府信息服务渠道及信息服务供给，提高政府信息部门的治理能力。

三、精细化社会治理推动政府信息渠道精准化服务策略

1. 精细化治理是基于公众获取政府信息渠道选择模式的政府信息服务渠道管理的客观需要

2015 年 10 月，党的十八届五中全会首次提出"要加强和创新社会治理，推进社会治理精细化"。这标志着党和政府对我国社会治理规律的认识和理解上升到了一个新的层次，即从社会管理转向社会治理，进而转向精细化社会治理。精细化社会治理主要是指在走向善治的过程中，社会治理主体以责任为原则，通过专业化、多样化的治理方式，标准化和科学化的手段，实现社会治理理念、制度、手段和技术的精细化，从而使社会治理能够根据不同群体的需要，有针对性地加以推进，避免粗放管理存在的治理盲点和真空，实现社会治理的优质化。❸ 精细化治理以"人的精准管理与服务"为价值取向，精细化治理的目标包括精准维系秩序、精准保障权利和精准改善人生。精准维系秩序即依靠制度设计和政策安排，在协调国家、社会和公众三者利益的

---

❶ 黄如花，王春迎. 我国政府数据开放平台现状调查与分析 [J]. 情报理论与实践，2016 (7)：50-55.

❷ 鲍静，张勇进. 政府部门数字治理——一个亟需回应的基本问题 [J]. 中国行政管理，2017 (4)：28-34.

❸ 周晓丽. 论社会治理精细化的逻辑及其实现 [J]. 理论月刊，2016 (9)：144-146.

基础上，建立社会互动和行为调节机制，针对不同群体的不同利益，制定相互协商、相互监督的互动机制，精准规范社会行为与社会关系，将社会结构维持在一个稳定可控的范围内。精准保障权利即精准保障公民生存、生活的基本民生权利，精准保障公民的社会参与权利。精准改善人生即精准改善基本民生，精准改善底线民生，精准改善热点民生。❶ 蒋源认为，可以通过培育社会治理的"精细文化"，构建"精明行政"体系，构筑多元主体治理格局，建立现代信息技术与基层社会治理的互促机制等方式，推动粗放式社会管理向精细化社会治理的转型提升。❷

基于公众获取政府信息渠道选择模式的政府信息服务渠道管理要求了解和分析公众获取政府信息渠道选择行为的影响因素，把握公众选择行为的规律，寻找政府信息服务渠道管理的最佳切入点，创新政府信息服务渠道管理，这些要求倡导政府信息服务渠道管理精细化治理。其一，公众导向的政府信息服务渠道管理以"人的精准管理与服务"为价值取向，政府信息服务渠道管理理念向以公众需求和公众需求最大化满足，以及越来越多样化、个性化的政府信息及渠道需求为导向转变，实现政府信息服务渠道理念的根本性转变与重塑。其二，政府信息服务渠道管理中传统的"一刀切""大水漫灌"等过于粗糙的管理思想，无法解决存在的复杂问题，也无法跨越需求旺盛和公共治理能力供给不足的鸿沟，应向"精准滴灌"的精细化治理转变，通过目标导向的精细化治理，借助现代化设备和高效运行的政府管理创新模式，使用大数据、人工智能及行为科学成果相结合等更专业的治理手段，推动政府信息服务渠道治理方式现代化，促进政府信息服务渠道管理从宏观走向微观，从粗放走向精细，实现治理效果的科学化，以应对高速发展和转型中的中国极其复杂的社会问题。其三，倡导政府信息服务渠道管理过程转变为精细化治理过程，倡导行为公共政策。❸ 行为公共政策是指心理学、行为经济学在公共政策上的应用，依据心理学、行为经济学开发的一系列政策工具。政府信息服务渠道传统治理的起效机制是建立在个体趋利避害的决策基础上的，

---

❶ 南锐，康琪. 社会治理精细化的理论逻辑与实践路径 [J]. 广东行政学院学报，2018（1）：1-7.

❷ 蒋源. 从粗放式管理到精细化治理：社会治理转型的机制性转换 [J]. 云南社会科学，2015（5）：6-11.

❸ 胡鞍钢，杭承政. 论建立"以人民为中心"的治理模式——基于行为科学的视角 [J]. 中国行政管理，2018（1）：13-17.

存在个体失灵而导致公共政策失效的风险。"以公民为中心"的政府信息服务渠道治理向精细化治理转变，首先，以科学的标准和依据，以可靠和客观的数据为支撑，分析和把握公众选择政府信息服务渠道的行为习惯和行为规律，对政府信息服务渠道管理问题进行精细的评估和诊断，得出准确的诊断结果；其次，依据诊断结果出台常规政策或者创新型行为公共政策；再次，通过随机受控实验来验证创新政策的预期结果；又再次，在多轮实验和调整之后进行政策推广；最后，反复进行评估和调整，直至取得良好的治理效果。

2. 政府信息服务渠道管理的精细化治理

政府信息服务渠道管理的精细化治理是指在政府信息服务渠道管理中，运用精细化治理思想，通过专业化、多样化的治理方式，标准化和科学化的手段，优化的职能设计和流程再造，针对性地加以推进，避免粗放管理存在的盲点和真空，从而实现更优质、更关注细节和更加人性化的政府信息服务渠道管理。

我国政府信息服务渠道管理的精细化治理包括：第一，培育进行政府信息服务渠道管理的精细化文化，政府应以"有所为有所不为"的理念理解现代政府职责配置，明确政府信息服务渠道管理中的政府角色定位，这与国务院总理李克强提出的深化"简政放权，放管结合，优化服务"中的"放"相一致；精细化文化要求政府信息服务渠道管理的治理中，不采用粗放的"一刀切"的发展路径，而是探索当地特色与普遍规律相结合的发展路径。第二，在政府信息服务渠道管理中加强"结果控制"与"过程控制"相结合，其中，"结果控制"与"过程控制"的实现有赖于绩效评估的引导与调节。结果控制可以通过绩效评估和评估分析结果推动政府信息服务渠道管理工作，提升政府信息服务渠道管理绩效与公众满意度。过程控制以标准化进行政府信息服务渠道管理和服务，标准化是政府社会治理精细化的关键问题，通过标准化管理和服务实现政府信息服务渠道管理的精细化治理。第三，在政府信息服务渠道管理中，构建政府与公众、公众与公众之间良好的协商渠道，激活社会多元主体在精细化治理中的积极力量，吸纳社会公众的智慧，合理反映多元主体的社会价值，才能最大限度整合社会资源，为公众提供贴近需求的高品质政府信息服务渠道管理和服务。

第八章

基于数字政府治理的政府信息服务渠道整合策略

整合政府信息服务渠道策略,既是政府信息服务渠道策略创新的内在要求,也是逐步满足公众的政府信息服务需求的必然要求。整合政府信息服务渠道策略,有利于提升政府信息服务的质量。本章探索政府信息服务渠道管理的单一政府集中式配置,各部门、各渠道之间呈现碎片化管理现象,数据与管理协调复杂化的路径锁定,把握基于数字政府治理的政府信息服务渠道整合策略的逻辑结构,提出基于数字政府治理的政府信息服务渠道整合策略的内容与路径,关键在于推进政府信息服务渠道治理主体现代化,规范数据管理体系。

第一节 数字政府治理理论及其在政府信息服务渠道整合策略中的适用性

治理是"各种公共和私人机构管理其共同事务的诸多方式的总和,它是使相互冲突的或不同的利益得以调和,并且采取联合行动使之得以持续的过程"。[1] 管理与治理虽非截然对立,但至少有如下显著区别:"一是主体不同。管理的主体只是政府,而治理的主体还包括社会组织乃至个人"。"二是权源不同。政府的管理权来自权力机关的授权。尽管权力机关授权从根本上说是

---

[1] 岳爱武,苑芳江. 从权威管理到共同治理:中国互联网管理体制的演变及趋向——学习习近平关于互联网治理思想的重要论述[J]. 行政论坛,2017(5):61-66.

人民授权,但人民授权毕竟是间接的。而治理权当中的相当一部分由人民直接行使,这便是所谓的自治、共治"。"三是运作不同。管理的运作模式是单向的、强制的、刚性的,因而管理行为的合法性常受质疑,其有效性常难以保证。治理的运作模式是复合的、合作的、包容的,治理行为的合理性受到更多重视,其有效性大大增加"。❶❷

一、数字政府治理理论的核心内容

1. 数字政府治理理论

数字政府治理,也称互联网治理、电子治理、数字治理。互联网治理,指"政府、私营部门和民间社会根据各自的作用制定和实施旨在规范互联网发展和使用的共同原则、准则、规则、决策程序和方案"。❸ 电子治理,指基于电子政府、电子社会发展的一种治理形态或治理阶段,是传统治理的阶段性跃升状态。中国的电子治理核心理念和价值定位表现为电子治理与国家治理、公共管理改革、电子政务,以及民主等重要概念与实践之间的关联与互动。❹ 数字治理是指"在政府与市民社会、政府与以企业为代表的经济社会的互动和政府内部的运行中运用信息技术,简化政府行政,简化公共事务的处理程序,并提高民主化程度的治理模式"。❺ 数字政府治理,指政府通过数字化思维、数字化理念、数字化战略、数字化资源、数字化工具和数字化规则等治理信息社会空间、提供优质政府服务、提高公众服务满意度的过程。其一,政府内部通过数字战略的实施,打破政府各部门、各层级之间的信息孤岛壁垒,建立起基于政府内部数据融通的高效办事网络,节省社会交易成本;其二,政府对外通过实施开放数据战略,促进社会公共信息在社会成员之间的共享与获取,从而释放数据活力、促进社会稳定与繁荣。❻ 以互联网、物联网、分布式计算与存储为代表的科学技术的快速发展催生了大数据时代,大

---

❶ 何平. 从管理到共治:航道法的理念跃升与制度完善 [J]. 武汉理工大学学报(社会科学版), 2018, 31 (1): 97-102.

❷ 石国亮. 国家治理现代化学习100问 [M]. 北京: 国家行政学院出版社, 2014: 12-13.

❸ 钟海帆. 互联网与国家治理现代化 [M]. 北京: 社会科学文献出版社, 2015: 9-10.

❹ 杨国栋, 吴江. 电子治理的概念特征、价值定位与发展趋向 [J]. 上海行政学院学报, 2017, 18 (3): 64-70.

❺ 韩兆柱, 马文娟. 数字治理理论研究综述 [J]. 甘肃行政学院学报, 2016 (1): 23-35.

❻ 戴长征, 鲍静. 数字政府治理:基于社会形态演变进程的考察 [J]. 中国行政管理, 2017 (9): 21-37.

数据成为国内外学者的研究重点，社会各界认为大数据治理是提升治理现代化能力的重要路径。大数据治理，指不同的人群或组织机构在大数据时代为了应对大数据带来的种种不安、困难与威胁而运用不同的技术工具对大数据进行管理、整合、分析并挖掘其价值的行为。❶ 政府唯有主动培养大数据时代的国家治理能力，排除干扰、阻碍和破坏国家治理的"能力"，保留激励和推动国家治理的"能力"，才能应对大数据时代国家治理的新挑战。

2. 信息技术为数字政府治理提供了技术支撑

数字政府治理有赖于信息技术的作用和支撑，信息技术的发展为数字政府治理提供了条件。通过建立公共信息资源库、信息交换平台和促进信息资源交换共享来打破部门分割局面和实现部门无缝连接；通过组织结构重组、业务流程优化实现任务分工明确化与责任化、信息处理精细化，实现跨部门的业务协同；通过公共事务治理主体和公共服务提供主体的整合，实现政府和非政府组织的合作，构建合作政府；通过网络化治理手段与方法，消除各政府部门间的"零碎化"，实现政府之间的一体化协作。

信息技术为数字政府治理提供了推动力和现实途径。信息技术、支撑平台和应用平台是重要的物质基础，实现了信息资源的虚拟整合和柔性配置，使政府部门在集中内部核心业务资源的同时，实现迅速整合广泛的外部信息资源；实现电子化的公文流转与交换，使信息的使用价值得到充分的利用；信息技术对再造后的行政业务流程的固化加强了政府行政行为的规范，克服了随意性，优化了程序，减少了环节；政府部门通过网络能快速回应市民的需求，公正而富有效率地满足和实现市民的需求和利益，进一步提升行政过程的透明度，实现政府部门与市民之间沟通的电子化，便于公众获取政务信息与服务，便于公众对行政过程进行监督。

信息技术应用本身也是数字政府治理的重要内容。信息技术在数字政府治理中的具体应用，在本质上不是传统政务、传统行政方式与信息技术的简单相加，更不是利用信息技术去模仿传统的政府管理模式，而是在以民为本、公众至上的服务与公共治理理念指导下，运用网络信息技术对传统政务进行革命性的再造，以便更好地为公众服务。信息技术在数字政府治理中的具体

---

❶ 梁芷铭. 大数据治理：国家治理能力现代化的应有之义 [J]. 吉首大学学报（社会科学版），2015，36（2）：34-41.

应用过程是一个不断地运用网络信息技术完善政府公共治理模式、业务模式和公共服务传递方式的动态化过程。符合电子化要求的政务网络和全新的政务实施平台的建立与完善的过程，也就是运用信息技术力量对旧的政府治理体制、组织结构模式、业务路程、服务范式进行改革和再造的过程。❶

3. 数字政府治理实践核心内容

建设数字政府，利用信息化技术提升社会治理水平正成为历史大潮，我国也应以"系统性、整体性、协同性"为理念，打造数字政府并完善数字政府治理体系。数字政府治理的特征如下：一方面，努力构建政府与社会、公民之间的共治网络，改变公众与政府的关系，实现信息网络环境下的合作共治；另一方面，在微观层面开始强调对公民的回应和公共服务能力的提升。❷数字政府治理实践核心内容包括：第一，"互联网+政务服务"。以公众满意为导向，重新梳理政府部门业务流程之间的逻辑关系，发挥互联网和大数据在社会资源配置中的集成和优化功能，优化再造服务流程和规范服务方式；打破数据壁垒，促进政务信息资源的跨部门、跨层级、跨区域的互联互通和协同共享；清理不适应"互联网+政务服务"的各种规定，变被动服务为主动服务，除了标准化服务，还应提供个性化、定制化以及多样化的公共服务。第二，智慧城市。即"运用物联网、云计算、大数据、空间地理信息集成等新一代信息技术，促进城市规划、建设、管理和服务智慧化的新理念和新模式"。❸第三，政务公开与政府数据开放。政府数据开放是指政府利用现代信息技术手段，主动将所拥有的不涉及个人隐私和公共安全的数据免费开放给所有民众。❹随着政府开放数据的兴起，美国于2009年率先建立了政府数据门户网站，随后英国、澳大利亚、新西兰等国家相继建立政府网站。我国也陆续建成了以北京市政务数据资源网、上海政府数据服务网、贵州省政府数据开放平台为代表的地级以上政府数据开放共享平台。第四，网络监督与反

---

❶ 蔡立辉. 信息化时代的大都市政府及其治理能力现代化研究 [M]. 北京：人民出版社，2014：76-80.

❷ 杨国栋，吴江. 电子治理的概念特征、价值定位与发展趋向 [J]. 上海行政学院学报，2017，18 (3)：64-70.

❸ 国家发展与改革委员会. 关于促进智慧城市健康发展的指导意见 [EB/OL]. [2018-02-28]. http://www.ndrc.gov.cn/zcfb/zcfbtz/201408/t20140829_623984.html.

❹ 杨瑞仙，毛春蕾，左泽. 我国政府数据开放平台建设现状与发展对策研究 [J]. 情报理论与实践，2016 (6)：27-31.

腐败。网络监督是指民众以互联网为平台,通过网站、网络论坛、聊天室、博客等网络传播媒体,对国家政治、经济、文化、教育、行政等方面的相关活动进行褒贬与评价,进而对公权力的行使进行监督的行为。❶ 网络监督是反腐的重要途径。在不断加大反腐倡廉建设的背景下,网络产生的信息效应在反腐方面的作用和表现日益突出,作为制度反腐的补充,网络监督和反腐败已经演化为信息网络化时代的一种新的群众监督方式,成为行政、司法监督的有力补充和利器。一方面,网络形成了有效的公共领域,营造了有形的公共舆论,对公权力的滥用形成倒逼机制,在官员头顶上形成了"达摩克利斯之剑",规范官员的公开言行。另一方面,网络"连接一切"的作用,给社会公众参与网络反腐提供了可能性。

二、数字政府治理理论与政府信息服务渠道整合策略的契合

数字政府治理理论与政府信息服务渠道整合策略的契合,是进一步探讨数字政府治理视野中政府信息服务渠道整合策略的逻辑前提。数字政府治理与政府信息服务渠道整合策略的契合主要体现在方向、目的和实践层面。

第一,方向契合。数字政府治理与政府信息服务渠道整合策略的方向契合,即数字政府治理与政府信息服务渠道整合策略的方向总体上是一致的。数字政府治理方向是以公众满意为导向,以互联网思维重构散置于政府部门中的相关业务流程之间的逻辑关系,进行政府业务流程再造。党的十九大报告提出:全面深化改革,要深入政府机构内部,逐步优化内设机构的设置,切实推进合并后的机构整合和职能融合的改革,这是行政体制改革的方向,是政府管理创新的方向,也是政府信息服务渠道整合策略的方向,与数字政府治理方向是一致的。

第二,目的契合。数字政府治理与政府信息服务渠道整合策略的目的契合,即数字政府治理与政府信息服务渠道整合策略的目的总体上是一致的。数字政府治理的目的是让政府通过数字化思维、数字化理念、数字化战略、数字化资源、数字化工具和数字化规则等治理信息社会空间、提供优质政府服务、提升公众服务满意度。❷ 党的十九大报告提出:"中国特色社会主义进

---

❶ 金文玲. 网络监督的正负效应及其对策 [J]. 中共贵州省委党校学报, 2012 (4): 58-60.
❷ 戴长征, 鲍静. 数字政府治理:基于社会形态演变进程的考察 [J]. 中国行政管理, 2017 (9): 21-27.

第八章 基于数字政府治理的政府信息服务渠道整合策略

入新时代,我国社会主要矛盾已经转化为人民日益增长的美好生活需要和不平衡不充分的发展之间的矛盾",缓解主要矛盾是政府信息服务渠道整合策略的最终目的,与数字政府治理的目的基本上是一致的。

第三,实践契合。数字政府治理与政府信息服务渠道整合策略的实践契合,即国内外政府信息服务渠道整合策略的实践都在不同程度上体现了数字政府治理的基本思想。

从20世纪90年代中期开始,西方国家政府规划部门看到了互联网的巨大潜力及其在帮助政府实现与企业和居民的互动方面具有不可替代的优越性,并通过"ICTs"的使用缩减政府规模、降低成本、提高政府效益。美国提出了"运用信息技术再造政府"(reinvention)理念,以提高公共服务水平;英国提出了"合作政府"(joined-up government)理念,以期再造政府流程;欧盟提出了"信息社会工程";新加坡提出了"电子公民中心",为公民人生的整个历程(从生到死)提供"一站式"完整集成的电子化服务。随着大数据和智能时代的来临,数字技术作为强化政府工具的利器,可以形成一个基于空间识别、群体定位、多元节点的新的治理模式。大数据可以成为启动透明政府的利器,奥巴马政府的《透明与开放的政府》总统备忘录中,"试图建设一个前所未有的开放政府,建立起透明、公众参与和多方合作的制度"。

为推动电子政务、数字政府的发展,适应社会经济发展的需要,我国政府积极运用"信息技术再造政府"理念,将互联网作为为公共提供服务的重要接入渠道和服务内容,向公众和企业提供"一站式"公共服务,以减少政府开支,提高政府办事效率和服务质量,比较典型的有"互联网+政务服务"和"开放政府或透明政府"模式对政府管理创新的探讨,体现了数字政府治理理论的基本思想。

"互联网+政务服务"模式,是数据开放式政府开放与透明的基础,2015年3月,十二届全国人大常委会第三次会议上提出了"'互联网+'行动计划,充分发挥互联网在生产要素配置中的优化和集成作用"。"互联网+政务服务"将改变政府存在的形态,将为政府治理现代化提供强大支撑,是政府治理的历史性变革。"互联网+政务服务"本质上是指以政务平台为基础,以公共服务普惠化为主要内容,以实现智慧政府为目标,运用互联网技术、互联网思维与互联网精神,连接网络社会与现实社会,实现政府组织和办事流程的线下优化重组,以实现构建集约化、高效化、透明化的政府治理模式,向社会

提供新模式、新境界、新治理结构下的管理和服务产品。❶

"开放政府或透明政府"模式。数据开放式是政府开放与透明的基础，通过开放数据，让大数据可以成为启动透明政府的利器；数据的公开和共享可以极大地方便民众的生活，为有关部门的决策管理提供重要参考；如果更多维度的公共数据得以开放，势必对政府治理能力的提升有极大的帮助。❷❸ 我国陆续出台了《促进大数据发展行动纲要》（2015年）、《国务院关于印发促进大数据发展行动纲要的通知》（2015年）、《政务信息系统整合共享实施方案》（2017年）等一系列纲要、意见以及方案。应《国务院关于印发促进大数据发展行动纲要的通知》的要求，我国在2018年年底前完成了国家政府数据统一开放平台的建设。截至2020年8月，我国发布了148个国家级促进政府数据开放的相关文件，建立了19个地方性政府数据开放共享平台，其中，上海和北京最早进行了对开放数据平台的探索，此后，无锡、佛山、南海、湛江、武汉等地也先后上线。❹

显然，无论国外还是国内，政府管理创新的探索，都从不同层面体现了数字政府治理的基本思想，反映了政府管理创新的数字政府治理的基本趋势，体现了数字政府治理理论与政府信息服务渠道整合策略在实践层面的契合。

第二节　数字政府治理理论视野下政府信息服务渠道整合策略的路径锁定

自2016年的《关于全面推进政务公开工作的意见》及《〈关于全面推进政务公开工作的意见〉实施细则》、2008年的《条例》颁布以来，政府各部门负责政府信息服务日常工作，推进、指导、协调、监督政府信息服务工作的开展，取得了一定的进展：第一，部分重点领域的信息公开日益细化、规

---

❶ 陈振明. 国家治理转型的逻辑：公共管理前沿探索 [M]. 厦门：厦门大学出版社，2016：92-96.

❷ 同❶：95-97.

❸ 陈振明. 政府治理变革的技术基础：大数据与智能化时代的政府改革述评 [J]. 行政论坛，2015（6）：1-8.

❹ 2017中国地方政府数据开放平台报告 [EB/OL]. [2018-03-06]. https://www.sohu.com/a/144368395_783821.

第八章 基于数字政府治理的政府信息服务渠道整合策略

范化，如权力清单、环境保护信息等公开情况普遍较好。第二，普遍注重门户网站建设，政府门户网站水平普遍较高，专栏要素配置较齐全，绝大多数网站检索功能有效，不少网站配置了针对视力障碍人士的无障碍浏览功能。第三，政府门户网站将本地区相关信息进行集中展示，以方便公众获取。第四，申请公开渠道畅通、答复规范。❶ 随着政府信息服务体系日益完善，政府信息服务渠道也逐渐多样化，主要包括政府部门网络信息渠道（政府网站、电子邮箱），广播、电视、报纸、期刊、政府接待厅等传统渠道，社交媒体、软件等政务新媒体渠道（如政务微博、政务微信公众号等）。但是，与数字政府治理理论打造的"系统性、整体性、协同性、智慧性"的数字政府相比，政府信息服务渠道管理中存在着一些问题，例如，同类信息的发布平台过多，不少地方设置了多个公开平台，发布同类信息，造成信息发布渠道混乱，查询不便。不同平台发布的同类信息内容矛盾，不少地方在不同的网站平台发布同类信息，但各平台的信息不一致，容易误导公众。❷ 究其原因，主要是我国政府长期以来承担了政府信息服务渠道管理的重任，这种传统的政府信息服务管理的路径锁定，导致政府信息服务的公众满意程度较低，降低了公众对我国政府信息服务的信心。

一、政府信息服务渠道管理的单一政府集中式配置

政府信息服务通过多种渠道向公众公布政府信息。《条例》规定，"行政机关应当通过政府公报、政府网站、新闻发布会以及报刊、广播、电视等便于公众知晓的方式公开应当公开的政府信息，各级人民政府应当在国家档案馆、公共图书馆设置政府信息查阅场所，行政机关可以根据需要设立公共查阅室、资料索取点、信息公告栏、电子信息屏等场所、设施，公开政府信息"。随着智能手机等移动设备的快速普及，微博、微信等社交软件的普及，各地政府部门建立了微信公众号、政务微博等信息发布渠道，并自2009年开始，逐渐建立起政府数据门户网站。

从我国政府信息资源管理配置的现状来看，我国政府信息服务渠道管理

---

❶ 中国社会科学院法学研究所法治指数创新工程项目组. 中国政府透明度指数报告（2016）——以政府网站信息公开为视角 [EB/OL]. [2018-03-08]. http://www.doc88.com/p-8079607628623.html.

❷ 同❶.

资源配置仍是单一政府集中式配置。政府信息服务工作推进、指导、协调、监督的主管部门——县级以上政府办公厅（室）或者县级以上地方人民政府确定的其他政府信息服务工作主管直接隶属各政府部门；国家档案馆、公共图书馆、文化馆、信息中心这些信息机构的官办色彩浓厚，一些是挂靠在政府部门名下，与政府部门存在各种内在联系，有的甚至是政府信息资源管理职能部门的延伸机构；参与政府信息服务的民间信息机构，规模小、机构不稳定、竞争力弱，部分民间信息企业也摆脱不了官办色彩，有的民间信息机构由政府机关或事业单位转制而来，其业务范围、业务内容往往利用与政府部门的特殊关系。❶

"数字政府治理"的核心目标在于推进以公众为中心的公共服务，在提高管理效率的同时改善服务体验，促进公众与政府的良性互动。❷ 而单一政府管理下的政府信息渠道服务中，政府行为的强制性决定了政府为全体公众提供"一刀切"的政府信息渠道服务，政府不需了解公众偏好的渠道及相应的政府信息需求，通常尚未深入了解公众对政府信息服务渠道及信息的需求就决定政府信息服务的内容与服务方式，导致公众对政府信息服务渠道及信息的需求与政府信息服务渠道与信息服务脱节。单一政府管理下的政府信息服务渠道也不利于公众与政府进行良性互动，单一政府管理下的政府信息服务渠道的施政者追求自身的行政效率，公众处于被动无力的地位，参与权被弱化，也造成公众的参与意识不高。

二、各部门、各渠道之间呈现碎片化管理现象

碎片化的本义是指完整的东西破碎成诸多零块。在行政管理领域，碎片化一般是指"政府部门内部各类行政业务之间、一级政府各部门之间、各级地方政府之间以及各行政层级之间分割的状况"。❸

政府信息服务渠道管理碎片化，一是指各政府部门之间以及行政层级之间在政府信息服务渠道管理中组织分割与信息裂解的状况。从管理方面来说，

---

❶ 朱红灿. 政府信息公开公众满意度测评与管理创新研究［M］. 北京：国家图书馆出版社，2015：204-207.

❷ 戴长征，鲍静. 数字政府治理：基于社会形态演变进程的考察［J］. 中国行政管理，2017（9）：21-27.

❸ 周伟. 地方政府间跨域治理碎片化：问题、根源与解决路径［J］. 行政论坛，2018（1）：74-80.

第八章 基于数字政府治理的政府信息服务渠道整合策略

主要是现行的"条块分割"政府管理方式使部门利益分割,李宇认为,"各委、办、局都有自己的信息系统,每个信息系统都由自己的信息中心管理,有自己的数据库、自己选择的操作系统、自己开发的应用软件和用户界面,完全是独立的体系"。[1] 在政府信息服务组织上表现为分割而治,各政府部门各自为政,以自己的方式为公众提供各自独立的政府信息服务,呈现出政府信息组织碎片化,政府信息服务行为分裂化,政府信息服务业务分割化。在信息内容上表现为政府信息内容孤立,技术标准不统一、业务标准不统一,新旧技术的更替带来的原有系统的开放性与伸缩性不一致,导致各级政府网站间存在着各种类型的信息孤岛。二是指各渠道在政府信息服务渠道管理中分割的状况,表现为政府信息服务中同一部门、不同平台发布的同类信息内容互相矛盾,不少地方在不同的网站、平台发布同类信息,但各平台间信息不一致。各政府部门、各渠道在面临同一主题的政府信息服务时,缺乏相互沟通、协调与合作,政府信息服务渠道管理中的碎片化现象就此出现。

李春根等认为,"'互联网+政务服务'将打破政府部门的条块式划分模式、地域、层级和部门限制,为政府业务流程的重组和优化提供全新的平台,使得提供更完备、全面无边界的整体性治理成为可能"。[2] 管理碎片化的政府信息渠道服务有以下特点。其一,各政府部门提供的政府信息渠道服务具有"封闭性"和"内向性"的特点,无法适应公众对政府信息服务渠道的"无界化"需求。整体性的政府信息渠道服务要求由某一行政部门"内部"的政府信息渠道服务向"跨部门""无界化"的趋势发展,政府信息服务渠道管理生态环境变得日益复杂。其二,政府信息渠道服务的碎片化管理增加了政府信息服务渠道管理的成本,降低了政府信息渠道服务的绩效。由于整体性的政府信息渠道服务需要各个政府部门协调、沟通、合作、统一行动,碎片化的政府信息服务渠道管理造成资源投入的碎片化,难以实现资源的协同效应和聚合效应,降低了管理绩效。其三,政府信息渠道服务的碎片化管理是引发政府公开信息不一致,甚至引发群体事件的重要原因。各个政府部门、多个政府信息服务渠道"以政府利益和政府意愿"为中心垄断信息、选择性提供政府信息服务将导致政府公开

---

[1] 李宇. 电子政务信息整合与共享的制约因素及对策研究[J]. 中国行政管理,2009(4):84-85.

[2] 李春根,李志强. 以"互联网+政务服务"引领政府治理现代化[J]. 中国行政管理,2016(7):6-7.

· 171 ·

信息不完整、不一致，"而互联网的普及、自媒体的出现为社会群体的联合与认知框架提供了载体与平台，从而可以在一夜之间让社会知晓某一地区内发生的事件并给予高度的关注"。❶ 隐瞒公开信息往往导致无法预计的后果，甚至导致严重的群体事件发生，不利于社会的稳定。

三、数据与管理协调复杂化

信息、连接和计算能力这三大要素变得更加经济和便利，从而催生了大数据时代，利用大数据可以敏锐地感知政治、经济、环境的变化，更加深邃地洞察公众及政府部门行为的变化和变化趋势，重塑社会政治结构，重塑人类思维方式，成为影响组织科学决策的重要基础。政府大数据治理是政府运用大数据、云计算、物联网、人工智能、虚拟现实、区块链等新一代信息技术，对政府部门和社会的信息资源与数据资产进行管理、开发、分配和利用，通过建立完善的指导、监督和评估机制，切实推动国务院各部委与地方政府以及政府机构各部门之间条块结合、业务协调和联动协同，实现政府所属公共资源数据的采集、攫取、清洗、挖掘、分析和共享，并提供安全、准确和可控的数据决策服务，推动政府公共行政走向智慧型"善治"的过程。❷

对政府信息服务渠道管理而言，在大数据时代，大数据治理非常重要，大数据可以成为重组政府信息服务渠道管理组织机构的新动力。但是大数据治理涉及数据与管理的复杂化协调。其一，数据复杂化，大数据具有大量（Volume）、多样（Variety）、低价值密度（Value）、计算速度快（Velocity）的"4V"特征，数据的类型各式各样、对实时性要求高、体量不断增加，但价值密度并不随之增加，使数据更加复杂，大数据治理需要投入更多的资源来获取数据价值。其二，政府信息服务渠道管理的大数据治理中大数据涉及地方政府以及政府机构各部门内外部的数据，也导致大数据治理的范围涵盖了地方政府以及政府机构各部门内外部的数据，大数据治理必须在地方政府以及政府机构各部门之间建立一种利益协调和补偿机制，这使协调工作更加复杂。其三，政府信息服务渠道管理的大数据治理中，大数据涉及多源数据集成，在单个数据源的情况下，可以通过忽略敏感信息的方式保护用户隐私，但是，多源数据的

---

❶ 周伟. 地方政府间跨域治理碎片化：问题、根源与解决路径 [J]. 行政论坛，2018（1）：74-80.
❷ 吴韬. 大数据治理视域下智慧政府"精准"决策研究 [J]. 云南行政学院学报，2017（6）：110-115.

累加和关联性分析就可能暴露用户的隐私。❶ 因而可以认为，政府信息服务渠道管理的大数据治理面临着严峻的隐私和风险挑战。

第三节　基于数字政府治理的政府信息服务渠道整合策略的基本途径

我国政府信息服务渠道管理资源配置仍是单一政府集中式配置，政府部门是渠道资源配置的中心，施政者追求自身的行政效率，以政府部门的利益为导向；条块分割的传统的政府信息组织碎片化，政府信息服务行为分裂化，政府信息服务业务分割化，导致了管理碎片化的形成，因而，在建设数字政府、完善数字政府治理体系的历史大潮下，需要利用信息技术重塑政府信息渠道服务流程和规范服务方式，重新梳理渠道管理的组织结构模式、业务流程、服务范式，构建集约化、高效化、透明化的政府信息服务模式，为公众提供"最好"的、最"合适"的、无缝的政府信息服务。政府信息服务渠道整合策略的内容包括构建新型政府信息服务渠道管理网络，构建一体化的政府信息渠道服务整合平台。推进政府信息服务渠道整合策略，应当从多元化、智能化、协同化角度推进政府信息服务渠道治理主体现代化，从畅通数据通路、建立专业的数据管理体系、保障数据安全角度完善数据管理体系。

一、基于数字政府治理的政府信息服务渠道整合策略的逻辑结构

政府治理变革的逻辑起点是网络社会的技术变革，一是网络社会实现了虚拟社会与现实社会的结合，改变了传统的组织结构模式，给政府的有效治理带来了重要的机遇；二是网络社会搭建起网络意见表达平台，这无形中增加了政府应对突发事件时承受的舆论压力，造成了政府的合法性危机，对政府治理提出了严峻的挑战。❷

基于数字政府治理的政府信息服务渠道整合策略的逻辑结构以互联网、

---

❶ 郑大庆，范颖捷，潘蓉，等. 大数据治理的概念与要素探析 [J]. 科技管理研究，2017 (15)：200-205.

❷ 李齐，李建呈，李松玉. 网络社会政府治理变革的逻辑结构 [J]. 中国行政管理，2017 (7)：49-55.

大数据为代表的数字技术改革为逻辑起点。以互联网、大数据为代表的数字技术改革改变了信息的传播和消费方式，降低了信息传播和扩散的成本，人们可以远程处理信息和进行通信，可以发出自己的声音，这可以推动政府信息服务渠道管理的内部组织结构和组织间的关系发生变革。在组织内部，各政府部门的行政层级之间通过便捷的信息互动和资源共享达到政府信息服务目标与形式的统一，可以减少组织的层级，扩展组织的管理幅度。在组织间的关系上，政府各部门之间、各地方政府之间通过信息互动和资源共享形成一个协作的有机整体，建立新的正式或非正式的新型平台，在确保目标一致的前提下构建多样化的政府信息服务及渠道服务形式。蔡立辉认为，"组织内部与组织间关系的变革使组织等级结构趋于扁平化，传统结构分割出来的各个部门的边界趋于模糊化，纵向为主的信息交流逐渐转化为横向为主的信息交流；跨部门的网络化协同办公和不同部门的并行工作取代了原先的顺序活动；一体化和系统的观点与方法取代了原先分割的和孤立的观点与方法；相互合作和资源共享取代了原先的相互牵制与信息封锁"。❶ 组织内部与组织间关系的变革要求政府信息服务渠道管理进行创新，体制创新的动力和压力一是内部治理更加有效，二是对组织间关系变化的适应。从内部治理的有效性和组织关系变革的适应性出发，分析政府信息服务渠道整合策略的内容及创新路径，主要包括：组织形态扁平化；组织规模两极化，一是促织行政组织朝着超大规模的方向发展，二是促使政府行政组织朝着极小规模的方向发展；组织结构柔性化；组织结构的虚拟组合，整合相互独立的各种组织、各个部门以实现整体目标的能力。❷ 具体的基于数字政府治理的政府信息服务渠道整合策略的逻辑结构图如图 8-1 所示。

图 8-1　基于数字政府治理的政府信息服务渠道整合策略的逻辑结构

---

❶ 蔡立辉. 信息化时代的大都市政府及其治理能力现代化研究 [M]. 北京：人民出版社，2014：189-194.

❷ 同❶。

二、基于数字政府治理的政府信息服务渠道整合策略的内容与路径

1. 政府信息服务渠道整合策略的内容

一是将集中管理、分层结构通过网络信息技术转变为以扁平化、网络化管理模式为特征的新型管理体系；二是运用网络信息技术打破条块分割体制和部门的界限，实现跨部门的政府信息资源共享和业务协同，重组部门间的组织结构。为应对政府组织内部和组织间关系的变革，应以公众对政府信息服务及渠道的需求为导向，加强政府部门之间的协调与合作，构建一体化的整合平台。

首先，构建新型政府信息服务渠道管理网络，构建一种比市场组织稳定，比层级组织灵活，有强弱不等的、各种各样联系纽带的组织集合。政府信息服务渠道管理层级之间，尽量减少管理层级，加强有效沟通，通过放权到基层政府，让基层政府直接面对公众，了解公众对政府信息服务渠道的偏好，可以较好地掌握政府信息服务渠道服务相关政府的灵活性和差异性，通过大数据、网络平台等信息技术手段，可以对基层政府进行有效沟通和约束，保障政策实施的有效性。政府部门之间以整体性为导向，运用信息技术手段，加强部门之间的沟通与协调，打破部门间的利益壁垒，模糊部门之间的边界，实现政府信息服务渠道服务的整体性。公众通过网络平台等途径广泛参与构建新型政府信息服务渠道管理体系，可以为政府部门提供公众对政府信息及渠道服务的需求、期望的第一手资料，公众与政府的良性互动推动了政府信息服务渠道整合策略的公众选择导向。

其次，构建一体化的政府信息服务整合平台。我国政府信息服务处于多渠道模式下，不同组织的政府信息服务内容由不同的主管决定，不能提供组织、形式统一的政府信息服务；同一组织的不同渠道缺乏规范、协调，出现了发布平台过多、发布的同类信息内容互相矛盾等问题。公众无从选择"最好"的、"最合适"的，只能凭借过往经验选择最实用的渠道，众多政府信息服务渠道之间缺乏某种程度的整合，需要建立政府信息服务多维渠道整合平台、整合机制，来为公众提供"最好"的无缝的公共服务。❶ 政府信息服务

---

❶ 朱红灿. 政府信息公开公众满意度测评与管理创新研究 [M]. 北京：国家图书馆出版社，2015：244-247.

渠道服务的质量和水平是政府信息服务渠道整合策略及其运行效果评价的重要指标，因而，政府信息服务及其提供途径的整合也是政府信息服务渠道管理组织创新重组、构建整体政府的重要途径。在消除碎片化、零碎化现象的整合政府模式下，政府信息服务渠道的整合，不仅推动了各种服务渠道的整合，还促进了各服务主体和各项服务内容的整合。公众获取政府信息时，无须同时面对多个行政部门，只需面向一个代表政府的窗口；无须关心所需政府信息由哪些部门提供、在哪里提供，只需关心需要什么政府信息服务、提交的资料是否符合法律规定，如何及时查询和了解所办事务的进度。

2. 政府信息服务渠道整合策略的路径

随着计算机技术和网络技术的发展，用户的使用习惯发生了变化，用户更青睐集成资源和服务的"一站式"使用模式。由调查可知，目前国内政府部门的传统渠道、政府部门网站、政务微博、政务微信公众号、政务 App 等政府信息服务渠道的"一站式"便捷功能严重不足。需要推进政府信息服务渠道治理主体现代化，完善数据管理体系，推进"一站式"政府信息服务渠道全方位整合。

（1）推进政府信息服务渠道治理主体现代化。首先，政府信息服务渠道治理主体多元化。其一，从制度上实现政府信息服务渠道治理主体多元化。在互联网时代，企业和个人参与政府信息服务渠道治理的可能性增大了，不同利益诉求可以将互联网当作表达的渠道，寻找自己的话语权；互联网形成了有效的公共领域，营造了有形的公众舆论，对政府转型形成倒逼机制，❶ 互联网"连接一切"的作用，给社会参与政府信息服务渠道治理提供了可能性，通过构建政府与社会之间的互动以及各参与主体之间的多元主体协同共治模式，政府部门以引导者身份出现，营造有序、客观、理性的氛围，并与公众、社会组织等平等参与，共同投入政府信息服务渠道治理实践中。其二，从方法上实现政府信息服务渠道治理主体多元化。互联网和大数据技术推动政府信息由"文件办理"，走向"数据治理"，推动政府部门间最大限度的数据共享，但数据依然会分散在不同领域和部门；同时，互联网条件下的信息提供者、传播者和阅读者之间已经没有明显的界限，信息发布与传播迅速，参与群体庞大，交互性强，网民的言论得以原汁原味地呈现。数据挖掘技术针对

---

❶ 钟海帆. 互联网与国家治理现代化 [M]. 北京：社会科学文献出版社，2015：95-96.

多元主体，不局限于某一部门、某一团体，从分散的、巨大的数据源中发现政府信息服务渠道治理中的"新规律""新结果"，实际上可以加速政府信息服务渠道治理主体多元化。

其次，政府信息服务渠道治理主体智能化。大数据时代，"社会信息化和政府信息化程度前所未有"，一系列网络新技术的发展及普及，"为政府治理实现'智能'化提供了技术支撑，将会从根本上改变政府组织模式和政府形态，进而改变政府治理模式，影响整个政府存在的形态"。❶ 通过运用大数据技术分析和整合互联网上社会群体与政府信息服务渠道治理相关的各项数据信息，挖掘数据的关联性，发现数据的价值，对政府信息公开及政府信息渠道服务中的各种需求进行分析判断、科学决策，做出智能回应，使政府信息服务渠道治理主体在信息技术的发展过程中逐步实现智能化。在此过程中，网络与主体之间存在着互相建构关系，既需要用教育、伦理道德规范等精神文化手段重构自身，也需要用法律法规等法律手段重构数据治理的核心——数据虚拟世界。

最后，政府信息服务渠道治理主体协同化。"互联网+政务服务"使政府业务流程的动态性变为可能。通过基于互联网技术的政务协同管理，可以将各个行政事务间的信息沟通起来，并进行协作，❷ 实现了不同政府职能部门的政务协同，为政府信息服务渠道治理多元主体协同化提供了有效的技术支撑。基于"互联网+政务服务"的信息共享平台，可以让不同的治理主体将不同的利益与诉求通过平台实现快速流动和及时共享；通过数据共享，面对共同问题的共享相关数据时，治理决策者分析和整合共享数据以进行决策，使得政府信息服务渠道治理主体协同化得以实现，实现使用和治理效用的最大化；也可以将"部门内协同、固定流程"的静态管理模式转化为跨部门、跨机构，联合各部门共同完成的动态协作模式。

（2）完善数据管理体系。首先，畅通数据通路，重组政府信息服务业务流程。要想实现政府信息服务渠道服务的整体性，最大限度地实现政府部门间的数据共享，就必须加强部门之间的沟通与协调，打破原有部门间的信息

---

❶ 梁芷铭. 大数据治理：国家治理能力现代化的应有之义［J］. 吉首大学学报（社会科学版），2015, 36（2）：34-41.

❷ 李春根，李志强. 以"互联网+政务服务"引领政府治理现代化［J］. 中国行政管理，2016（7）：6-7.

壁垒，优化政务信息服务流程。在组织结构方面，组织结构从"以职能为中心"向"以公众为中心""以问题为导向"转变，改变导致信息障碍的部门权力配置，以需求为标杆，找准公众需要解决的问题，畅通数据通路，实现信息互联互通、资源共享共用。在业务流程方面，以公众对政府信息和渠道需求的问题为导向，重新梳理政府信息业务流程之间的逻辑关系，通过删减、并联等方式，重组政府信息业务流程，通过建立严格的管理制度，对政府信息的跨部门、跨单位、跨系统的流动进行有效管控。

其次，建立专业的数据管理体系。"数据资源目前已经成为国家经济发展和社会治理的一个战略资源，针对这些数据资源的科学管理和开发，有必要在政府部门中设立专业管理的岗位和部门对数据资进行规范管理。"❶ 政府部门数据管理体系包括以政府部门为核心的政府数据管理机构和一系列政府数据管理制度，主要制订对政府网站数据资源、业务系统数字资源、采集/检测/监测数据的管理机制；❷ 对政府网站数据的管理，在已有的比较完善的部门内部数据管理制度下，加强对过路数据的管理，对各业务单位的过路数据的提供、责任、质量和考核提出硬性要求；业务系统数字资源的管理，应对部门业务数据归属权界定和数据资产登记等难点问题制订相应的管理制度；采集/检测/监测数据的管理，可以采用在线、近线、离线三级数据管理，最新版本的部门数据采用在线管理，比较旧的、访问频度较低的部门数据采用固定格式电子文档等近线管理，历史久远的数据采用下架、归档等离线管理。明确大数据时代数据治理的行动路线。运用科学的方法，明确数据管理的工作机制和工作内容，如成立数据管理组织、建立数据标准体系、制订数据管理规范等，并融合业务和技术，制订数据治理策略，营造数据治理文化氛围，以得到规范、准确、完整和易用的数据。❸

最后，保障数据安全。大数据时代的数据分析可以促进企业发展，给用户提供个性化的优质服务，但是，在法律法规、行业标准、技术对个人隐私信息的保护还没有成熟的情势下，大数据分析将给个人的生活带来烦恼，甚

---

❶ 孟川瑾．"互联网+政务服务"：以数据为核心的政务改革 [J]．中国行政管理，2016（7）：12.
❷ 鲍静，张勇进．政府部门数据治理：一个亟需回应的基本问题 [J]．中国行政管理，2017（4）：28-34.
❸ 童楠楠，朝乐门．大数据时代下数据管理理念的变革：从结果派到过程派 [J]．情报理论与实践，2017，40（2）：60-65.

至威胁。[1] 保障数据安全，防止数据泄露和个人隐私保护势在必行。一是法律法规方面，目前，我国的个人数据保护法律法规还不完善，需要完善数据隐私保护的相关立法，对大数据时代敏感数据的收集、使用、发布、共享重新定义规则以满足现今的需要。二是行业规范方面，企业除遵守相关个人隐私数据保护法外，还应遵守相关的行业规范，避免损失潜在的利益，同时吸引更多的客户。三是数据安全风险评估方面，从信息生命周期角度对大数据时代敏感数据的各个阶段，如采集、组织、应用等环节进行数据防泄露风险评估，强化利益主体的责任，加大数据泄露责任的惩处和赔偿力度。四是技术方面，运用大数据保护技术从数据层、应用层以及应用展示层对敏感数据的收集、存储和使用过程进行保护。五是安全机制方面，包括安全意识培养机制，如培养利益主体、信息主体自身的数据安全意识和安全习惯；监督机制，如对敏感数据的整个生命周期实行全过程监督等。

（3）推进"一站式"政府信息服务渠道全方位整合。一是线上渠道内容整合，基于"互联网+政务服务"的信息共享平台，将各个行政事务间的信息沟通起来，并进行协作，实现了不同政府职能部门的政务协同，面对共同问题的共享相关数据时，形成联合各部门共同完成的动态协作模式。根据协同创新理论，协同工作是在"主体—要素—过程"三者的协同中展开的。①"主体"发挥着决定性作用。人员、技术、资金等"要素"的投入是整合"过程"的前提，"要素"在各个"过程"环节中实现了自身价值。②整合是一项复杂的系统工程，政府是具有主导地位的主体，确定目标、任务，制定时间点、路线图，主导顶层设计、策划、动员、实施、监督考核等各个环节，整合全方位资源；企业参与具体建设与运维；高校和研究结构发挥决策参考作用。③形成"激励—统筹—约束"协同机制，各主体在合作过程中均有自身的利益诉求，合理的激励方式能推动各方力量凝聚起来，形成一个利益共同体；统筹可以实现各主体间有效的协同配合，既有主体间合作的协同机制，也有提供技术支撑的技术平台；约束是激励作用发挥的保障，解决主体间合作中出现的偏差，既有规章制度、标准规范等的政策约束，也有进行监督检

---

[1] 刘雅辉，张铁赢，靳小龙，等. 大数据时代的个人隐私保护 [J]. 计算机研究与发展，2015，52（1）：1-19.

查的督导约束。❶

二是线上线下渠道无缝整合。通过政府信息服务渠道线上线下的渠道整合，在整个政府信息服务流程中，引导公众选择"最好"的无缝的政府信息服务，这并不是简单地将渠道加入，而是这些渠道之间有某种程度的整合。①线下的传统渠道，如政务服务中心、政府部门接待厅、图书馆等实体渠道，与线上的政府网站、政务微博、政务微信、政务 App 之间通过建立渠道联盟体系来加强相互之间的信任，从而提高社会公众的价值感知。在政务中心、政务部门接待厅配备专门的计算机以供公众进行网上查阅，对不熟悉网络渠道的用户，应安排专人加以引导。②政府信息服务线上渠道通过网上链接或服务指南引导更深层次的政府信息服务。例如，首先在政府网站主页面上获得简要信息，通过网页深度链接获得复杂的信息，当需要更详细的解释时，通过电话或柜台渠道获得建议，或进入政府数据开放平台、图书馆或国家档案馆获取更深层次的政府信息服务。③政府信息服务渠道实现线上线下社交整合。移动互联网技术使人们能够打破社交互动的时空限制，使公众有机会和条件随时随地与政府工作人员进行互动，与政府交流、沟通咨询便捷化，有助于公众线下积极参与相关的政务活动，或者方便线下有效、及时解决生活、工作中的问题，这种线上线下的互动无疑促进了公众与政府互动需求的满足。例如，政府可以利用政务微博和微信公众号发布政府活动讯息，并鼓励当地群众参与，群众可以在参与线下活动的同时，从线上掌握活动实时信息并与线上的朋友进行交流互动。

---

❶ 安小米，郭明军，魏玮. 政务信息系统整合共享工程中的协同创新共同体能力构建研究 [J]. 情报理论与实践，2019，42（4）：80-86.

| 第九章 |

政府信息渠道精准化服务策略

精细化社会治理理论致力于打造"精准识别人的需求、精准区分不同群体的利益、提供精准管理与服务"的服务型政府。探索精细化社会治理视野下的政府信息服务渠道管理的路径锁定,把握基于精细化社会治理的政府信息服务渠道策略的规律,提出基于精细化社会治理的政府信息服务渠道策略的基本途径。推进基于精细化社会治理的政府信息服务渠道策略,关键在于将精细化理念贯穿于政府信息服务渠道管理的全过程,将精细化治理方法施行于政府信息服务渠道管理过程中,将信息技术与治理方法深度应用于政府信息服务渠道管理过程中,以精细化制度设计实现政府信息服务渠道管理创新。

第一节 精细化社会治理理论及其在政府 信息渠道精准化服务策略中的适用性

一、精细化治理理论的核心内容

1. 精细化治理

精细化治理最初是一种建立在常规管理的基础上,并将常规管理引向深入的企业管理理念,是一种以最大限度地减少管理所占用的资源和降低管理成本为主要目标的管理方式。[1] 精细化治理的操作特征,可以用"精、准、

---

[1] 刘银喜,任梅. 精细化政府:中国政府改革新目标 [J]. 中国行政管理,2017 (11):107-110.

细、严"4个字来概括。精是指精确、做精,精益求精,把日常工作、服务与管理做精,追求最好、最佳、最优化。准是准确、准时。信息情报准确无误,对人、对事、对社会判断准确,决策、计划、政策制定准确,指令传递、执行、汇报准确,计量、统计数据准确,工作时间、衔接时间准确无误。信息情报不准,必定影响政府的正确决策。细是指细致、具体、做细,把工作、服务、管理做细,包括操作细化、管理细化及执行细化,注重细节是当前政府工作的一大重点。严是严格执行标准,严格监管,严格控制偏差。政府精细化管理其实就是追求科学化管理,行政过程中的调研工作、决策计划、落实执行、控制纠偏等各个环节,都要按科学化的要求运作,对财政、人事、组织、经济管理部门、公检法、科教文卫等各个部门实行全面的科学的组织管理。

温德诚认为,"精细化管理的方法论体系包括从理念到应用的4个层次。第一层次:理念层次。精细化管理的核心理念是精、准、细、严,是管理人员对做精、做细的重要性和必要性的认识、决心、意志和态度。第二层次:基本方法层次。带有共性的、规律性的方法和范畴主要有8个:细化、量化、流程化、标准化、协同化、经济化、实证化、精益化。第三层次:技术、工具层次,是第二层次的展开、延伸和具体化。第四层次:精细化方法应用,综合各种方法、技术,解决政府管理中的具体问题,包括精细化管理的主攻任务:成本—效率问题、执行力问题、协作配合问题,管理过程精细化,各具体部门工作精细化"。❶

2. 精细化治理是中国政府改革的新目标

政府精细化治理是将企业管理的精细化理念引入政府管理中,研究视角倾向于管理主义,思维逻辑以"政府中心论",大多仅触及政府管理的工具层面。与之相比,蒋源认为,"精细化社会治理是在职能转变的前提下,明确政府发挥作用的领域和限度,通过内部改进和外部写作的方式,推动社会管理过程规范化和服务效果的精致化。另外,突出以社会需要和满意程度作为改进管理流程和服务活动的出发点,修正传统的自上而下的官本位行政思维,以精细管理服务的方式深化政府职责调整,相应带动政府与市场、政府与社会等多元主体的行为边界和相互关系发生变化,这又为社会治理结构和方式

---

❶ 温德诚. 政府精细化管理 [M]. 北京:新华出版社,2007:20-29.

调整创造了新条件"。❶

大数据时代背景下，政府获取政策信息和数据的能力越来越强。政府获得的海量数据能够帮助其对公共事务以及公共问题的来龙去脉进行精准把握。精细化治理的推行和"精细化政府"的构建都成为可能。另外，国家治理体系和治理能力现代化实现的重要前提是政府自身职能界定清晰准确，以有效提升各级政府提供公共产品和公共服务的能力。从政府管理实践的角度看，绩效预算、公共服务均等化、精准扶贫、智慧政府等工作的推进，都对精细化政府的构建和有效落实有着强烈需求和推动作用。❷

3. 精细化社会治理的特征和目标

精细化社会治理主要是指在走向善治的过程中，社会治理主体以责任为原则，通过专业化、多样化的治理方式，标准化和科学化的手段，实现社会治理理念、制度、手段和技术的精细化，从而使社会治理能够根据不同群体的需要，有针对性地加以推进，避免粗放管理存在的治理盲点和真空，实现社会治理的优质化。精细化社会治理的主要特征：一是社会治理方式体多元化。社会治理精细化必须打破社会治理只是个别人参与的壁垒，形成人人参与社会治理的局面。人人参与社会事务的治理，才能了解每个人的利益诉求及其差异性，帮助他们解决面临的形色各异的问题，避免社会治理中出现疏漏。二是社会治理流程的精密化。既要重视社会治理的流程设计，也要重视每个流程的监测和督查。三是治理手段和技术的专业化。需借助大数据等专业化技术和手段，对社会治理中存在的问题进行准确的定位，实现社会治理工作的科学化和高效化。四是社会治理效果的最优化。避免和减少负效治理、无效治理和低效治理。❸

在"人的精准管理与服务"价值取向的引导下，精细化社会治理具有三大目标，即精准维系秩序、精准保障公民权利和精准改善民生，这三大目标是相互联系、相互影响、不可分割的整体。其中，精准维系秩序是根本目标，为精准保障公民权利和精准改善民生提供了秩序上的可能；精准保障公民权利是治理型政府的重要职能，是责任之基，是社会治理精细化的重要目标；

---

❶ 蒋源. 从粗放式管理到精细化治理：社会治理转型的机制性转换 [J]. 云南社会科学, 2015 (5): 6-11.

❷ 刘银喜, 任梅. 精细化政府：中国政府改革新目标 [J]. 中国行政管理, 2017 (11): 107-110.

❸ 周晓丽. 论社会治理精细化的逻辑及其实现 [J]. 理论月刊, 2016 (9): 144-146, 174.

精准改善民生是社会治理精细化的关键目标,是精准保障公民权利、精准维系秩序的直接体现。❶

二、精细化社会治理理论与政府信息渠道精准化服务策略的契合

精细化社会治理理论与政府信息渠道精准化服务策略的契合,是进一步探讨精细化社会治理视野中政府信息渠道精准化服务策略的逻辑前提。精细化社会治理与政府信息渠道精准化服务策略的契合主要体现在理念、目标和实践层面。

第一,理念契合。精细化社会治理与政府信息渠道精准化服务策略的理念契合,即精细化社会治理与政府信息渠道精准化服务策略的理念总体上是一致的。精细化社会治理理念是"人的精准管理与服务",精准识别人的需求;精准区分不同群体的利益,更关注弱势群体;提供精准的管理与服务,实现人的全面发展。❷ 政府信息渠道精准化服务策略,以"实现公共服务均等化,地区协调共同发展,更好地满足人民在经济、政治、文化、社会、生态等方面日益增长的需求"为出发点和落脚点,为社会公众提供精准化政府信息渠道服务。

第二,目标契合。精细化社会治理与政府信息渠道精准化服务策略的目标契合,即精细化社会治理与政府信息渠道精准化服务策略的目标总体上是一致的。精细化社会治理主要聚集于社会管理和公共服务的过程改进和质量提升,通过各个领域工作业务流程优化、管理服务方式转变等机制创新,提升社会公众对政府管理和服务行为的满意度。❸ 政府信息渠道精准化服务策略的目标之一就是创新"条块分割"的各行政机关政府信息服务管理下的政府信息服务渠道分割管理模式,这与精细化社会治理目标基本上是一致的。

第三,实践契合。精细化社会治理与政府信息渠道精准化服务策略的实践契合,即国内外政府信息渠道精准化服务策略的实践都在不同程度上体现了精细化社会治理的基本思想。

伴随着新公共管理运动的产生,20世纪90年代国外"一站式"服务模

---

❶ 南锐,康琪. 社会治理精细化的理论逻辑与实践路径 [J]. 广东行政学院学报, 2018 (1): 1-7.
❷ 同❶。
❸ 蒋源. 从粗放式管理到精细化治理:社会治理转型的机制性转换 [J]. 云南社会科学, 2015 (5): 6-11.

式得到了应用与发展，政府服务中心（government service centers）、市政厅（the town hell）、服务前台（the server desk）等集合行政部门，以服务窗口为前台，运用网络服务，建立了一站式服务平台。❶ 公众在单一接触中完成所有的业务。如以"一站式"电子政务而闻名的新加坡政府网站，以"许多机构，一个政府"的模式，实现了政府与社会资源的无缝集合，为公民人生的整个历程（从生到死）提供"一站式"完整集成的电子化服务。新加坡政府2006年提出的"智慧国2015计划"目标现已全部实现，建设以资讯通信驱动的智能化国度，根据所获数据预测公众需求，提供智能型公共服务。

20世纪90年代起，国内发展了以"整合、协调、集中"为运作模式，代表政府部门集中办理行政审批业务和部分公共服务事务的政务服务中心。2016年，国家印发了《关于深化政务公开加强政务服务的意见》，旨在建设集中性、现代化、综合性的政务服务中心，为企业群众提供"一站式""无差别""标准化"的政务服务。有关数据显示，目前，我国已建立各级各类综合性政务服务大厅40 451家，其中，省市级政务中心377家、区县级政务服务中心2 740家、乡镇（街道）便民服务中心37 334家，❷ 服务范围涵盖政务公开、便民服务、政民互动等方面。

显然，无论国外还是国内，政府信息渠道精准化服务策略的探索，都从不同层面体现了精细化社会治理的基本思想，体现了精细化社会治理理论与政府信息渠道精准化服务策略在实践层面的契合。

第二节　精细化社会治理视野下的政府信息服务渠道管理的路径锁定

诞生于20世纪90年代末的政务服务中心采用了"一站式"服务模式，政务服务中心的咨询中心致力于帮助群众解决在办事过程中"无处问"的问题，通过一个窗口为公众提供各类政府信息的咨询与服务。自2012年上半年

---

❶ 苗承威. 中国"政务服务中心"发展问题研究：以大连市公共行政服务中心为例 [D]. 大连：东北财经大学，2015.

❷ 宋林霖，赵宏伟. 论"放管服"改革背景下地方政务服务中心的发展新趋势 [J]. 中国行政管理，2017（5）：148-151.

上海推出我国大陆地区第一个开放数据平台起，该类平台逐渐得到了地市级以上政府的重视，政府数据开放平台致力于为企业和个人进行政务信息资源的利用和开发提供数据支持，为企业和个人提供可公开数据的下载和服务。我国各级政府对政府数据开放非常重视，出台了《政务信息系统整合共享实施方案》等文件来推动政府数据开放平台的建设。政府信息服务渠道逐步向整合化、规范化、标准化发展。但是与精细化社会治理理论打造的"精准识别人的需求、精准区分不同群体的利益、提供精准管理与服务"的服务型政府相比，政府信息服务渠道管理还存在着一些问题，如传统管理制度下的条块分割弱化了政府部门之间的横向联系，致使出现信息壁垒，不利于提供整合性政府信息服务，不利于形成整合的政府信息服务渠道。传统的、模糊的政府信息服务渠道管理导致管理浮于表面、标准化程度低，致使"大概差不多""最后一公里"等问题长期难以解决。❶究其原因，主要是我国传统的、模糊的、条块分割的政府信息服务渠道管理的路径锁定，导致政府信息服务渠道服务精准化程度较低，降低了公众对我国政府信息服务的满意度。

一、传统管理下的信息壁垒制约精细化服务的实现

政府信息服务渠道管理的精细化社会治理需要对公众获取政府信息的各类渠道需求进行科学预测和研判，实施精细化治理，这需要以大量数据的整合与分析作为预测与研判的基础，需要实现跨部门、跨行业的信息共享，而各部门、各行业间的信息壁垒，使精细化社会治理进行科学预测和研判的大量数据需求得不到满足。信息壁垒的产生受诸多因素的影响。其一，传统的"条块分割"政府信息服务管理使行政部门缺乏全局观念和共享意识，甚至信息拥有者——行政机关容易发生观念错位，垄断政府信息资源，将政府信息当作"私人财产"，不愿分享所拥有的政府信息资源，这严重阻碍了跨部门的信息流通、更新和共享，造成大部分政务信息资源封闭在各个政府部门内部，致使信息壁垒出现，阻碍精细化社会治理进行科学预测和研判的大量数据的获取。其二，信息安全，涉及国家机密、国家安全的政府信息要求绝对保密，相关政府部门则由于害怕信息泄露而回避跨部门信息共享，也会形成信息壁垒，只有构建安全的信息分享机制，才会降低相关政府部门的回避意识。同

---

❶ 孙涛. 当代中国社会治理精细化转型及路径探析［J］. 北京交通大学学报（社会科学版），2017, 16（4）：105-110.

样，企业的机密信息关乎企业的生存与发展，企业担心这些机密信息泄露给对手也会回避信息共享，只有共享中的机密信息的安全得到保障，才是打破信息壁垒的关键所在。其三，法律、法规和政策不完善，有研究认为法律、政策和法规有利于跨部门信息共享过程中相关部门构建合作关系、减少风险和建立信任。❶ 只有完善的相关法律法规和政策才能要求出于部门利益而不愿共享政府信息的政府部门必须按法律法规、政策提供不愿意共享的信息；只有完善的相关信息安全与信息保密的法律法规和政策才能保障跨部门、跨行业共享信息的安全，使相关政府部门或企业不再因担心泄密而回避信息共享。

二、传统管理下的粗放化阻碍精细化服务的实现

传统粗放化的管理理念和思维模式贯穿在我国政府信息服务渠道管理的各个环节，管理者依据经验或者惯性沿袭粗放化的管理对政府信息服务的传统渠道、网络渠道进行管理，缺乏科学化、规范化的决策方法。另外，政府信息相关管理部门缺乏精细化治理方法，没有形成精细化的标准规范。

目前，我国政府信息服务渠道管理存在着重形式、轻内容，重技术、轻运营等粗放化问题。

其一，重形式、轻内容。2016年，中共中央办公厅、国务院办公厅印发了《关于全民推进政务公开工作的意见》，政府信息服务工作受到了各级政府的高度重视，较大的市级以上的各级政府网站的政府信息服务栏目设置得比较合理，主体公开水平逐步提升、依申请公开逐步规范。但是，县级政府及其部门的网站却存在着重形式、轻内容等粗放问题。第一，网站及政府信息服务专栏建设水平低。有某教育局网站只有一张图片，除了网站底部的学校链接外，其他链接均无效。某些政府网站栏目设置混乱，栏目功能不清晰、缺乏合理规划，个别网站具体页面信息呈现不正常。个别网站专栏设置不规范，不便于查找。第二，政务公开工作内容不明确。"五公开"，即决策公开、执行公开、管理公开、服务公开、结果公开各栏目中的内容划分不明，或交叉或重叠；很多地方设置了"五公开"专栏，且分类公开了这五类信息，但发布的信息多为新闻类信息，而非有实质内容的政务信息。第三，政府公开信息不准确。存在同类信息的发布平台过多，不同平台发布的同类信息内容

---

❶ 龚立群，高琳. 跨部门政府信息资源共享影响因素的实证研究［J］. 情报资料工作，2012（4）：61-65.

相互矛盾的现象。第四，未按要求设置无障碍浏览功能。中国残疾人联合会、中共中央网络安全和信息化领导小组办公室联合印发的《关于加强网站无障碍服务能力建设的指导意见》提出，按照国家相关标准加强网站无障碍服务能力建设，全面营造和改善网络信息无障碍服务环境，但不少政府网站未按要求设置无障碍浏览功能。❶

其二，重技术、轻运营。公众政府信息获取渠道重视技术投入。21世纪初，推动了"两网、一站、四库、十二金"系列工程。由2017年中国政府网站绩效评估结果可知，全国政府网站正由数量型向集约化建设发展，自2017年国家颁布《政府网站发展指引》、提出政府网站集约化建设以来，国税总局、广东、江苏等结合本部门、本地区实际情况先后推进统一信息资源库建设，启动政府网站集约化建设，运行总数已从2015年8月的8.4万余家精简到2.8万家，三分之二的网站已经或正在被整合到向上级主管、本级门户网站进行。❷ 随着社交网络逐渐成为重要的知识信息传播渠道和平台，政务新媒体也逐渐成为公众获取政府信息、表达政治诉求和影响政治决策的重要渠道。政务微博是国内政务新媒体的主力军，有研究表明截至2015年2月10日，我国政务微博账号达24万，政务微信账号超过10万，政务客户端、政务App发展迅猛。但是在重视硬件、软件技术的同时却缺乏一套完善的监督管理、运营机制。例如，某些政务微博由于缺乏打理，形同虚设，成为只开不用的"僵尸微博"；政务微博缺乏专业的运营团队，使得政务微博信息的发布存在"朝九晚五、做五休二"的时间问题，❸进而降低了重要信息公布的时效性。部委、省级移动政务App出现无法辨识或不可用，山寨版本层出、服务功能缺位等比较严重的问题，某部委的官方App甚至尚未在主流应用市场上线，但市场上已存在多个山寨App。政府网站集约化建设方面，尽管网站能围绕业务职能提供查询类、名单类服务资源，但网站的资源整合、资源集约化建设不足，❹与公众对集约型政府网站的需求存在差距。

---

❶ 中国社会科学院法学研究所法治指数创新工程项目组. 中国政府透明度指数报告（2016）——以政府网站信息公开为视角［EB/OL］.［2018-03-08］. http://www.doc88.com/p-8079607628623.html.

❷ 第十五届中国政府网站绩效评估结果（2016）［EB/OL］.［2018-04-28］. http://www.cstc.org.cn/wzpg2016/zbg/zbglist1.html.

❸ 陈艳红，姬荣荣. 中国政务微博的发展现状及对策研究：基于对新浪省级政府微博的网络调查［J］. 电子政务，2015（11）：72-77.

❹ 同❷。

三、公众多样化选择加大精细化服务的难度

党的十九大报告指出,"我国社会主要矛盾已经转化为人民日益增长的美好生活需要和不平衡不充分的发展之间的矛盾"。十八届五中全会也指出,"基本公共服务的均等化"是我国"十三五"规划的政策重点,因而政府信息服务的均等化,需坚持政府信息服务普惠性、均等化方向。即对政府信息服务进行精细化考量和测算,精准地界定不同群体间的政府信息获取渠道需求以实现政府信息服务均等化。

从20世纪90年代中期开始,网络由于具有方便、快捷、大数据量存储等显著优势,逐渐成为人们信息搜索的首选渠道,政府规划部门也看到了互联网的巨大潜力及其在帮助政府实现与企业和居民的互动方面具有不可替代的优越性,公共服务采用网络渠道可以减少政府开支,提高政府办事效率和服务质量,也为实现政府业务流程再造,对传统的组织结构模式、管理模式、业务流程和服务提供方式进行优化和重新设计提供了契机与技术手段,因而,政府部门倡导通过网络渠道获取政府信息服务。由此网络被认为是政府信息服务中具有无限可能的渠道,可以替代别的渠道。但是,我国目前依然存在比较严重的信息鸿沟,既存在发达地区与不发达地区的差距导致的ICT接入方面的信息鸿沟,还存在收入、教育、年龄等人口统计特征方面的差距导致的信息能力方面的信息鸿沟,这些鸿沟在一定程度上会影响公众获取政府信息时对渠道的选择。

目前,公众获取政府信息的方式也逐渐多样化,主要包括网络搜索引擎(百度、谷歌等),社交媒体,软件(政务微博、政务微信公众号等),广播、电视、报纸、期刊、政府接待厅等传统渠道,政府部门网络信息渠道(政府网站、电子邮箱)等。[1] 朱红灿等[2]的研究发现,政府接待部门和政府网站是我国公众选择获取政府信息的最主要渠道,尽管互联网渠道以其特有的交互性、高效性、大容量,受到越来越多公众的青睐,但是,仍有49%的公众选择政府接待厅渠道,32%的公众选择网络渠道,15%的公众选择电话渠道。不

---

[1] 朱红灿,陆碧琪. 基于多维理论的公众政府信息获取渠道选择影响因素研究[J]. 情报资料工作,2017(2):27-35.

[2] 朱红灿,陈星星. 公众政府信息获取渠道的选择——基于网络渠道与传统渠道的对比分析[J]. 情报资料工作,2015(3):75-78.

同地域、民族、学历、风俗习惯的社会公众对政府信息服务渠道有不同的需求，在政府信息服务渠道管理过程中，如果不针对不同人群进行细化和区分，按照完全相同的模式进行管理，是无法实现善治的目标的。政府如何制订政府信息服务渠道定位策略，如何精准地界定不同群体间的政府信息渠道需求，如何为公众提供渠道特色与特定的服务及特定目标用户精心结合的特定服务，为不同目的的公众提供精准的政府信息渠道服务，是政府部门面临的战略挑战。

第三节　基于精细化社会治理的政府信息渠道精准化服务策略的基本途径

我国政府信息服务渠道管理是一种模糊的、粗放的传统管理。传统管理下的信息壁垒，导致精细化治理进行科学预测和研判的大量数据需求得不到满足；传统管理下的粗放化管理缺乏科学化、规范化的决策方法，没有形成精细化的标准规范，阻碍了社会治理精细化的推进；公众获取政府信息的方式逐渐多样化，对政府信息服务渠道服务也有不同的要求，导致精准化服务难度增加。因而，在当前深化社会体制改革和精细化治理的发展定位及建设导向的背景下，需要按照精细化社会治理的原则与路径，对政府信息服务渠道治理主体及其价值定位进行思辨，对管理绩效进行反思，对管理的重塑、管理和服务的规范化和标准化建设予以重视，推进政府信息服务渠道管理创新，将精细化治理理念贯穿于政府信息服务渠道管理的全过程，将精细化的治理方式方法施行于政府信息服务渠道管理过程，将信息技术与治理方法深度应用于政府信息服务渠道管理过程，以精细化制度设计保障政府信息服务渠道管理创新。

一、将精细化理念贯穿于政府信息服务渠道管理的全过程

理念是行动的先导。政府信息服务渠道管理工作要做到精准化，就需要遵循精细化治理理念，并将其贯穿于政府信息服务渠道管理工作的全过程。

第一，强化服务理念。精细化社会治理理念以构建高效政府、服务型政府为必然要求，"试图将政府管理从模糊、笼统转变为明确且精益求精的过

程，在提高行政效率的同时为公共利益实现更精准的服务"。❶ 政府信息服务精准渠道服务应秉承"人的精准管理与服务"，实现精准区分不同群体的利益，更关注弱势群体，为公众提供均等化政府信息服务渠道服务，具体工作中要不断强化服务理念。强化服务理念首先要使政府信息服务渠道管理理念向"公众满意"方向做根本性的转变；其次要使政府的"官本位""权本位"管控思想逐渐向"管理就是服务"的思想转变。唯有如此，才能在精准识别过程中识别不同社会群体对政府信息服务渠道的需求，在精准服务过程中更加注重不同群体的实际选择措施，并在精准考评过程中将公众纳入测评主体，从而对政府信息渠道服务进行有效考评。

第二，培育精细化文化。精细化治理是一种态度、一种理念、一种精益求精的文化。❷ 写入《2016年政府工作报告》中的"培育精益求精的工匠精神"就是精细化文化理念的一种体现。政府信息服务渠道实施精细化治理的首要前提是转变粗放的"经验式"管理理念，培育"精细化"文化。一方面，要深刻理解"有所为有所不为"的现代政府职责配置，在与市场和公众的持续互动过程中，加深认识政府、市场、公众的职责边界，在政府信息服务渠道管理该管的范围内，以"培育精益求精的工匠精神"为目标，培养相关工作人员精细化文化素养，使其工作态度"精益求精"，工作方式"细致入微"，养成精细化思维和工作习惯。另一方面，在学习传统或其他地区的成功经验时，不能照搬经验，应以精细化治理理念为指导，结合当地历史文化特色、当地政府信息服务渠道的现实发展水平，探索地方特色与普遍规律相结合的政府信息服务渠道管理创新路径。

第三，确立"精准改善民生"的政绩观。党的十九大报告指出，我国社会主要矛盾已经转化为人民日益增长的美好生活需要和不平衡不充分的发展之间的矛盾。政府信息服务渠道精准服务中要形成对服务效果多元、综合考评的价值认同，以"人的精准管理与服务"为终极价值追求。唯有如此，才能顺利实现政府信息服务渠道精准服务的战略目标，才能为不同背景、不同目的的公众提供个性化、"最好""最合适"的政府信息渠道服务。

---

❶ 刘银喜，任梅. 精细化政府：中国政府改革新目标 [J]. 中国行政管理，2017 (11)：107-110.
❷ 孙涛. 当代中国社会治理精细化转型及路径探析 [J]. 北京交通大学学报（社会科学版），2017，16 (4)：105-110.

二、将精细化的管理方法施行于政府信息服务渠道管理过程

管理方式方法是管理者实施管理行为的手段。政府信息服务渠道管理工作要做到精准化,就需要在政府信息服务渠道管理过程中践行精细化治理方式和方法。

第一,政府信息服务渠道治理多元化。"社会治理主体的多元化"是社会治理精细化的主要特征之一,只有倡导人人参与社会事务的治理,才能了解和获得每个人的利益诉求及其差异性,帮助他们解决面临的形色各异的问题,避免社会治理中出现疏漏。❶ 不同地域、民族、学历、风俗习惯的社会公众对政府信息渠道服务有不同的要求,呈现出多样化政府信息服务渠道选择,为了实现政府信息服务渠道的精准服务,要改变以往政府一元治理模式,构建政府、社会、公众共同参与、合作的政府信息服务渠道治理网络。作为最核心主体的政府普遍运用"替民做主"的自上而下的渠道治理方式,无法充分照顾到公众渠道选择的多样性,不能针对不同群体的渠道选择特征,精准地提供政府信息渠道服务。其一,政府应向实现服务导向型社会治理思维转变,尽快打破"替民做主"工作惯性,实现从权力中心向权利中心的转变,发挥政府的"元治理"作用。❷ "元治理"作用,即政府是政府信息服务渠道治理的主导力量,发挥的作用主要有:①政府要做社会治理规则的主导者和制定者;②政府要与其他社会力量合作,通过对话、协作,共同实现社会的良好治理;③要提升社会信息透明,使政府和其他社会力量在充分的信息交换中了解彼此的利益、立场,从而达成共同的治理目标;④政府要做社会利益博弈的"平衡器",避免社会各阶层因利益冲突而损害治理协作。❸ 其二,随着生产技术的发展,服务业的发展超过工业和农业,成为社会主导产业,社会财富的创造方式为政府让不带行政色彩的社会组织分担公共事业创造了条件。社会组织有效承接公共服务供给,一方面满足了基层对公共服务的差异化需

---

❶ 周晓丽. 论社会治理精细化的逻辑及其实现 [J]. 理论月刊, 2016 (9): 144-146, 174.

❷ 南锐, 康琪. 社会治理精细化的理论逻辑与实践路径 [J]. 广东行政学院学报, 2018 (1): 1-7.

❸ 丁冬汉. 从"元治理"理论视角构建服务型政府 [J]. 海南大学学报 (人文社会科学版), 2010 (5): 18-24.

求，另一方面提升了治理过程中的精准化服务能力。❶ 因而，政府信息服务渠道治理中应该培育社会组织，鼓励其承接政府剥离的部分政府信息服务渠道治理职能，增强其公信力，使其做好政府和公众沟通的桥梁。其三，公众既是政府信息渠道服务的客体，也是政府信息服务渠道治理的主体，应引导公众与其他治理主体合作，打破自上而下的渠道治理惯性；激活公众的参与活力，弥补我国公众参与社会治理的不足。目前，随着我国新媒体用户数量大幅增加，"新媒体所搭建的网络公共空间是公民参与社会治理的载体，新媒体所重聚的利益相关群体是公民参与社会治理的主体，新媒体所创新的政府与公民互动沟通是公民参与社会治理的实施过程"，❷ 因而在新媒体时代，可以借助新媒体路径，引导公众合理参与政府信息服务渠道治理，提升公众参与政府信息服务渠道治理的效果。

第二，政府信息服务渠道需求识别精确化。针对不同人群、不同的事务进行细化和区分，是对政府信息服务渠道需求进行精确识别的核心要求，是实现善治目标的第一步。对目标群体的政府信息服务渠道需求进行精准化衡量和判断，通过采用最直接、最有效、最准确地与用户直接交流的方法，小组讨论、专家研讨、专题会议等集体研讨活动的集体研讨识别法，利用信息技术手段基于海量数据进行数据分析的数据分析识别法等用户需求识别方法，❸ 分析不同渠道用户对象主体、主体行为过程、行为主体关注内容，依据用户在不同渠道上发生的政府信息获取行为、关注点、关注内容的不同要素、不同环节的内容，识别公众政府信息服务渠道访问规律，发现用户群体政府信息服务渠道需求，进而判断公众获取政府信息行为与渠道之间的匹配情况，从而达到政府信息服务渠道需求的精确识别。

第三，政府信息服务渠道服务规范化。社会治理的精细化要求社会治理中的每一项工作、每一个流程，甚至是每一项工作的细节都要有具体的制度和规范来保障和约束。制度和规范的制订是否完善，执行是否到位，缺位是否受到惩罚，都会影响社会治理精细化的程度。❹ 传统的政府信息服务渠道管

---

❶ 郑建君. 推动公民参与基层治理：公共服务提升与社会秩序维护——基于苏州市相城区的调研分析 [J]. 甘肃社会科学, 2010 (2)：42-47.
❷ 朱江丽. 新媒体推动公民参与社会治理：现状、问题与对策 [J]. 中国行政管理, 2017 (6)：49-53.
❸ 陈峰. 产业竞争情报用户需求识别方法 [J]. 情报科学, 2014, 32 (4)：126-130.
❹ 周晓丽. 论社会治理精细化的逻辑及其实现 [J]. 理论月刊, 2016 (9)：144-146, 174.

理者依据经验或者惯性对政府信息服务的传统渠道、网络渠道进行粗放化管理，这种缺乏科学性、规范性的管理导致政府信息服务渠道管理存在着重形式、轻内容，重技术、轻运营等粗放化问题。因此，政府信息服务渠道精细化服务必须执行严格缜密的工作制度，量化工作标准。一是政府信息渠道服务执行框架的标准化，加强政府信息渠道服务执行框架的研究、设计和建设，构建结合当地实际的通用服务标准体系，使各个渠道的政府信息服务在质与量、对与错、速度及时限等方面都有标准可依。二是实现政府信息渠道服务流程精细化。传统的粗放式管理通常具有以下特点：突出目标制定、任务分配、工作启动和跟踪控制等主要环节，对与执行效果联系密切的微观流程关注不够。❶ 因而，政府信息渠道服务流程应对粗放式流程进行精准化再造，首先对服务流程中的重要环节，如不同渠道的政府信息的收集、移交、发布、反馈、保存，逐项诊断分析，采用整合、清理、简化、改良等方法使政府信息渠道服务各项工作操作过程更加清晰、严密和准确，并以制度的方式固定流程，从而解决政府信息服务渠道管理中存在的重形式、轻内容，重技术、轻运营等粗放化问题。

三、将信息技术与治理方法深度应用于政府信息服务渠道管理过程

1. 推进大数据在政府信息渠道服务精细化管理中的深度应用

精细化社会治理理念与大数据的基本特征是相契合的。精细化治理以科学化、精准化为原则，而大数据技术可以为其提供实现的可能性，依托大数据技术实现精准救助、精准交通、精准教育、精准管理等。❷ 大数据资源具有适合政府信息渠道服务精细化的治理属性，其一，大数据资源是政府信息渠道服务精细化的环境和工具，重塑了人们的生活、思维方式和治理理念；其二，政府、社会、公众三个治理主体都是数据的"源"，网络与数据深度融合营造的政治生态环境和民主参与的方式发生了深刻的变革，给公众提供了网络参政议政、协同治理的权利和机会。大数据条件下的精细化治理强调以社会问题和社会需求为靶向，能够感知社会态势、畅通沟通渠道、辅助科学决

---

❶ 蒋源. 从粗放式管理到精细化治理：社会治理转型的机制性转换［J］. 云南社会科学，2015（5）：6-11.

❷ 庄国波，陆晓燕. 大数据时代精细化社会治理中安全问题研究［J］. 理论探讨，2017（6）：163-167.

策,能够实施精确预警、精准识别和精确管理。❶ 借助大数据的技术和手段分析公众获取政府信息渠道的选择规律,对公众的政府信息渠道需求进行精准识别、精准管理、精准考核,引导政府信息服务渠道资源优化配置,为不同背景、不同目标的公众提供最适合的政府信息渠道精准化服务。

第一,提升政府信息服务渠道需求精准识别水平。长期以来,政府信息渠道服务是自上而下的,强调一体化、广覆盖,对多样性、差异性的政府信息服务渠道需求重视不够。大数据时代,各级政府部门在政府信息服务中积累了政府服务中心、政府网站、政务微博、政务微信等各个渠道的海量的政府信息服务大数据,对这些数据进行有效的处理分析,可以得出公众获取政府信息渠道选择行为的影响因素、把握公众选择行为规律;可以收集不同群体获取政府信息渠道的偏好,明确不同政府信息服务渠道资源重点倾斜人群和区域,提高政府信息服务渠道需求精准识别水平,根据群体渠道选择偏好的差异状况制订与之对应的政府信息渠道服务策略,丰富政府信息服务内容,改进服务方式,提高政府信息渠道服务的精确度和靶向性,从而不断促进政府信息渠道服务精细化的实现。

第二,提升政府信息服务渠道精准服务能力。利用大数据的各种工具搜集与分析各类信息数据,获取具有实时性、真实性的数据资料,准确把握社会形势,使公共政策的制定和执行更加具有针对性、可行性和操作性。❷ 随着给予用户极大的参与和互动空间,具有主动性、互动性、黏附性和社区化等特点的政务微博、政务微信等政务新媒体成为中国公民获取政府信息、表达政治诉求和影响政治决策的重要渠道,各级政府信息服务部门随之积累了各类用户的大量实时数据。运用大数据技术、云计算技术分析公众对获取政府信息及信息渠道的需求,以及需求的变动这些动态、多样、高度分散但又相互依存的海量数据,能准确分析个人、社群与各级政府信息服务部门的相关性,有效进行实时感知、即时呈现和智能分析,拓展政府信息服务部门决策的广度、深度和效度,从而制定出"量身定制"的政策,优化政府信息服务渠道的服务流程,提升政府信息服务渠道的精准服务能力。

第三,提升政府信息服务渠道精准服务评估与学习能力。利用大数据的

---

❶ 陈潭. 大数据驱动社会治理的创新转向 [J]. 行政论坛, 2016 (6): 1-5.
❷ 都平平, 郭琪, 李雨珂, 等. 基于社交媒体的网络学科信息交互推广服务 [J]. 图书情报工作, 2014, 58 (2): 84-90.

各种工具对政府服务中心、政府网站、政务微博等各类政府信息服务渠道的政府信息服务过程的数据进行精确分析，发现各类渠道中政府服务信息组织、信息发布、参与和互动、信息应用过程中存在的问题，并在此基础上进行深刻反思与总结，进行针对性的修订与完善，提升政府信息服务渠道精准服务评估与学习能力。

2. 融合公众使用小数据在政府信息服务渠道精细化管理中的深度应用

美国康纳尔大学的 Estrin❶ 认为，在大数据环境下，除了大数据，还有另外一股力量也在影响人们的思考方式，那就是来自个体行为数字痕迹的小数据，这些具有个性化的小数据为揭示人类行为模式规律提供了可能。陈臣❷认为，与大数据相比，小数据则是以用户为中心全方位、不间断采集的个体相关数据，重点在于对这个个体进行深度和精确的挖掘，侧重于探索以读者为中心的相关事物之间的因果关系，明确事物发展结果以及为什么是这种结果。与大数据相比，小数据具有数据采集量有限、数据结构单一、决策实时性要求高和系统资源需求低的优势。刘庆麟❸认为，小数据是以人或团队个体为中心，围绕不同个体采集相关个体的完全特征，全方位、多层次行为模式和情境感知的全部数据。小数据的数据有限、类型单一，但价值密度高，对于分析和解决个体的思想、行为和需求等个性化问题有着极其重要的价值，是对大数据的补充和完善。大数据用于发现事物之间的关系和发展规律，而用小数据用于匹配个人，并得到事物发展的因果关系，二者是相辅相成、密不可分的关系。

小数据具有以下几方面的特征：第一，小数据围绕不同个体采集相关个体的数据，具有鲜明的个体独特性。第二，产生个体用户活动数据的设备多样（智能设备、可穿戴设备），个体日常生活、学习工作而产生的数据内容形式多样（视频、图片、文字等），因而小数据具有复杂多样性。第三，小数据围绕不同个体全天候、全方位地实时更新数据收集，因而小数据具有高度的实时动态性。❹

---

❶ Estrin D. small data, where N=Me, Connmnications of the ACM. 2014, 57 (4): 32-34.
❷ 陈臣. 基于小数据的读者兴趣发现与动态更新 [J]. 图书馆, 2017 (3): 23-27, 80.
❸ 刘庆麟. 基于小数据的图书馆精准服务研究 [J]. 图书馆工作与研究, 2017 (5): 45-50.
❹ 李立睿, 邓仲华. "互联网+"背景下科研用户的小数据融合研究 [J]. 图书情报工作, 2016, 60 (6): 58-63.

第九章 政府信息渠道精准化服务策略

大数据反映的是大规律，小数据体现的是个性。[1] 在政府信息服务渠道精细化管理中，应坚持大数据宏观预测和小数据个性化决策相结合的原则，利用小数据去匹配公众获取政府信息的个性化偏好，使政府信息服务渠道精细化服务决策由基于传统经验向基于客观小数据进行科学转变。

（1）公众获取政府信息渠道使用小数据。公众是政府信息渠道服务的主要对象，其需求是政府信息服务渠道规划与建设的重要依据。公众获取政府信息渠道的小数据是指公众在政府网站、政务微博、政务微信、政府数据开放平台等不同渠道获取政府信息的过程中产生的思维活动、需求表达、利用行为等各种数据的集合。这些小数据由各政府信息服务渠道自主或者通过公众授权的方式采集，不仅具有小数据的个体独特性、复杂多样性、实时动态性等一般特征，还具有显著、集中的公众获取政府信息及渠道使用需求等特点，包括公众获取政府信息和渠道需求、偏好和方式及其变化趋势等。根据众获取政府信息渠道使用小数据的特点和使用行为可将其划分为3种类型，即公众个体基本特征数据、公众个体使用行为数据、公众社会特征数据。其中，公众个体基本特征数据指公众通过政府信息服务渠道获取政府信息过程中产生的姓名、性别、年龄、联系方式、社会关系等个体基本信息；公众个体使用行为数据指公众通过各类政府信息服务渠道获取政府信息过程中产生的查阅行为，比如检索路径、关键词输入、浏览、下载、申请等数据；公众社会特征数据指公众在政府网站、政务微博、政务微信、政府数据开放平台等渠道遗留下来的数据。

陈臣[2]认为图书馆小数据可为读者精准地描绘出个体的行为、思想、言论、心理和需求的自画像，既是图书馆对读者阅读活动需求、兴趣和方式变化趋势精准发现的依据，也是图书馆个性化服务内容精准定制和智慧推送的保证。同理，公众获取政府信息渠道使用小数据可以精准地描绘出个体的行为、思想、心理、需求的自画像，既是政府信息服务部门对公众获取政府信息和渠道需求、偏好和方式变化趋势精准发现的依据，也是政府信息服务部门个性化服务内容精准定制和智能推送的保证。

（2）公众使用小数据在政府信息服务渠道精准服务中的应用分析。第一，

---

[1] 马晓亭，陈臣. 基于可信小数据的图书馆个性化服务研究 [J]. 图书情报工作, 2015, 59 (4)：70-75.

[2] 陈臣. 基于小数据的读者兴趣发现与动态更新 [J]. 图书馆, 2017 (3)：23-27, 80.

提升政府信息渠道服务对象的靶向性。区别于大数据从特征区分政府信息渠道服务目标公众的做法，公众获取政府信息渠道使用小数据在完善公众政府信息、渠道偏好的基础上，构建了围绕公众个体的服务体系。通过对公众获取政府信息服务渠道使用小数据的更深层次挖掘公众的个人特点，可以实现公众细化，关注信息弱势群体。公众细化即依据公众获取政府信息及渠道需求小数据以及精准服务的差异性需求，将公众群体进行分解，组成若干动态精准服务子群，针对不同的服务子群，为公众量身定制政府信息渠道服务，提升政府信息渠道服务对象的靶向性，让公众感知对自身的重视，有效提高公众的满意度和忠诚度，增强对政府的信任。另外，信息弱势群体指在信息社会中在获取和利用信息基础设施及信息方面处于劣势的社会群体和个人。❶在互联网语境下，有一部智能手机就有了便捷的政府信息获取渠道，信息弱势群体可以通过互联网获取政府信息，进而进行信息交流与表达。通过对信息弱势群体获取政府信息渠道使用小数据资源的深入挖掘与分析，从信息弱势群体的个体基本特征数据、个体使用行为数据、社会特征数据中发现其价值观、个人偏好、性格特点等信息，发现问题、凝练问题，并向信息弱势群体提供解决问题的最佳方案，为信息弱势群体定制具有个性化的精准政府信息服务与渠道服务，从而保障信息弱势群体的政府信息获取。

第二，提升政府信息渠道服务内容的精准性。政府信息内容质量是指政府信息具有有用性、客观性、准确性、完整性、连续性、安全性等特点，可以满足信息使用者（或称用户）的需求。尤其是在应急突发事件的政府信息服务中，应急信息公开与常态下的信息公开不同，尽管这是政府的一种主动行为，但却不是政府主动做出预期安排和策划的结果，而具有被动性、面临挑战性，是随着事件的爆发而突然进入政府议程，并随着事件的发展呈现出动态发布特征，因而应急信息公开的第一要素是及时将采集的应急信息传递给公众，供公众再次采集。❷因而，政府部门如何了解公众对政府信息服务的信息需求并及时发布最新发展动态是提升政府信息渠道服务内容精准性的关键。通过对公众获取政府信息渠道使用的小数据进行分析，发现公众的偏好与动态更新，可以提高政府对公众获取政府信息渠道偏好和内容预测的准确性。

---

❶ 张建彬. 中国乡镇弱势群体公共信息服务研究——基于中国两乡镇的调查分析 [J]. 图书情报知识, 2011, 31（5）: 20-27.
❷ 袁维海. 突发事件管理中的政府信息公开 [J]. 中国行政管理, 2011（1）: 66-69.

基于公众获取政府信息渠道使用小数据发现公众的偏好与动态更新主要通过对公众使用相关小数据的采集、挖掘、处理、分析和决策，在高价值的小数据中发现公众偏好的产生、发展、转变和消亡的因果关系，为个性化的政府信息服务渠道定制服务提供公众偏好转变的参考依据。公众的偏好与动态更新过程应注重公众使用小数据的价值发现与可用性保证，公众偏好的精准匹配与服务推荐，公众获取政府信息偏好兴趣库的实时更新与偏好发现模块的反馈优化，基于公众偏好发现的政府信息公开渠道定制服务等内容，这样才能确保公众获取政府信息内容和渠道偏好发现精确、快速、实时、经济，才能提升提升政府信息服务渠道内容的精准性。

第三，提升政府信息渠道服务的个性化服务能力。郑建明等认为，"信息服务的本质及目的就是信息提供者在正确的时间内将正确的信息传递给需要它的人，以满足不同用户对不同信息的不同需求"。[1] 政府信息渠道服务的个性化服务指政府根据公众获取政府信息的渠道及信息需求，以及分析其渠道及信息利用、信息行为特征，发现其潜在的获取政府信息服务渠道及信息需求，主动通过该渠道向其提供可能需要的个性化政府信息服务。与大数据相比，公众获取政府信息渠道使用的小数据以公众为唯一的作用对象和中心，具有较强的个性化特征，小数据具有数据量有限、数据种类单一、数据结构简单和数据处理快速的特点，[2] 因而公众获取政府信息渠道使用的小数据是提升政府信息渠道服务的个性化服务能力的基础和依据。基于公众使用的小数据的政府信息服务渠道个性化服务实现过程：首先通过对所采集的小数据进行噪声过滤、价值提取和数据整合，保证小数据的可靠性、可用性和可控性；其次，通过对基于公众获取政府信息的渠道和信息需求，获取行为模式、查询模式等实时跟踪和采集，保证个性化服务的时效性、准确性；再次，通过对公众获取政府信息渠道使用的小数据进行分析，发现其中的内在规律和趋势，提供相应的政府信息服务渠道个性化服务方案，并进行评估、反馈与优化；最后，基于公众使用的小数据的政府信息服务渠道个性化服务应与大数据决策系统接口相连接，直接为大数据决策系统输入小数据决策的结果。

---

[1] 陈雅，郑建明. 论网络环境下的信息个性化服务 [J]. 新世纪图书馆，2003 (1)：10-13.
[2] 马晓亭，陈臣. 基于可信小数据的图书馆个性化服务研究 [J]. 图书情报工作，2015，59 (4)：70-75.

四、以精细化制度设计保障政府信息服务渠道管理创新

制度的精细化设计是加强和创新社会治理的关键,具有根本性、全局性作用,也是新时代推进社会治理精细化的必经之路。制度设计的精细化是立足于现有制度需求与供给之间的矛盾,秉承公平正义的制度设计价值取向,加强制度顶层设计,提高制度供给能力,推进社会治理从粗放向精细的转型。❶

第一,制度制定以公平正义为价值取向。公平正义是社会有序运行的基本原则,当前,我国已经把公平正义确立为社会主义和谐社会的基本特征,公平正义也是制度得以持续发挥作用的本质特征。精细化政府信息服务渠道管理制度设计应以基本公共服务均等化为指导原则,以为公众提供能体现公平正义原则的大致均等的政府信息服务渠道及信息服务为目标,并不是追求绝对公平,而是秉承"人的精准管理与服务",实现精准区分不同群体的利益,更加关注弱势群体,保障弱势群体在政府信息服务中的政府信息知情权和获取权,逐步实现不同地域、不同群体的相对公平的政府信息服务知情权和获取权。

第二,加强政府信息服务渠道精细化管理制度的顶层设计。顶层设计就是为实现对某个对象的工作目标而进行全面、系统的规划与设计。❷ 政府信息服务渠道精细化管理制度的顶层设计,就是为实现政府信息渠道服务中"人的精准管理与服务"最大化而进行的全面、系统的规划与设计。公共政策一度出现了"效率导向",忽视了"公众导向"。人作为社会治理的核心价值,也是治理价值的终极归宿,精细化治理应该围绕这个价值核心展开。❸ 加强政府信息服务渠道精细化管理制度的顶层设计,即彻底改变政府信息服务渠道制度设计和安排上的"效率至上"价值取向,以公众对政府信息服务渠道的真实需求为导向,针对网络与新媒体时代政府信息服务渠道的发展实际与特征进行创造性的制度安排和政策设计,实现政府信息服务渠道管理制度供需的动态平衡,从体系结构角度加强政府信息服务渠道精细化治理制度重构的顶层设计。

---

❶ 南锐,康琪. 社会治理精细化的理论逻辑与实践路径 [J]. 广东行政学院学报, 2018 (1): 1-7.
❷ 周德铭. 顶层设计与金审工程 [J]. 电子政务, 2010 (12): 10-12.
❸ 吴新叶. 社会治理精细化的框架及其实现 [J]. 华南农业大学学报(社会科学版), 2016, 15 (4): 127-134.

第三，提高政府信息服务渠道精准化服务制度供给能力。政府公共服务制度供给指的是为政府履行公共服务职能提供制度规范，并且，良好的制度供给是服务型政府最好和最大的服务。提升政府公共服务制度供给能力是一个综合性、系统性工程，需要从理念、过程和方法等角度入手。❶ 提高政府信息服务渠道精准化服务制度供给能力，从价值与理念角度来说，要以公众为核心，须精准靶向，坚持政府信息服务普惠性、均等化方向，真正满足不同群体公众对政府信息服务渠道的服务需求，把"以公众为中心"的政府信息服务渠道服务理念融入制度设计和制度安排的过程中，使之成为制度的精神属性。从过程与流程来看，提升制度的理论表达能力，即提升政府部门将政府信息服务渠道中"人的精准管理与服务"等公众导向的价值理念转化为实际运作制度的能力；提高制度需求的感知能力，即政府部门提升社会公众对政府信息服务渠道精准化服务制度需求的感知能力和敏感性；提升创设或生产制度的能力，即在把握制度需求的基础上，通过规划设计、流程梳理、流程设计、流程转换、流程评估等环节，对政府信息渠道精准化服务制度供给的主体内部和主体之间的工作流程和制度供给过程进行分析和设计，从而提高政府信息服务渠道精准化服务制度供给的运作效率和效果。从方法和工具来看，运用全面质量管理、项目管理、目标管理、精细化管理等管理方法对政府信息渠道精准化服务制度供给进行管理和操作，提升政府信息渠道精准化服务制度供给能力。

第四，借助精细化考核制度提高政府信息服务渠道精细化管理实效。精确考评是确保政府信息渠道精细化服务效果的重要环节。首先，政府信息渠道精细化服务考评指标的精细化设计，既要保证指标的全面性，保证对不同群体的政府信息渠道精细化服务效果，还要保证考核指标的因地制宜，易于操作。其次，政府信息渠道精细化服务考评主体和方法的多样化，引入多元考评主体，既包括上级部门、社会组织，还包括接受政府信息渠道精细化服务的社会公众。多元考评主体可以使考评更加客观公正，也可以反映政府信息渠道服务的"需求侧"响应效果。引入多元考评方法，包括定性与定量、单向与综合、年度与连续评价兼顾。再次，政府信息服渠道精细化服务考评配套机制的跟进，只有奖惩和追责、奖励等配套机制建设跟进，才能让政府信息渠道精细化服务考评结果起到应有的作用。

---

❶ 陈奇星，胡德平. 特大城市政府公共服务制度供给能力提升的路径探析 [J]. 北京行政学院学报，2010（4）：6-9.

参考文献

一、中文文献

1. 中文专著

[1] 蔡立辉. 信息化时代的大都市政府及其治理能力现代化研究 [M]. 北京：人民出版社，2014.

[2] 陈振明. 国家治理转型的逻辑：公共管理前沿探索 [M]. 厦门：厦门大学出版社，2016.

[3] 陈振明，等. 公共服务导论 [M]. 北京：北京大学出版社，2011.

[4] 段尧清. 政府信息公开：价值、公平与满意度 [M]. 北京：中国社会科学出版社，2013.

[5] 贾凌民，李珊. 政府管理创新 [M]. 北京：社会科学文献出版社，2012.

[6] 刘宇. 顾客满意度测评 [M]. 北京：社会科学文献出版社，2003.

[7] 聂萍. 顾客导向型政府绩效审计制度改进与实现途径 [M]. 北京：中国人民大学出版社，2015.

[8] 彭国甫. 地方政府公共事业管理的绩效评估与模式创新研究 [M]. 北京：人民出版社，2010.

[9] 石国亮. 国外政府信息公开探索与借鉴 [M]. 北京：中国言实出版社，2011.

[10] 石国亮. 国家治理现代化学习100问 [M]. 北京：国家行政学院出版社，2014.

[11] 王敬波. 政府信息公开：国际视野与中国发展 [M]. 北京：法律出版社，2016.

[12] 温德诚. 政府精细化管理 [M]. 北京：新华出版社，2007.

[13] 杨小军. 政府信息公开实证问题研究 [M]. 北京：国家行政学院出版社，2014.

[14] 张成福，孙柏瑛. 社会变迁与政府创新 [M]. 北京：中国人民大学出版社，2009.

[15] 张玲. 政务微博运行机制 [M]. 北京：中国社会科学出版社，2016.

[16] 钟海帆. 互联网与国家治理现代化 [M]. 北京：社会科学文献出版社，2015.

[17] 朱红灿. 政府信息公开公众满意度测评与管理创新研究 [M]. 北京：国家图书馆出版社，2015.

2. 英文专著（译著）

[1] 米哈里·希斯赞特米哈伊. 创造力：心流与创新心理学［M］. 黄珏苹，译. 杭州：浙江人民出版社，2015：106-107.

[2] 米哈里·希斯赞特米哈伊. 当下的幸福：我们并非不快乐［M］. 张定绮，译. 北京：中信出版社，2014：100-102.

[3] 琳达·哥乔斯，爱德华·马里恩，查克·韦斯特. 渠道管理的第一本书［M］. 徐礼德，侯金刚，译. 北京：机械工业出版社，2013：4-5.

[4] 沃尔特·W. 鲍威尔，保罗·J. 迪马吉奥. 组织分析中的新制度主义［M］. 姚伟，译. 上海：上海人民出版社，2008.

[5] Rogers E M. 创新的扩散［M］. 辛欣，译. 北京：中央编译出版社，2002.

[6] Tornatzky L G. The prcess of technological innovation［M］. Lexington：Lexington-Books，1990：149-163.

[7] 戴维·奥斯本，特德·盖布勒. 改革政府：企业家精神如何改革着公共部门［M］. 周敦仁，等译. 上海：上海译文出版社，2006：130-132.

[8] 拉塞尔·M. 林登. 无缝隙政府：公共部门再造指南［M］. 吴群芳，等译. 北京：中国人民大学出版社，2015：50-54.

[9] 约翰·罗尔斯. 正义论［M］. 何怀宏，等译. 北京：中国社会科学出版社，1988.

[10] 珍妮特·V. 登哈特，罗伯特·B. 登哈特. 新公共服务：服务，而不是掌舵（第三版）［M］. 丁煌，译. 北京：中国人民大学出版社，2016.

3. 中文论文

[1] 安小米，郭明军，魏玮. 政务信息系统整合共享工程中的协同创新共同体能力构建研究［J］. 情报理论与实践，2019，42（4）：80-86.

[2] 包国宪，向林科. 中国政府绩效管理知识图谱分析［J］. 兰州大学学报，2016，14（2）：46-53.

[3] 毕誉馨. 资源依赖理论视角下农民专业合作社发展研究［D］. 杭州：浙江大学，2009.

[4] 鲍静，张勇进. 政府部门数据治理：一个亟需回应的基本问题［J］. 中国行政管理，2017（4）：28-34.

[5] 陈臣. 基于小数据的读者兴趣发现与动态更新［J］. 图书馆，2017（3）：23-27，80.

[6] 陈传夫，余梅. 公共部门信息获取途径研究［J］. 情报理论与实践，2015，38（2）：33-38.

[7] 陈峰. 产业竞争情报用户需求识别方法［J］. 情报科学，2014，32（4）：126-130.

[8] 陈洁, 丛芳, 康枫. 基于心流体验视角的在线消费者购买行为影响因素研究 [J]. 南开管理评论, 2009 (2): 132-140.

[9] 陈俊星. 基于公众导向理念的地方政府绩效管理 [J]. 行政论坛, 2015 (1): 58-62.

[10] 陈奇星, 胡德平. 特大城市政府公共服务制度供给能力提升的路径探析 [J]. 北京行政学院学报, 2010 (4): 6-9.

[11] 陈然. 政务微博公众采纳的阻碍因素及对策探析 [J]. 电子政务, 2016 (7): 50-56.

[12] 陈潭. 大数据驱动社会治理的创新转向 [J]. 行政论坛, 2016 (6): 1-5.

[13] 陈潭, 胡项连. 顾客导向、政策网络与公共服务 [J]. 中国行政管理, 2015 (12): 34-38.

[14] 陈晓春, 赵珊珊, 赵钊, 等. 基于D&M和TAM模型的电子政务公民采纳研究 [J]. 情报杂志, 2016, 32 (16): 133-138.

[15] 陈星星. 公众获取政府信息的渠道选择研究 [D]. 湘潭: 湘潭大学, 2016.

[16] 陈雅, 郑建明. 论网络环境下的信息个性化服务 [J]. 新世纪图书馆, 2003 (1): 10-13.

[17] 陈艳红, 姬荣荣. 中国政务微博的发展现状及对策研究: 基于对新浪省级政府微博的网络调查 [J]. 电子政务, 2015 (11): 72-77.

[18] 陈云. 电子政务多渠道递送公共服务: 对澳大利亚Centrelink的案例研究 [J]. 云南行政学院学报, 2011 (1): 132-135.

[19] 陈振明. 政府治理变革的技术基础: 大数据与智能化时代的政府改革述评 [J]. 行政论坛, 2015 (6): 1-8.

[20] 陈振明, 李德国. 基本公共服务的均等化与有效供给: 基于福建省的思考 [J]. 中国行政管理, 2011 (1): 47-52.

[21] 戴昌桥. 美国电子政务建设模式探析 [J]. 中国行政管理, 2010 (6): 100-102.

[22] 戴长征, 鲍静. 数字政府治理: 基于社会形态演变进程的考察 [J]. 中国行政管理, 2017 (9): 21-27.

[23] 邓胜利, 张李义, 李巍. 创新型国家的信息服务体制与信息保障体系构建 (6): 创新发展导向下的国家信息保障制度建设 [J]. 图书情报工作, 2010, 54 (6): 27-30, 74.

[24] 丁冬汉. 从"元治理"理论视角构建服务型政府 [J]. 海南大学学报 (人文社会科学版), 2010 (5): 18-24.

[25] 都平平, 郭琪, 李雨珂, 等. 基于社交媒体的网络学科信息交互推广服务 [J]. 图书情报工作, 2014, 58 (2): 84-90.

[26] 段尧清, 刘静. 基于公平的政府信息公开研究 [J]. 情报科学, 2010, 28 (6):

830-833，843.

[27] 冯湘君，蒋冠. 对城市弱势群体政府信息获取问题的思考 [J]. 档案学通讯，2010（5）：76-79.

[28] 傅荣校，郭啸笑. 政府信息公开渠道的对比分析 [J]. 电子政务，2013（2）：87-93.

[29] 高洁，钱蔚蔚，米国伟. 基于公众视角的政府电子信息服务质量概念阐释 [J]. 情报资料工作，2015（6）：5-11.

[30] 高洁，杨欢. 基于公众需求的政府电子信息服务质量影响因素实证研究 [J]. 情报理论与实践，2017，40（8）：13-18.

[31] 高小平，陈宝胜. 中国公共管理研究十大亮点 [N]. 中国社会科学报，2018-1-10（7）.

[32] 耿伲利. 基层政府信息公开的困境及其对策研究 [D]. 苏州：苏州大学，2017.

[33] 龚立群，高琳. 跨部门政府信息资源共享影响因素的实证研究 [J]. 情报资料工作，2012（4）：61-65.

[34] 顾伟先. 大数据市民服务热线推进整体性政府建设研究：以济南市为例 [D]. 济南：山东大学，2016.

[35] 郭瑾剑. 我国政府购买公共法律服务问题研究 [D]. 太原：山西财经大学，2017.

[36] 韩广富，张弛. 新媒体视域下中国公民政治参与的有效途径探析 [J]. 理论探讨，2015（2）：171-173.

[37] 胡鞍钢，杭承政. 论建立"以人民为中心"的治理模式：基于行为科学的视角 [J]. 中国行政管理，2018（1）：13-17.

[38] 胡伯项，艾淑飞. 习近平以人民为中心的发展思想探析 [J]. 思想教育研究，2017（1）：28-32.

[39] 贾凌民. 21世纪的公共管理：政府管理理念转变与创新 [J]. 中国行政管理，2004（6）：16-18.

[40] 蒋源. 从粗放式管理到精细化治理：社会治理转型的机制性转换 [J]. 云南社会科学，2015（5）：6-11.

[41] 蒋冠. 政府信息公共获取影响因素探析 [J]. 情报资料工作，2010（2）：53-57.

[42] 金雯婧. 基于心流理论的互联网平台体验购物平台体验设计的研究 [D]. 杭州：浙江大学，2016.

[43] 金文玲. 网络监督的正负效应及其对策 [J]. 中共贵州省委党校学报，2012（4）：58-60.

［44］韩兆柱，马文娟．数字治理理论研究综述［J］．甘肃行政学院学报，2016（1）：23-35．

［45］何兰满，肖永英．城市低保者日常生活信息获取行为实证分析：以广州市海珠区为例［J］．图书馆论坛，2013，33（6）：77-84．

［46］何俊辉．基于公众导向理念的地方政府绩效管理［J］．情报杂志，2010，29（10）：184-188．

［47］何平．从管理到共治：航道法的理念跃升与制度完善［J］．武汉理工大学学报（社会科学版），2018，31（1）：97-102．

［48］何晓柯．顾客导向在英国政府绩效评估中的实践及其经验借鉴［J］．管理现代化，2009（1）：62-64．

［49］何晓柯．顾客导向在美国政府绩效评估中的实践及其经验借鉴［J］．新西部，2008（14）：215-217．

［50］黄海瑛，曾承，章文，等．大数据环境下的一站式服务平台建构研究：以"智慧专利港湾"为例［J］．信息资源管理学报，2018（2）：40-48．

［51］黄如花．政府开放数据建设机制研究［J］．情报资料工作，2017，38（5）：5．

［52］黄如花，王春迎．我国政府数据开放平台现状调查与分析［J］．情报理论与实践，2016（7）：50-55．

［53］赖茂生，张丽丽．政府信息公开制度研究初探：制度供求、制度变迁与制度创新［J］．情报理论与实践，2015，38（1）：30-34．

［54］李春根，李志强．以"互联网+政务服务"引领政府治理现代化［J］．中国行政管理，2016（7）：6-7．

［55］李健，荣幸．"放管服"改革背景下社会组织发展的政策工具选择：基于2004年至2016年省级政策文本的量化分析［J］．国家行政学院学报，2017（4）：73-78．

［56］李晶，王文韬．心流体验理论在网络信息行为领域的应用［J］．情报资料工作，2015（2）：62-66．

［57］李立睿，邓仲华．"互联网+"背景下科研用户的小数据融合研究［J］．图书情报工作，2016，60（6）：58-63．

［58］李平．基于SE与CSM的电子政务公共服务渠道管理研究［J］．东岳论丛，2010，31（6）：1-3．

［59］李平．公众的政府服务渠道选择行为：基于网络渠道与传统渠道的对比分析［J］．统计与信息论坛，2016，31（5）：35-40．

［60］李平，白庆华．基于匹配度的政府服务渠道、用户与服务整合［J］．同济大学学报（自然科学版），2013，41（11）：1761-1766．

[61] 李齐, 李建呈, 李松玉. 网络社会政府治理变革的逻辑结构 [J]. 中国行政管理, 2017 (7): 49-55.

[62] 李燕凌, 杨日映, 陈麒羽. 城乡基本公共服务均等化的功能、困境与路径选择 [J]. 湘潭大学学报 (社会科学版), 2016 (6): 11-15.

[63] 李颖, 张玲, 黄伯平. "互联网+"政务信息服务新模式研究: 以行政审批为例 [J]. 电子政务, 2018 (6): 89-98.

[64] 李勇, 蒋田田. 基于UTAUT模型的政务微博接受度影响因素研究 [J]. 电子政务, 2015 (6): 39-48.

[65] 李宇. 电子政务信息整合与共享的制约因素及对策研究 [J]. 中国行政管理, 2009 (4): 84-85.

[66] 梁芷铭. 大数据治理: 国家治理能力现代化的应有之义 [J]. 吉首大学学报 (社会科学版), 2015, 36 (2): 34-41.

[67] 凌元辰, 曹力, 白京. 基于PLS-SEM模型的民航客户忠诚度研究 [J]. 中国管理科学, 2009, 17 (2): 140-145.

[68] 刘德浩. 区域基本公共服务均等化发展水平的实证研究 [J]. 统计与决策, 2017 (5): 104-108.

[69] 刘锦源, 曹树金. 心流理论视角下信息检索体验测量与分析 [J]. 图书情报工作, 2017, 61 (8): 67-73.

[70] 刘茂长, 鞠晓峰. 基于TOE模型的电子商务技术扩散影响因素研究 [J]. 信息系统学报, 2012 (2): 13-30.

[71] 刘庆麟. 基于小数据的图书馆精准服务研究 [J]. 图书馆工作与研究, 2017 (5): 45-50.

[72] 刘细文, 金学慧. 基于TOE框架的企业竞争情报系统采纳影响因素研究 [J]. 图书情报工作, 2010, 55 (6): 70-73.

[73] 刘银喜, 任梅. 流动公共服务: 公共服务供给方式创新: 概念提出、逻辑起点及创新价值 [J]. 中国行政管理, 2015 (8): 83-87.

[74] 刘银喜, 任梅. 精细化政府: 中国政府改革新目标 [J]. 中国行政管理, 2017 (11): 107-110.

[75] 刘银喜, 朱国伟, 王翔. 流动公共服务: 基本范畴、供给类型与运行实态 [J]. 中国行政管理, 2018 (12): 98-103.

[76] 刘雅辉, 张铁赢, 靳小龙, 等. 大数据时代的个人隐私保护 [J]. 计算机研究与发展, 2015, 52 (1): 1-19.

[77] 马怀德. 政府信息公开制度的发展与完善 [J]. 中国行政管理, 2018 (5): 11-16.

[78] 马费成,夏义堃. 我国政府信息服务的现状与创新 [J]. 图书情报工作, 2003 (12): 19-23.

[79] 马晓亭,陈臣. 基于可信小数据的图书馆个性化服务研究 [J]. 图书情报工作, 2015, 59 (4): 70-75.

[80] 马玉海,张月. 新加坡电子政务管理模式的发展及其影响 [J]. 阜阳师范学院学报 (社会科学版), 2016 (3): 115-118.

[81] 孟川瑾. "互联网+政务服务": 以数据为核心的政务改革 [J]. 中国行政管理, 2016 (7): 12.

[82] 苗承威. 中国"政务服务中心"发展问题研究: 以大连市公共行政服务中心为例 [D]. 大连: 东北财经大学, 2015.

[83] 南锐,康琪. 社会治理精细化的理论逻辑与实践路径 [J]. 广东行政学院学报, 2018 (1): 1-7.

[84] 庞宇. 英国电子政务的发展转型及经验启示 [J]. 电子政务, 2018 (2): 62-70.

[85] 钱丽,王永,黄海,等. 基于用户兴趣聚类的"互联网+"政务信息服务研究 [J]. 电子科技大学学报 (社会科学版), 2016, 18 (05): 21-25.

[86] 邱泽奇,张树沁,刘世定. 从数字鸿沟到红利差异——互联网资本的视角 [J]. 中国社会科学, 2016 (10): 93-115.

[87] 邵坤焕,杨兰蓉. 公众采纳移动政务服务的综合接受模型研究 [J]. 现代情报, 2011, 31 (12): 3-6.

[88] 邵伟波,魏丹,刘磊. 基于KANO模型的政府信息公开的公众需求研究 [J]. 图书情报工作, 2013, 57 (7): 23-28.

[89] 沈洪涛,苏亮德. 企业信息披露中的模仿行为研究: 基于制度理论的分析 [J]. 南开管理评论, 2012, 15 (3): 135-144.

[90] 沈熙. 政府信息资源的网络获取 [J]. 新世纪图书馆, 2009 (2): 36-39.

[91] 宋林霖,赵宏伟. 论"放管服"改革背景下地方政务服务中心的发展新趋势 [J]. 中国行政管理, 2017 (5): 148-151.

[92] 司文峰,胡广伟. 基于多渠道视角的我国内地电子政务服务能力分异规律 [J]. 现代情报, 2018, 38 (6): 46-52.

[93] 孙丽,曹锦丹. 任务驱动的用户网络信息搜寻行为研究综述 [J]. 情报科学, 2014, 32 (7): 145-150.

[94] 孙涛. 当代中国社会治理精细化转型及路径探析 [J]. 北京交通大学学报 (社会科学版), 2017, 16 (4): 105-110.

[95] 唐铁汉, 李军鹏. 公共服务的理论演变与发展过程 [J]. 新视野, 2005 (6): 36-38.

[96] 汤志伟, 龚泽鹏, 涂文琴, 等. 政府网站的公众初始采纳: 从意向形成到行为产生 [J]. 情报杂志, 2017, 36 (3): 148-154.

[97] 童楠楠, 朝乐门. 大数据时代下数据管理理念的变革: 从结果派到过程派 [J]. 情报理论与实践, 2017, 40 (2): 60-65.

[98] 王冬梅, 沈颂东. 逐步回归分析法 [J]. 工业技术经济, 1997, 16 (3): 54-55, 57.

[99] 王敬波. 政府信息概念及其界定 [J]. 中国行政管理, 2012 (8): 8-10.

[100] 王楠, 杨银付. 英国"开放公共服务"改革框架及启示: 以卡梅伦政府《开放公共服务白皮书》为主要分析对象 [J]. 中国行政管理, 2016 (3): 142-146.

[101] 王澜明. 政府体制改革研究 [J]. 中国行政管理, 2011 (12): 7-11.

[102] 王协舟, 盛志喜. 政府信息资源公共获取的基本认知及价值取向: 基于政府与公众的双向视角 [J]. 图书馆学研究, 2009 (6): 57-61.

[103] 魏书敏, 刘君雯. 从 Hofstede 的文化视角看中国文化对大学生创新能力的影响 [J]. 黑龙江高教研究, 2010 (12): 33-35.

[104] 魏振兴. 省管县改革进程中的市县竞合模式比较研究 [D]. 杭州: 浙江大学, 2015.

[105] 吴韬. 大数据治理视域下智慧政府"精准"决策研究 [J]. 云南行政学院学报, 2017 (6): 110-115.

[106] 吴新叶. 社会治理精细化的框架及其实现 [J]. 华南农业大学学报 (社会科学版), 2016, 15 (4): 127-134.

[107] 肖博, 刘宇明, 段尧清. 主体能动差异情境下的政府信息公开模式构建 [J]. 情报科学, 2016, 34 (9): 23-26, 35.

[108] 谢丽娜. 政务社交媒体中用户信息获取影响因素研究述评 [J]. 图书情报工作, 2015, 59 (19): 113-121.

[109] 熊巍, 王舒盼, 潘琼. 微信移动社交用户心流体验对用户粘性的影响研究 [J]. 新闻界, 2015 (7): 13-18, 59.

[110] 徐笑君, 王园园. 跨国公司内部知识转移中民族文化因素影响分析: 基于 Hofstede 民族文化维度视角 [J]. 科学学与科学技术管理, 2008 (4): 86-91.

[111] 燕继荣. 论政治合法性的意义和实现途径 [J]. 学海, 2004 (4): 88-97.

[112] 杨国栋, 吴江. 电子治理的概念特征、价值定位与发展趋向 [J]. 上海行政学院学报, 2017, 18 (3): 64-70.

[113] 杨瑞仙, 毛春蕾, 左泽. 我国政府数据开放平台建设现状与发展对策研究 [J]. 情报理论与实践, 2016 (6): 27-31.

[114] 姚金伟. 项目制与服务型政府转型: 制度演化中的异化 [J]. 中国行政管理, 2016 (9): 28-33.

[115] 尤建新, 陈强. 以公众满意为导向的城市管理模式研究 [J]. 公共管理学报, 2004, 1 (2): 51-57, 85, 95.

[116] 游士兵, 严研. 逐步回归分析法及其应用 [J]. 统计与决策, 2017 (14): 31-35.

[117] 余梅. 公共部门信息获取关注因素研究 [J]. 图书情报工作, 2015, 23 (5): 33-40.

[118] 袁媛. 从创新扩散理论看网上购物的扩散和采用 [D]. 武汉: 华中科技大学, 2004.

[119] 袁维海. 突发事件管理中的政府信息公开 [J]. 中国行政管理, 2011 (1): 66-69.

[120] 岳爱武, 苑芳江. 从权威管理到共同治理: 中国互联网管理体制的演变及趋向——学习习近平关于互联网治理思想的重要论述 [J]. 行政论坛, 2017 (5): 61-66.

[121] 曾保根. 价值取向、理论基础、制度安排与研究方法: 新公共服务与新公共管理的四维辨析 [J]. 上海行政学院学报, 2010, 11 (2): 29-40.

[122] 张建彬. 中国乡镇弱势群体公共信息服务研究: 基于中国两乡镇的调查分析 [J]. 图书情报知识, 2011, 31 (5): 20-27.

[123] 张锐昕, 李健. 政府电子公共服务供给的愿景筹划和策略安排 [J]. 中国行政管理, 2018 (4): 79-83.

[124] 张琳, 马晓婷, 施雁. 西美尔信任理论对建立医患信任的启示 [J]. 医学与哲学, 2016, 37 (8A): 57-59.

[125] 张朝辉. 面向网上公共危机管理的政府信息公开研究 [D]. 武汉: 华中师范大学, 2014.

[126] 赵大海, 胡伟. 中国大城市公共服务公众满意度的测评与政策建议 [J]. 上海行政学院学报, 2014, 15 (1): 23-29.

[127] 赵勇. "顾客导向"与"公民导向": 政府公共服务对象分析 [J]. 上海行政学院学报, 2009, 10 (4): 92-97.

[128] 郑大庆, 范颖捷, 潘蓉, 等. 大数据治理的概念与要素探析 [J]. 科技管理研究, 2017 (15): 200-205.

[129] 郑建君. 推动公民参与基层治理: 公共服务提升与社会秩序维护——基于苏州市相城区的调研分析 [J]. 甘肃社会科学, 2010 (2): 42-47.

[130] 中国行政管理学会课题组. 政务服务中心建设与管理研究报告 [J]. 中国行政管理, 2012 (12): 7-11.

[131] 周德铭. 顶层设计与金审工程 [J]. 电子政务, 2010 (12): 10-12.

[132] 周思君. 基于信息生命周期的政府信息资源公共获取影响因素研究 [D]. 湘潭：湘潭大学，2012.

[133] 周伟. 地方政府间跨域治理碎片化：问题、根源与解决路径 [J]. 行政论坛，2018（1）：74-80.

[134] 周晓丽. 论社会治理精细化的逻辑及其实现 [J]. 理论月刊，2016（9）：144-146，174.

[135] 周志忍，徐艳晴. 政府绩效管理的推进机制：中美比较的启示 [J]. 中国行政管理，2016（4）：139-145.

[136] 周治伟. 西美尔信任理论述评 [J]. 长春市委党校学报，2006（4）：15-17.

[137] 朱红灿. 基于优化粗糙集的政府信息公开公众满意度测评研究 [D]. 湘潭：湘潭大学，2011.

[138] 朱红灿. 公众政府信息获取渠道选择影响因素的研究 [J]. 图书馆学研究，2015（6）：59-67.

[139] 朱红灿. 国外公共服务渠道策略与进展研究综述 [J]. 中国行政管理，2013（11）：119-122.

[140] 朱红灿. 政府信息公开方式管理困境与管理方式创新 [J]. 图书馆学研究，2014（12）：50-52.

[141] 朱红灿，陈星星. 基于服务特征匹配度的公共服务渠道管理模型构建 [J]. 软科学，2015，29（7）：102-105.

[142] 朱红灿，陈星星. 公众政府信息获取渠道的选择——基于网络渠道与传统渠道的对比分析 [J]. 情报资料工作，2015（3）：75-78.

[143] 朱红灿，胡新，廖小巧. 基于心流理论的公众政府信息获取网络渠道持续使用意愿研究 [J]. 情报资料工作，2018（2）：56-62.

[144] 朱红灿，胡新，王新波. 基于S-O-R框架的政府数据开放平台用户持续使用意愿研究 [J]. 现代情报，2018，38（5）：100-105，116.

[145] 朱红灿，李建，胡新，等. 感知整合和感知过载对公众政务新媒体持续使用意愿的影响研究 [J]. 现代情报，2019，39（11）：137-145.

[146] 朱红灿，廖小巧. 基于UTAUT的公众政府信息获取网络渠道使用意愿模型研究 [J]. 情报杂志，2016，35（8）：204-207.

[147] 朱红灿，陆碧琪. 基于多维理论的公众政府信息获取渠道选择影响因素研究 [J]. 情报资料工作，2017（2）：27-35.

[148] 朱红灿，曾雅玲. 我国政务新媒体研究进展的述评 [C]. 湖湘公共管理研究（第六卷），2015：149-155.

[149] 祝建华. 不同渠道、不同选择的竞争机制: 新媒体权衡需求理论 [J]. 中国传媒报告, 2004, 3 (2): 16-24.

[150] 朱江丽. 新媒体推动公民参与社会治理: 现状、问题与对策 [J]. 中国行政管理, 2017 (6): 49-53.

[151] 朱婕. 网络环境下个体信息获取行为研究 [D]. 长春: 吉林大学, 2007.

[152] 庄国波, 陆晓燕. 大数据时代精细化社会治理中安全问题研究 [J]. 理论探讨, 2017 (6): 163-167.

二、英文文献

[1] Ahmad M O, Markkula J, Oivo M. Factors affecting e-government adoption in Pakistan: a citizen's perspective [J]. Transforming Government: People Process & Policy, 2013, 7 (2): 225-239.

[2] Alomari M, Woods P, Sandhu K. Predictors for e-government adoption in Jordan: Deployment of an empirical evaluation based on a citizen-centric approach [J]. Information Technology & People, 2012, 2 (2): 207-234.

[3] Babin B J, Darde W R, Griffin M. Work and/or fun: measuring hedonic and utilitarian shopping value [J]. Journal of Consumer Research, 1994, 20 (4): 644-656.

[4] Boer Y V D, Arendsen R, Pieterson W. In search of information: Investigating source and channel choices in business-to-government service interactions [J]. Government Information Quarterly, 2016, 33 (1): 40-52.

[5] Boer Y V D, Pieterson W, Arendsen R, etc. Towards a model of source and channel choices in business-to-government service interactions: A structural equation modeling approach [J]. Government Information Quarterly, 2017, 34 (3): 434-456.

[6] Choi D H, Kim J, Kim S H. ERP training with a web-based electronic learning system: the Flow theory perspective [J]. International Journal of Human-Computer Studies, 2007, 65 (3): 223-243.

[7] Deloitte. Choosing channels optimizing the channel mix in the UK public sector [DB/OL]. http://www.deloitte.com/view/en_GB/uk/industries/government-public-sector/4d295c038b2fb110VgnVCM100000ba42f00aRCRD.htm, 2012, 8.

[8] Ebbers W E, Jansen M G M, Pieterson W J, etc. Facts and feelings: The role of rational and irrational factors in citizens' channel choices [J]. Government Information Quarterly, 2016, 33 (3): 506-515.

[9] Ebbers W E, Pieterson W J, Noordman H N. Electronic government: Rethinking channel management strategies [J]. Journal of Government Information, 2008, 25 (2):

181-201.

[10] Ebbers W E, Pieterson W J, Noordman H N. Electronic government: Rethinking channel management strategies [J]. Journal of Government Information, 2008, 25 (2): 181-201.

[11] Estrin D. small data, where N = Me, Connmnications of the ACM. 2014, 57 (4): 32-34.

[12] Gagnon Y C, Posada E, Bourgault M, etc. Multichannel delivery of public services: A new and complex management challenge [J]. International Journal of Public Administration, 2010, 33 (5): 213-222.

[13] Guo Z X, Xiao L, Toorn C V, etc. Promoting online learners' continuance intention: An integrated flow framework [J]. Information & Management, 2016, 53 (2): 279-295.

[14] Hamid A A, Razak F Z A, Bakar A A, etc. The effects of perceived usefulness and perceived ease of use on continuance intention to use e-government [J]. Procedia Economics and Finance, 2016 (35): 644-649.

[15] Hoffman D L, Novak T P. Flow online: lessons learned and future prospects [J]. Journal of Interactive Marketing, 2009, 23 (1): 23-34.

[16] Kujala S, Väänänen-Vainio-Mattila K. Value of information systems and products: understanding the users' perspective and values [J]. Journal of Information Technology Theory & Application, 2008 (9): 1-18.

[17] Mathwick C, Rigdon E. Play, flow, and the online search experience [J]. Journal of: Consumer Research, 2004, 31 (2): 324-332.

[18] Ozkara B Y, Ozmen M, Kim J W. Examining the effect of flow experience on online purchase: A novel approach to the flow theory based on hedonic and utilitarian value [J]. Journal of Retailing & Consumer Services, 2017 (37): 119-131.

[19] Pace S. A grounded theory of the flow experiences of Web users [J]. International Journal Human-ComputerStudies, 2004, 60 (3): 327-363.

[20] Pieterson W, Dijk J V. Channel Choice Determinants: An exploration of the factors that determine the choice of a service channel in citizen initiated contacts [C]. 8th Annual Conference of the Digital Government Society, 2007 (2): 20-23.

[21] Reddick C, Anthopoulos L. Interactions with e-government, new digital media and traditional channel choices: citizen-initiated factors [J]. Transforming Government People Process & Policy, 2014, 8 (3): 398-419.

[22] Reddick C G, Turner M. Channel choice and public service delivery in Canada: Com-

paring e-government to traditional service delivery [J]. Government Information Quarterly, 2012, 29 (1): 1-11.

[23] Ryu K, Han H, Jang S S. Relationships among hedonic and utilitarian values, satisfaction and behavioral intentions in the fast-casual restaurant industry [J]. International Journal of Contemporary Hospitality Management, 2010, 22 (3): 416-432.

[24] Sherah Kurnia, Reyner J. Karnali, Md Mahbubur Rahim. A qualitative study of business-to-business electronic commerce adoption within the Indonesian grocery industry: A multi-theory perspective [J]. Information & Management, 2015, 52 (4): 518-536.

[25] Teerling M L, Pieterson W. Multichannel marketing: An experiment on guiding citizens to the electronic channels [J]. Government Information Quarterly, 2010, 27 (1): 98-107.

[26] Valaei N, Baroto M B. Modelling continuance intention of citizens in government Facebook page: A complementary PLS approach [J]. Computers in Human Behavior, 2017 (73): 224-237.

[27] Wang L C, Baker J, Wagner J A, etc. Can a retail web site be social? [J]. Market, 2007, 71 (3): 143-157.

[28] Zhou Z, Fang Y, Vogel DR, etc. Attracted to or locked in? Predicting continuance intention in social virtual world services [J]. Journal of Management Information Systems, 2012, 29 (1): 273-306.

三、网络资源

[1] 2016年第39次《中国互联网络发展状况统计报告》[EB/OL]. [2017-01-24]. http://www.cac.gov.cn/2017-01/22/c_1120352022.htm.

[2] 2017年第40次《中国互联网络发展状况统计报告》[EB/OL]. [2017-09-01]. http://cnnic.cn/hlwfzyj/hlwxzbg/hlwtjbg/201708/P020170807351923262153.pdf.

[3] 2017中国地方政府数据开放平台报告 [EB/OL]. [2018-01-15]. http://www.sohu.com/a/145532032_468714.

[4] 第45次《中国互联网络发展状况统计报告》[EB/OL]. [2020-08-25]. http://www.cac.gov.cn/2020-04/27/c_1589535470378587.htm.

[5] 2020中国地方政府数据开放平台报告 [EB/OL]. [2020-07-19]. http://www.199it.com/archives/1041487.html.

[6] 政策规定! 175 [EB/OL]. [2018-03-24]. http://www.docin.com/p-452070226.html.

[7] 我国网民规模达7.31亿手机网民占比95.1% [EB/OL]. [2017-01-24]. http://

politics.gmw.cn/2017-01/22/content_23549009.htm.

[8] 第十五届中国政府网站绩效评估结果（2016）［EB/OL］.［2017-08-08］.http://www.cstc.org.cn/wzpg2016/zbg/zbglist1.html.

[9] 国家发展与改革委员会.关于促进智慧城市健康发展的指导意见［EB/OL］［2018-02-28］.http://www.ndrc.gov.cn/zcfb/zcfbtz/201408/t20140829_623984.html.

[10] 关于全面推进政务公开工作的意见［EB/OL］.［2018-03-24］.http://www.gov.cn/zhengce/content/2016-11/15/content_5132852.htm.

[11] 中华人民共和国政府信息公开条例［EB/OL］.［2010-09-24］.http://www.gov.cn/zwgk/2007-04/24/content_592937.htm.

[12] 泰达政务服务平台荣获2016中国"互联网+政务"［EB/OL］.［2019-03-02］.http://news.enorth.com.cn/system/2016/11/26/031355853.shtml.

[13] 新媒体研究综述——历史［EB/OL］.［2018-04-24］.http://blog.sina.com.cn/s/blog_490785810100ci70.html.

[14] 中国社会科学院法学研究所法治指数创新工程项目组.中国政府透明度指数报告（2015）［EB/OL］.［2017-03-08］.http://www.doc88.com/p-5465210142877.html.

[15] 中国社会科学院法学研究所法治指数创新工程项目组.中国政府透明度指数报告（2016）——以政府网站信息公开为视角［EB/OL］.［2018-03-08］.http://www.doc88.com/p-8079607628623.html.

附录 A

多维理论视角下的公众获取政府信息渠道选择影响因素调查问卷

尊敬的先生/女士：

您好！这是一份关于公众获取政府信息渠道选择行为研究的调查问卷。在此向您保证调查信息只用于统计分析与学术研究，不涉及任何商业价值。衷心感谢您在百忙之中抽出宝贵的时间参与这次调查，祝您生活愉快，谢谢！

为了了解您选择某种渠道进行政府信息获取的原因，请根据您的实际情况，勾选您认可的某一个（或几个）选项。题目共有选项问题和打分问题两种，其中打分问题有五个量级（1. 非常不同意 2. 比较不同意 3. 介于同意和不同意之间 4. 比较同意 5. 非常同意），选择您认同的量级即可。

1. 您经常选择的政府信息获取渠道有（可多选）。
□网络搜索引擎（百度、谷歌等）
□社交媒体、软件（微博、微信公众号等）
□广播、电视
□报纸、期刊
□政府接待厅
□政府部门网络信息渠道（政府网站、电子邮箱等）

2. 使用这种政府信息获取渠道对您的生活是有帮助的。
□非常不同意 □比较不同意 □介于同意和不同意之间 □比较同意 □非常同意

3. 使用这种政府信息获取渠道对您的工作是有帮助的。
□非常不同意 □比较不同意 □介于同意和不同意之间 □比较同意 □非常同意

4. 使用这种政府信息获取渠道对您的学习是有帮助的。

附录 A 多维理论视角下的公众获取政府信息渠道选择影响因素调查问卷

□非常不同意　□比较不同意　□介于同意和不同意之间　□比较同意　□非常同意

5. 感觉这种政府信息获取渠道操作简单。

□非常不同意　□比较不同意　□介于同意和不同意之间　□比较同意　□非常同意

6. 感觉这种渠道的政府信息容易获得。

□非常不同意　□比较不同意　□介于同意和不同意之间　□比较同意　□非常同意

7. 感觉这种渠道容易持续关注。

□非常不同意　□比较不同意　□介于同意和不同意之间　□比较同意　□非常同意

8. 使用这种政府信息获取渠道可以节约您的时间。

□非常不同意　□比较不同意　□介于同意和不同意之间　□比较同意　□非常同意

9. 使用这种政府信息获取渠道花费的经济成本少,可以节省生活开支。

□非常不同意　□比较不同意　□介于同意和不同意之间　□比较同意　□非常同意

10. 使用这种政府信息获取渠道不用花费太多精力。

□非常不同意　□比较不同意　□介于同意和不同意之间　□比较同意　□非常同意

11. 使用这种政府信息获取渠道让您感到享受。

□非常不同意　□比较不同意　□介于同意和不同意之间　□比较同意　□非常同意

12. 感觉这种政府信息获取渠道很实用。

□非常不同意　□比较不同意　□介于同意和不同意之间　□比较同意　□非常同意

13. 使用这种政府信息获取渠道让您感到愉悦。

□非常不同意　□比较不同意　□介于同意和不同意之间　□比较同意　□非常同意

14. 使用这种政府信息获取渠道让您感到满足。

□非常不同意　□比较不同意　□介于同意和不同意之间　□比较同意　□非常同意

15. 您相信使用这种渠道获取政府信息很安全,不用担心信息泄露等问题。

□非常不同意　□比较不同意　□介于同意和不同意之间　□比较同意　□非常同意

16. 您相信使用这种渠道获取到的政府信息更真实。

□非常不同意　□比较不同意　□介于同意和不同意之间　□比较同意　□非常同意

17. 您相信使用这种渠道获取到的政府信息更完整。

□非常不同意　□比较不同意　□介于同意和不同意之间　□比较同意　□非常同意

18. 您相信政府不会事后否认这种渠道上所发布的信息。

□非常不同意　□比较不同意　□介于同意和不同意之间　□比较同意　□非常同意

19. 您相信政府不会事后否认通过这种渠道所参与的互动。

□非常不同意　□比较不同意　□介于同意和不同意之间　□比较同意　□非常同意

20. 通过使用这种渠道,您总能第一时间获取到政府信息。

□非常不同意　□比较不同意　□介于同意和不同意之间　□比较同意　□非常同意

21. 您使用的获取渠道信息发布时间早于其他渠道。
□非常不同意　□比较不同意　□介于同意和不同意之间　□比较同意　□非常同意

22. 您使用的获取渠道信息更新间隔时间更短。
□非常不同意　□比较不同意　□介于同意和不同意之间　□比较同意　□非常同意

23. 感觉这种政府信息获取渠道很方便。
□非常不同意　□比较不同意　□介于同意和不同意之间　□比较同意　□非常同意

24. 您使用的这种渠道的信息获取和互动的功能越来越多。
□非常不同意　□比较不同意　□介于同意和不同意之间　□比较同意　□非常同意

25. 该渠道信息更全面。
□非常不同意　□比较不同意　□介于同意和不同意之间　□比较同意　□非常同意

26. 您拥有使用这种政府信息获取渠道所必需的知识。
□非常不同意　□比较不同意　□介于同意和不同意之间　□比较同意　□非常同意

27. 您拥有使用这种政府信息获取渠道所必需的能力。
□非常不同意　□比较不同意　□介于同意和不同意之间　□比较同意　□非常同意

28. 您认为自己可以通过学习掌握这种渠道操作方法。
□非常不同意　□比较不同意　□介于同意和不同意之间　□比较同意　□非常同意

29. 您拥有使用这种政府信息获取渠道所必需的设备。
□非常不同意　□比较不同意　□介于同意和不同意之间　□比较同意　□非常同意

30. 您拥有使用这种政府信息获取渠道所必需的工具。
□非常不同意　□比较不同意　□介于同意和不同意之间　□比较同意　□非常同意

31. 您的生活环境和状态便于您使用这种渠道来获取政府信息。
□非常不同意　□比较不同意　□介于同意和不同意之间　□比较同意　□非常同意

32. 您的工作环境便于您使用这种渠道来获取政府信息。
□非常不同意　□比较不同意　□介于同意和不同意之间　□比较同意　□非常同意

33. 您的学习环境便于您使用这种渠道来获取政府信息。
□非常不同意　□比较不同意　□介于同意和不同意之间　□比较同意　□非常同意

34. 发现您目前正在使用的信息渠道别人也在使用。
□非常不同意　□比较不同意　□介于同意和不同意之间　□比较同意　□非常同意

35. 经常在工作、生活中看到或听到有人在介绍、讨论这种渠道。
□非常不同意　□比较不同意　□介于同意和不同意之间　□比较同意　□非常同意

36. 使用网络渠道时（例如微博、微信平台）会看到类似推荐关注字样的消息推送。
□非常不同意　□比较不同意　□介于同意和不同意之间　□比较同意　□非常同意

附录 A　多维理论视角下的公众获取政府信息渠道选择影响因素调查问卷

37. 觉得使用这种渠道获取政府信息是一种潮流。
□非常不同意　□比较不同意　□介于同意和不同意之间　□比较同意　□非常同意
38. 由于生活圈子里的人使用这种渠道，所以您也想使用。
□非常不同意　□比较不同意　□介于同意和不同意之间　□比较同意　□非常同意
39. 受潮流影响感觉通过这种渠道获取政府信息更快速有效。
□非常不同意　□比较不同意　□介于同意和不同意之间　□比较同意　□非常同意
40. 您拥有当前时代流行的可以获取政府信息的设备工具。
□非常不同意　□比较不同意　□介于同意和不同意之间　□比较同意　□非常同意
41. 您会继续使用目前使用的渠道来获取政府信息。
□非常不同意　□比较不同意　□介于同意和不同意之间　□比较同意　□非常同意
42. 您愿意向他人推荐这个渠道。
□非常不同意　□比较不同意　□介于同意和不同意之间　□比较同意　□非常同意
43. 您获取政府信息的频率？
□每天都会关注
□2~3 天关注一次
□4~7 天关注一次
□2~3 周关注一次
□偶尔关注
□从来不关注
44. 您的性别？
□男　　□女
45. 您的年龄阶段？
□20 岁及以下
□21~35 岁
□36~49 岁
□50~64 岁
□64 岁及以上
46. 您的生活地域？
□华北地区（北京、天津、河北、山西、内蒙古）
□东北地区（辽宁、吉林、黑龙江）
□西北地区（陕西、宁夏、甘肃）
□华东地区（上海、山东、江苏、浙江、安徽、江西）
□华南地区（福建、海南、广东、台湾、香港、澳门）

□华中地区（河南、湖北、湖南）

□西南地区（广西、四川、贵州、云南、重庆、西藏）

47. 您的居住区域？

□首都、直辖市、省会城市

□其他中小城市

□县城

□乡镇

□农村

48. 您的受教育程度？

□初中及以下

□高中/中专/技校

□大专

□本科

□硕士及以上

49. 您的月收入？

□2000元及以下

□2001~3000元

□3001~5000元

□5001~8000元

□8001及以上

50. 您的职业结构？

□学生

□党政机关/事业单位干部

□党政机关/事业单位职员

□企业/公司管理人员

□企业/公司普通职员

□农村务工人员

□务农

□个体工商户

□退休

□无业、下岗、失业

51. 您的工作单位性质？

□外企公司

附录 A　多维理论视角下的公众获取政府信息渠道选择影响因素调查问卷

□国家机关
□事业单位
□中央、国有企业
□私营企业
□其他

附录 B

基于心流体验的公众网络渠道获取信息使用意愿研究调查问卷

亲爱的朋友：

您好！首先非常感谢您抽出宝贵时间参与此次调查。本问卷主要研究影响网络渠道获取政府信息使用意愿的因素有哪些，从而为网络渠道改革提供建议。本问卷仅供学术研究分析之用，您所提供的资料将不对外公开，敬请放心填答！再次感谢您的真诚参与，您的协助将会使本研究更具价值！

1. 网络渠道获取政府信息对我来说是有挑战的，但是我自身的技能水平能使我迎接挑战。
   非常不同意　　○1　○2　○3　○4　○5　　完全同意
2. 自身的技能与在网络渠道获取政府信息中的高挑战相匹配？
   非常不同意　　○1　○2　○3　○4　○5　　完全同意
3. 我感觉自身的技能水平足够迎接网络渠道获取政府信息中的高要求任务。
   非常不同意　　○1　○2　○3　○4　○5　　完全同意
4. 我清楚地知道我在网络渠道获取政府信息中要做什么。
   非常不同意　　○1　○2　○3　○4　○5　　完全同意
5. 我对网络渠道中我想做的事情有很强的感觉。
   非常不同意　　○1　○2　○3　○4　○5　　完全同意
6. 我知道在网络渠道中我想要实现什么。
   非常不同意　　○1　○2　○3　○4　○5　　完全同意
7. 通过网络渠道获取政府信息的过程中，我很清楚我的表现。
   非常不同意　　○1　○2　○3　○4　○5　　完全同意

附录 B 基于心流体验的公众网络渠道获取信息使用意愿研究调查问卷

8. 通过网络渠道获取政府信息的过程中,我知道怎样表现更好。
非常不同意　　○1　○2　○3　○4　○5　　完全同意

9. 通过网络渠道获取政府信息的过程中,我有想法,知道该怎么做好。
非常不同意　　○1　○2　○3　○4　○5　　完全同意

10. 我深深地沉迷于网络渠道获取政府信息。
非常不同意　　○1　○2　○3　○4　○5　　完全同意

11. 在网路渠道获取政府信息中,我被强烈吸收。
非常不同意　　○1　○2　○3　○4　○5　　完全同意

12. 在网络渠道获取政府信息中,我并不关心别人可能在想什么。
非常不同意　　○1　○2　○3　○4　○5　　完全同意

13. 在网络渠道获取政府信息中,我并不关心自己的表现。
非常不同意　　○1　○2　○3　○4　○5　　完全同意

14. 在网络渠道获取政府信息中,我不担心我的表现。
非常不同意　　○1　○2　○3　○4　○5　　完全同意

15. 在网络渠道获取政府信息中,时间似乎改变了。
非常不同意　　○1　○2　○3　○4　○5　　完全同意

16. 在网络渠道获取政府信息中,感觉好像时间停了。
非常不同意　　○1　○2　○3　○4　○5　　完全同意

17. 有时,在网络渠道获取政府信息中,事情似乎像慢动作一样。
非常不同意　　○1　○2　○3　○4　○5　　完全同意

18. 在网络渠道获取政府信息中,我能应对当前出现的状况
非常不同意　　○1　○2　○3　○4　○5　　完全同意

19. 在网络渠道获取政府信息中,我能应对即将出现的后续行为。
非常不同意　　○1　○2　○3　○4　○5　　完全同意

20. 在网络渠道获取政府信息中,我能应对即将出现的后续行为并能对它做出适当的反应
非常不同意　　○1　○2　○3　○4　○5　　完全同意

21. 这个在线获取政府信息有一种逃脱的轻松。
非常不同意　　○1　○2　○3　○4　○5　　完全同意

22. 与其他可以做到的事情相比,在网络渠道获取政府信息花费时间真的很愉快。
非常不同意　　○1　○2　○3　○4　○5　　完全同意

23. 我喜欢沉浸在网络渠道获取政府信息的兴奋中。
非常不同意　　○1　○2　○3　○4　○5　　完全同意

24. 在网络渠道获取政府信息中,我完成的正是我想做的事情。
非常不同意　　○1　○2　○3　○4　○5　　完全同意

25. 在网络渠道获取政府政府信息中,我得到了我所需要的信息。
非常不同意　　○1　○2　○3　○4　○5　　完全同意

26. 通过网络获取政府信息是有意义的。
非常不同意　　○1　○2　○3　○4　○5　　完全同意

27. 我对网络渠道获取政府信息的投入质量感到满意。
非常不同意　　○1　○2　○3　○4　○5　　完全同意

28. 我最后的输入反映了我对网络渠道获取信息的看法。
非常不同意　　○1　○2　○3　○4　○5　　完全同意

29. 我觉得我致力于在这个网络渠道获取政府信息的投入。
非常不同意　　○1　○2　○3　○4　○5　　完全同意

30. 网络渠道获取政府信息的过程很有效。
非常不同意　　○1　○2　○3　○4　○5　　完全同意

31. 网络渠道获取政府信息的过程令人满意。
非常不同意　　○1　○2　○3　○4　○5　　完全同意

32. 网络渠道获取政府息的过程是协调的。
非常不同意　　○1　○2　○3　○4　○5　　完全同意

33. 我觉得这个在线获取政府信息是有益的。
非常不同意　　○1　○2　○3　○4　○5　　完全同意

34. 我觉得这个在线获取政府信息很好。
非常不同意　　○1　○2　○3　○4　○5　　完全同意

35. 我在完成在线获取政府信息时感到很荣幸。
非常不同意　　○1　○2　○3　○4　○5　　完全同意

36. 我将继续使用网络渠道获取政府信息。
非常不同意　　○1　○2　○3　○4　○5　　完全同意

37. 我将通过网络渠道获取更多的政府信息。
非常不同意　　○1　○2　○3　○4　○5　　完全同意

38. 我的性别
○男　　　　　○女

39. 获取信息的频率?
○每天关注　○约一周　○偶然关注
○约2~3天关注一次　○经常关注　○从来不关注

附录 B　基于心流体验的公众网络渠道获取信息使用意愿研究调查问卷

40. 我的受教育程度？
○高中及以下　○大专　○本科　○硕士及以上
41. 我的年龄在（　　）阶段？
○25 岁以下　○25~34 岁　○35~49 岁　○50 岁以上

后　记

　　本书是在笔者主持国家社科基金课题——"公众导向的政府信息公开渠道管理创新研究"（16BTQ059）结题成果的基础上修改完成的。

　　在本书的撰写过程中，从拟定研究计划、大纲，到撰写初稿、修改稿，再到定稿，笔者和研究团队成员均进行了具体的研究，研究团队成员之间也进行了比较广泛、深入的研讨。湘潭大学情报学研究生陆碧琪（第三章），廖小巧、胡新（第四章），段港平（第五章），蒋亚博、沈超、方心悦、孙博、肖璐璐、王思梦、韩招娣（第六章）等同学，积极参与到本书的资料收集、初稿撰写中。中南大学生命科学学院公共信息资源管理专业研究生肖诗依（第八章、第九章）、湖南软件职业技术大学教师李建，也积极参与本书的资料收集、文稿整理工作。他们为本书的完成付出了辛勤的劳动，在此一并表示衷心的感谢。